WOGUO
CISHAN SHUISHOU
ZHENGCE YANJIU

# 我国慈善税收政策研究

龙朝晖 著

 中山大学出版社
SUN YAT-SEN UNIVERSITY PRESS

·广州·

版权所有　翻印必究

**图书在版编目（CIP）数据**

我国慈善税收政策研究/龙朝晖著．—广州：中山大学出版社，2017.12
ISBN 978 - 7 - 306 - 06267 - 3

Ⅰ．①我… Ⅱ．①龙… Ⅲ．①慈善事业—税收管理—研究—中国 Ⅳ．①D632.1 ②F812.423

中国版本图书馆 CIP 数据核字（2017）第 315528 号

| | |
|---|---|
| 出版人： | 徐　劲 |
| 策划编辑： | 徐诗荣 |
| 责任编辑： | 徐诗荣 |
| 封面设计： | 林绵华 |
| 责任校对： | 廖丽玲 |
| 责任技编： | 何雅涛 |
| 出版发行： | 中山大学出版社 |
| 电　　话： | 编辑部 020 - 84110771，84113349，84111997，84110779 |
| | 发行部 020 - 84111998，84111981，84111160 |
| 地　　址： | 广州市新港西路 135 号 |
| 邮　　编： | 510275　　传　真：020 - 84036565 |
| 网　　址： | http://www.zsup.com.cn　　E-mail：zdcbs@mail.sysu.edu.cn |
| 印刷者： | 虎彩印艺股份有限公司 |
| 规　　格： | 787mm×1092mm　1/16　16.5 印张　323 千字 |
| 版次印次： | 2017 年 12 月第 1 版　2017 年 12 月第 1 次印刷 |
| 定　　价： | 39.00 元 |

如发现本书因印装质量影响阅读，请与出版社发行部联系调换

# 序　言

本书作者龙朝晖同志于 1986 年考入中山大学经济系，1988 年当选为共青团中山大学团委委员，1990 年本科毕业后留校担任经济系团总支书记，从事学生思想政治教育和行政管理工作。他是中山大学岭南（大学）学院首届毕业生。岭南（大学）学院与成立于 120 多年前的岭南大学有着深厚的历史渊源。1988 年 3 月，值岭南大学百年盛典之际，国家教委宣布批准成立中山大学岭南（大学）学院。岭南（大学）学院在当时的中山大学经济系和计算机系的基础上组建，时任广东省副省长的王屏山同志担任院长，中山大学任命时任副校级秘书长的我担任学院党委书记和第一副院长。朝晖当时正在经济系对外经济贸易专业读大二，是我的学生。岭南学院自成立以来，在学院董事会的带动下，岭南校友和各界人士为学校、学院的建设与发展捐资累计超过 2.5 亿港元，捐建了林护堂、岭南堂国际学术交流中心、伍舜德图书馆等十栋大楼，对改善教学、科研、服务和生活条件，促进学科发展起了巨大的推动作用。

秉承中山大学和岭南学院的优秀传统，朝晖留校工作后，积极贯彻党的路线、方针和政策，努力做好青年学生思想政治工作，并组织学生开展青年志愿者活动，如义务献血、义务植树和义务支教等；还组织学生义卖，将所得收入用于资助患重病的大学生或失学的中小学生；联系企业捐助"中山大学经济节"等校园科技、学术和文体活动。学校对他的工作成绩予以肯定，他先后被评为"中山大学优秀政治辅导员"和"中山大学优秀专职团干"，并多次荣获德育优秀论文奖。朝晖工作不忘学习，在职攻读研究生，于 1997 年和 2003 年，分别获得中山大学岭南学院世界经济专业硕士学位和中山大学管理学院企业管理专业跨国公司经营管理方向博士学位，并转入岭南学院财税系从事企业财税管理方面的教学科研工作。他的博士毕业论文出版后荣获"安子介国际贸易研究优秀著作奖"，财税管理方面的研究也曾获得广东省财政课题优秀成果一等奖、中国税务学会优秀成果二等奖等奖项。在教学科研的岗位上，他利用学生工作经历的优势，积极将课堂教学与实践教育、专业教学与德育教育结合起来，开拓慈善财税管理领域的教学和研究；组织学生去企业、慈善基金会和社工机构实习，对我国的企业慈善、基金会运作和社工服务进行实地调研；组织学生去政府财税部门、民政部门和境外大学、机构调研，对我国的慈善税收政策进行比较研究；还指导学生创立校园慈善组织，对汕头市"存心善堂"、肇庆市"心连心扶贫助学会"和江门市"豪爵慈善基金会"等慈善机构进行调研，撰写研究报告，参加各种大学生公益比赛并获奖。"双结合"的教学探索受到学生的欢迎，并被评为中山大学优秀教学成果一等奖。近年来，朝晖还担任广州市慈善组织社会监督委员会委员和监事，利用财税专业知识，参与了广州市慈善监督委员会的多次监督活动和"广州市慈善组织审计指引"等课题研究。而广州市慈善监督委员会也被媒体誉为盯住广州慈善组织的"第三只眼"。

近年来，朝晖在主持完成广东省社科规划 2010 年课题"广东企业慈善捐赠中税收激励和非税激励的实证研究"基础上，申请主持了两个慈善税收政策改革的民政部部级课题，最终顺利结题并获得部级课题优秀奖，这本专著正是这些课题的研究成果。本书根据实地调研和问卷调查发现我国慈善捐赠中存在诸多税收问题，进而通过采集数据、计量建模和案例分析等对我国慈善捐赠的税收政策效应进行实证研究，得出若干结论，提出要建立有中国特色的慈善税收法律制度。朝晖认为，要建立有中国特色的慈善税制，既要对其税种结构和税收负担等实体税制进行合理设计，也要建立科学的税收管理制度，加强对慈善捐赠的企业、个人和慈善组织的税收管理，引导企业在税收筹划的基础上建立科学的捐赠决策机制，还要发挥其对慈善组织的税务监管作用，形成有中国特色的慈善组织治理结构。这些无疑都是很有建设性的意见。

60 年前，在我国"三年困难时期"，我曾作为中共广东省委汕头专区农村工作组组长在汕头工作了 8 个月，与农民群众共渡最艰难的岁月。今年，朝晖作为中共广东省委组织部任命的"广东省首批科技专家服务团"汕头团团长和中山大学团团长，又在汕头市金平区挂职服务，并担任区"十九大"精神宣讲团团长，贯彻落实"十九大"精神和习近平总书记对广东工作的重要批示精神，执行中央和广东省的创新驱动发展战略，为地方经济振兴和协调发展而努力。

"爱心凝聚力量，希望成就未来。"我相信，龙朝晖同志的这本专著对于通过慈善税制改革进一步减轻我国慈善捐赠和信托的税收负担、应对特朗普的美国税收新政、加强慈善组织管理等都具有重要的参考价值，对于政府部门、高校、研究机构和企业的同志会有很好的借鉴意义。

桂治镛

2017 年 11 月于广州康乐园

[桂治镛教授曾任中山大学秘书长，岭南（大学）学院党委书记、第一副院长]

# 前　言

本书是作者主持承担的民政部 2012 年"中国社会组织建设与管理"理论研究部级课题"促进我国慈善组织发展的税收制度改革与税务监管研究"（项目编号：2008MZACR001 - 1236）和民政部"2016 年度慈善事业创新和发展理论研究"部级课题"慈善信托的税收优惠研究"（项目编号：2016MZRJ022 - 14）的研究成果。

本书的写作大纲及主要内容是由龙朝晖副教授提出并撰写的，其余部分由硕士研究生为主、部分本科生参与而共同完成。作者在对我国慈善税收政策已有的相关研究成果基础上，通过大量的实地调研和问卷调查获取第一手资料，理论结合实际，进行数据统计、案例分析和实证研究。

本书的写作分工如下，童慧：第三章的第三节；胡晓玲：第四章的第二节；周群：第五章的第三、四、五、六节；严剑云：第六章的第一、二节；黄碧琳：第七章的第三节；时颖：第七章的第四节；何菲：第八章的第二节；杨汶菲：第九章的第四、五节；谢荣昌：第十章的第三节；周群：第十章的第四节；其余均为龙朝晖撰写。

"我国慈善税收政策研究"是促进我国慈善事业发展的前沿课题。希望本书可以为政府制定慈善税收政策、完善慈善税收立法、推动我国慈善事业的发展提供理论参考，也可以为进行慈善捐赠的企业和个人、从事慈善信托业务的公司、慈善基金会和从事社会服务的慈善组织在税收管理和税收筹划方面提供借鉴和参考。

龙朝晖
2017 年 10 月于中山大学

# Abstract

Based on the field research and questionnaire survey, this book describes many tax issues in charitable donations and trusts. On the basis of studying the effect of charitable taxation policies and taxation administration at home, it has proposed to set up a legal system on charitable taxation with Chinese characteristics. To establish a charity tax system with Chinese characteristics means that we should not only rationally design the tax system of entities such as tax structure and tax burden, but also establish a scientific tax administration system, strengthen the tax collection administration to those enterprises and individuals conducting charitable donations, trust companies engaging in charitable trust business and charitable organizations, and exert their tax regulatory role on charitable organizations, thus forming a charitable governance structure with Chinese characteristics. The book is divided into 12 chapters.

The title of the first chapter is "Charitable Thoughts and Tax Policies of Charitable Organizations and Donations in China". At first, through sorting out and comparing the philanthropic ideas of Confucianism, Taoism and Buddhism at home, it absorbs the essence of the traditional philanthropic culture and proposes the establishment of a modern philanthropic culture with Chinese characteristics, thus promoting enterprises and individuals to actively carry out charitable donations and the healthy growth of charitable organizations. Secondly, from the perspective of the comparison of Chinese and foreign cultures, it discusses and defines the public-welfare "charity" and the traditional "charity". On this basis, the charities in China are scientifically defined and classified. Finally, aiming at the various taxes involved in charitable donations, this book analyzes in detail the current tax policies of charitable donations in our country, and proposes to establish a charitable tax system with Chinese characteristics on the basis of studying the effect of the current tax policies.

The title of second chapter is "The Existing Issues in the Implementation of Charity Taxation Policy in Our Country". The author has participated in the charitable legislation and went to Jiangmen, Zhaoqing and Shantou in Guangdong province to conduct research on donated enterprises, social organizations, donors and community representatives. Through questionnaires and phone surveys, the author conducted in-depth investigations on the tax issues of charitable organizations.

The title of third chapter is "The Tax Cost and Decisive System of Charitable Donations of Chinese Enterprises". On the basis of studying the basic theory of enterprises' charitable donation decisions, this chapter calculates the tax cost of charity donation of our country through case studies. Based on the PDCA management model, a decision-making model of corporate charitable donations is set up on the basis of setting the weight index of corporate tax relief.

The title of the fourth chapter is "Study on the Tax Policy of Charitable Donations of Chinese Non-monetary Assets". The research in this chapter argues that the charitable donations of non-monetary assets of enterprises will bring the marketing effect, and can provide necessary materials for the regions and populations with charity needs in a timely and effective manner. At present, however, the tax burden on China's non-monetary assets charity donation is heavy, this kind of donation is thus suppressed. By making comparative analysis of the methods of handling charitable donations of non-monetary assets and other assets in China's accounting and taxation laws and regulations, this chapter analyzes the incentive effects of the current policies and proposes a reform policy in view of the heavy tax burden and narrow scope of such charitable donations.

The title of the fifth chapter is "The Comparison of Tax pays and Charitable Donations in China's Listed Companies". This chapter divides the listed companies into different types according to the region, the industry, the size and type of the holding shares, and selects 435 listed companies as samples. Through making comparative analysis on the tax amount, charitable donations and social contribution, as well as the ratio of their contribution to the operating income, the chapter studies how these companies fulfill their social responsibilities and draws some conclusions so as to provide guidance for the research objects and contents in subsequent chapters of this book.

The title of the sixth chapter is "Research on Tax Policy of Charitable Donation of Tertiary Industrial Enterprises in China". Based on the conclusion of the fifth chapter, this chapter builds the random effects model of panel data to measure and analyze the panel data of charitable donations of A-share listed companies in China's tertiary industry in recent years, and studies the effect on the level of enterprises' charitable donation caused by various kinds of tax and non-tax factors. The study draws a number of conclusions and puts forward tax incentives and non-tax incentive policy recommendations to improve the level of corporate charitable giving.

The title of the seventh chapter is "Study on Tax Policy of Charitable Donation of Foreign-funded Enterprises in China". The chapter compares the characteristics of charitable donations between Chinese, American and Japanese enterprises, as well as the charitable donations between domestic and foreign founded companies. Based on the conclusion of the fifth chapter, this chapter takes the foreign-funded enterprises in the listed companies as the research object and builds the random effects model of the panel data to study the impact of the level of enterprises' charitable donation caused by various kinds of tax and non-tax factors. The study draws a number of conclusions and puts forward tax incentives and non-tax incentive policy recommendations to improve the level of charitable donations from foreign founded enterprises according to its characteristics. And it takes GAC TOYOTA as case study.

The title of the eighth chapter is "Did China's Corporate Charitable Donations Improve Corporate Value and Performance?" Enterprises are the main body of the market, therefore corporate philanthropy is not only an expression of their social responsibility, but also a business strategy. This chapter takes 335 listed companies in our country as a sample. Through the empirical analysis of financial data in recent years, it is found that the charitable donations in our country do not significantly improve the enterprise value and financial performance. Furthermore, it is pointed out that enterprises should make scientific decisions on charity donations on the basis of considering the tax cost of donation and the preferential tax treatment, and improve corporate operating performance while fulfilling their social responsibilities.

The title of the ninth chapter is "The Study on the Tax Policy of Charitable Donation of individuals in China". The study of this chapter argues that personal philanthropy in China plays an increasingly important role in the development of philanthropy and that individual taxation policies are very important to individual charity donation. Based on the Chinese Labor Force Survey Data in 2011 from the Social Science Center in Sun Yat-sen University and by considering factors such as education level and family Engel coefficient, this chapter divides the sample by income level and income gap among provinces to further make a research on the relationship between individual charity donation and individual wage income tax, and pre-tax deduction policy. So it draws a number of conclusions, and puts forward the corresponding policy recommendations.

The title of the tenth chapter is "The Research on Tax Policy of China's Foundation". Based on the rapid growth of China's charities and the booming number of foundations, and the conclusions of research achievements outside China and at home, this chapter selects the data of recent years from national foundations and environmental foundations to examine the impact of pre-tax deduction and other qualifications on the income of the foundation and the public welfare expenditures of the environmental protection foundation. Finally, it puts forward the tax policy proposals to promote the development of the foundations in our country from the perspective of the fiscal policy.

The title of the eleventh chapter is "The Study on the Tax Policy of China's Charitable Trust". This chapter reviews the legal construction and development of China's charitable trusts, and makes an interpretation of the charitable trusts on the basis of Trust Law of the People's Republic of China" ("Trust Law" for short) and "Charity Law of the People's Republic of China" ("Charity Law" for short). And it also noted that "Charity Law" breaks barriers for the charitable trusts. Through the questionnaire survey, the author analyzes in detail the tax system involved in the establishment, survival and termination of trusts of China's charitable trusts, and points out the problems existing in the current tax system of charitable trusts. By referring to the charity trust taxation system of the United States, Britain and Japan, this chapter analyzes the case of DG Trust Company and puts forward some suggestions on how to reform and improve the tax preference of charity trust in our country, including alleviating the tax burden of charity trust. It will optimizes structural tax preferences of charitable trust in a vertical and horizontal way, and presents specific measures to strengthen tax collection and management of charity trust.

The title of the twelfth chapter is "The research on the Governance and Tax Supervision of China's Charitable Organizations". Through comprehensively analyzing the registered types of non-governmental charitable organizations in our country and the tax dilemmas they encounter, this chapter points out the problems such as the different tax burden, the big tax risk and the poor tax supervision in the charitable organizations. Drawing lessons from the experience of charitable tax regulation in the United States, it proposes the basic theory of the governance structure of charities in our country. And by making tax game analysis of enterprises, charitable organizations and governments, this chapter also gives a series of recommendations to enforce tax governance of charities.

# 目 录

绪 论 ……………………………………………………………………… 1

## 第一章 我国慈善思想、慈善组织与慈善捐赠的税收政策 ……………… 7
### 第一节 我国慈善的思想渊源与概念界定 ……………………………… 7
一、我国慈善的思想渊源 ………………………………………… 7
二、我国慈善概念的界定 ………………………………………… 9
### 第二节 我国慈善组织 …………………………………………………… 10
一、我国慈善组织的界定 ………………………………………… 10
二、我国慈善组织的条件 ………………………………………… 12
### 第三节 我国慈善捐赠的税收政策 ……………………………………… 12
一、我国慈善捐赠涉及的税收种类 ……………………………… 13
二、我国慈善捐赠的税收优惠 …………………………………… 14

## 第二章 我国慈善捐赠税收政策执行中存在的问题 ……………………… 17
### 第一节 江门市调研 ……………………………………………………… 17
### 第二节 肇庆市调研 ……………………………………………………… 19
### 第三节 汕头市调研 ……………………………………………………… 21
### 第四节 对慈善组织的问卷调查和电话访谈 …………………………… 25
一、大多数慈善组织的企业所得税与营业税负担重 …………… 25
二、慈善社工机构认为对其政府购买服务的收入征税不合理 … 26
三、民间慈善组织申请免税资格程序复杂 ……………………… 26
四、民间慈善组织申请公益捐赠税前扣除资格认定困难 ……… 27

## 第三章 我国企业慈善捐赠的税收成本与决策机制 ……………………… 29
### 第一节 企业慈善捐赠决策的基本理论与研究 ………………………… 29
一、战略性企业慈善行为论 ……………………………………… 29
二、REDF 组织的 SROI 分析框架 ……………………………… 30

三、企业慈善绩效的标杆管理 ………………………………………… 31
　第二节　企业慈善捐赠决策模型与税收管理 ………………………………… 31
　　一、慈善项目信息收集 ………………………………………………… 32
　　二、项目评价 …………………………………………………………… 33
　　三、项目执行 …………………………………………………………… 35
　　四、效果评估 …………………………………………………………… 37
　第三节　腾讯公司慈善捐赠决策的案例研究 ………………………………… 38

**第四章　我国企业非货币性资产慈善捐赠的税收政策研究** ……………… 44
　第一节　非货币性资产慈善捐赠中的政府和企业 …………………………… 45
　　一、政府在非货币性资产慈善捐赠中的角色定位 …………………… 45
　　二、企业非货币性慈善捐赠的动机分析 ……………………………… 47
　第二节　企业非货币性慈善捐赠的税务处理和激励效应 …………………… 48
　第三节　企业非货币性资产慈善捐赠税收政策建议 ………………………… 52
　　一、适当提高税前扣除比例，并允许结转以后年度扣除 …………… 53
　　二、推出流转税和财产行为税优惠措施 ……………………………… 53
　　三、引入第三方价格评估机制 ………………………………………… 53
　　四、酝酿股权慈善捐赠税收立法 ……………………………………… 54

**第五章　我国上市公司纳税与慈善捐赠** …………………………………… 55
　第一节　我国企业的社会责任与慈善捐赠 …………………………………… 55
　第二节　我国企业发布社会责任报告和慈善捐赠的情况 …………………… 57
　第三节　2011年我国不同地区上市公司的企业社会责任与社会
　　　　　贡献 ……………………………………………………………………… 59
　　一、2011年发布企业社会责任报告的上市公司地区分布情况 ……… 59
　　二、2011年不同地区上市公司缴纳税费的情况 ……………………… 60
　　三、2011年不同地区上市公司慈善捐赠的情况 ……………………… 62
　　四、2011年不同地区上市公司的社会责任贡献 ……………………… 63
　第四节　2011年我国不同行业上市公司的企业社会责任与社会贡献
　　　　　 ………………………………………………………………………… 65
　　一、2011年发布企业社会责任报告的我国上市公司行业分布
　　　　情况 ……………………………………………………………… 65
　　二、2011年不同行业上市公司缴纳税费的情况 ……………………… 65
　　三、2011年不同行业上市公司慈善捐赠的情况 ……………………… 67

四、2011年不同行业上市公司的社会责任贡献 …………… 68
　第五节　2011年我国不同控股类型上市公司的企业社会责任与社会
　　　　　贡献 ………………………………………………………… 69
　　一、2011年发布企业社会责任报告的我国上市公司控股类型
　　　　情况 ………………………………………………………… 69
　　二、2011年不同控股类型上市公司缴纳税费的情况 ………… 70
　　三、2011年不同控股类型上市公司慈善捐赠的情况 ………… 71
　　四、2011年不同控股类型上市公司的社会责任贡献 ………… 72
　第六节　2011年我国不同规模上市公司的社会责任与社会贡献 … 73
　　一、2011年发布企业社会责任报告的我国上市公司规模情况 … 73
　　二、2011年不同规模上市公司的纳税情况 …………………… 74
　　三、2011年不同规模上市公司慈善捐赠的情况 ……………… 75
　　四、2011年不同规模上市公司的社会责任贡献 ……………… 76
　第七节　结论和政策建议 ………………………………………… 77

第六章　我国第三产业企业慈善捐赠的税收政策研究 ……………… 81
　第一节　文献综述 ………………………………………………… 82
　第二节　数据与实证分析 ………………………………………… 83
　　一、数据来源及说明 ……………………………………………… 83
　　二、变量选择及说明 ……………………………………………… 84
　　三、研究假设 ……………………………………………………… 85
　　四、实证模型 ……………………………………………………… 85
　　五、实证结果分析 ………………………………………………… 86
　第三节　政策建议 ………………………………………………… 93
　　一、税收激励政策 ………………………………………………… 93
　　二、非税激励政策的建议 ………………………………………… 94

第七章　我国外资企业慈善捐赠的税收政策研究 …………………… 95
　第一节　中、美、日企业慈善捐赠的特点与比较 ……………… 95
　　一、中国企业慈善捐赠的发展与特点 …………………………… 95
　　二、美国企业慈善的发展与特点 ………………………………… 98
　　三、日本企业慈善的发展与特点 ………………………………… 99
　　四、中、美、日企业慈善捐赠比较 ……………………………… 100
　第二节　我国内外资企业慈善捐赠对比 ………………………… 101

  一、外资企业在华社会责任……………………………………… 101
  二、外资企业在华慈善与文化冲突…………………………… 101
  三、内外资企业慈善捐赠水平比较…………………………… 102
  四、内外资企业捐赠方式比较………………………………… 103
  五、内外资企业慈善捐赠税收政策比较……………………… 103
 第三节 我国外资企业慈善捐赠税收激励的实证研究………… 104
  一、数据选取…………………………………………………… 104
  二、研究假设…………………………………………………… 104
  三、变量选择…………………………………………………… 105
  四、建立模型…………………………………………………… 106
  五、实证检验及结果…………………………………………… 107
  六、政策建议…………………………………………………… 110
 第四节 我国外资企业慈善捐赠的税收成本——广汽丰田案例……… 111

## 第八章 我国企业慈善捐赠提高了企业价值和绩效吗 114
 第一节 企业价值、绩效理论与国内外研究综述……………… 114
  一、企业价值、绩效理论……………………………………… 115
  二、文献综述…………………………………………………… 117
 第二节 企业捐赠与企业价值和财务绩效相关性的实证分析……… 119
  一、研究假设…………………………………………………… 119
  二、数据来源及处理…………………………………………… 120
  三、变量选取…………………………………………………… 120
  四、模型设计…………………………………………………… 121
  五、描述性统计分析…………………………………………… 121
  六、相关性分析………………………………………………… 122
  七、面板数据估计结果………………………………………… 124
 第三节 启示与建议……………………………………………… 125

## 第九章 我国个人慈善捐赠的税收政策研究 127
 第一节 研究背景、目的和方法………………………………… 127
  一、近年来我国个人慈善捐赠情况…………………………… 127
  二、我国个人慈善捐赠的税前扣除政策……………………… 129
  三、本章的研究目的和方法…………………………………… 129
 第二节 国内外学者研究综述…………………………………… 130

  一、国外文献综述 130
  二、国内文献综述 130
  三、本章的研究贡献及意义 131
 第三节 理论分析与研究假设 131
  一、税前扣除政策与捐赠行为 131
  二、个人有效税率与捐赠行为 132
  三、收入因素与捐赠行为 132
 第四节 研究样本选择、模型设定与变量描述 133
  一、样本选择 133
  二、假设条件 134
  三、模型设定与变量说明 135
 第五节 实证研究 137
  一、描述性统计分析 137
  二、税收政策与捐赠行为实证分析 140
  三、收入要素影响分析 141
  四、影响因素交互项回归分析 144
  五、结论与讨论 147

## 第十章 我国基金会的税收政策研究 148
 第一节 国内外文献综述 149
  一、国外文献综述 149
  二、国内文献综述 149
  三、对现有文献的评价 151
 第二节 我国现行的基金会税收政策 151
  一、对基金会本身的税收优惠 152
  二、对基金会捐赠者的税收优惠 152
  三、对基金会受益者的税收优惠 153
  四、基金会税前扣除资格对企业捐赠的影响 153
  五、基金会税前扣除资格对个人捐赠的影响 155
 第三节 我国基金会捐赠收入的税收政策效应 157
  一、研究样本选择 157
  二、研究假设 158
  三、我国基金会税收政策效应的实证研究 159
 第四节 我国环保基金会公益支出的税收政策效应 167

一、我国环保基金会发展现状……………………………………168
　　二、环保基金会公益支出税收政策效应的实证研究……………174
第五节　促进我国基金会发展的税收政策建议……………………………182

## 第十一章　我国慈善信托的税收政策研究……………………………185
第一节　我国慈善信托的法制建设与发展历程……………………………185
　　一、《中华人民共和国信托法》对公益信托的规定………………185
　　二、《中华人民共和国慈善法》对慈善信托的规定………………185
　　三、我国慈善信托发展历程………………………………………186
　　四、《慈善法》破除慈善信托障碍…………………………………187
第二节　我国慈善信托涉及的税收制度和税收优惠………………………188
　　一、我国慈善信托涉及的税收制度………………………………188
　　二、我国慈善信托涉及的税收优惠………………………………191
第三节　我国慈善信托税收问卷调查报告…………………………………194
　　一、调查背景及目的………………………………………………194
　　二、问卷设计………………………………………………………195
　　三、分析方法简介…………………………………………………195
　　四、结果分析………………………………………………………195
第四节　DG信托有限公司案例分析………………………………………204
　　一、公司概况………………………………………………………204
　　二、公司信托业务纳税情况………………………………………205
　　三、公司支持慈善事业发展………………………………………207
　　四、对信托业务税收与慈善信托税收优惠的建议………………208
第五节　我国信托税收存在的问题及国外借鉴……………………………209
　　一、我国信托税收中存在的问题…………………………………209
　　二、国外慈善信托税收制度的借鉴………………………………210
第六节　改革和完善我国慈善信托税收制度的政策建议…………………212
　　一、实体税制的政策建议…………………………………………212
　　二、慈善信托税收征管……………………………………………217
附录　信托业务的税收负担调查问卷………………………………………219

## 第十二章　我国慈善组织的治理与税务监管研究……………………225
第一节　我国慈善组织注册管理情况………………………………………225
　　一、在工商部门注册为企业………………………………………225

二、采取挂靠机构的形式 …………………………………………… 226
　　三、"草根"慈善组织 ……………………………………………… 226
第二节　我国慈善组织税务管理情况 …………………………………… 227
　　一、工商注册的慈善组织处于税收困境 ………………………… 228
　　二、挂靠机构的慈善组织税收管理缺位 ………………………… 228
　　三、对无注册的慈善组织无法进行税务监管 …………………… 229
第三节　我国应该加强对慈善组织的税务监管 ………………………… 229
　　一、慈善组织治理结构的特点 …………………………………… 229
　　二、我国慈善组织管理改革方向应该是加强党建和税务监管 … 230
第四节　美国和加拿大慈善组织税务监管的经验与启示 ……………… 231
　　一、美国慈善组织的税务监管 …………………………………… 231
　　二、加拿大慈善组织的税务监管 ………………………………… 232
第五节　企业、慈善组织和政府的三方税收博弈分析 ………………… 233
　　一、理论分析 ……………………………………………………… 233
　　二、模型假设 ……………………………………………………… 234
　　三、模型求解 ……………………………………………………… 234
　　四、均衡结果分析 ………………………………………………… 236
第六节　加强我国慈善组织税务监管的政策建议 ……………………… 237
　　一、税务部门应成为慈善组织的主要监管部门 ………………… 237
　　二、发挥慈善组织免税机制的激励作用 ………………………… 237
　　三、建立慈善组织专门税务监管体制 …………………………… 238

**参考文献** ………………………………………………………………… 240

# 绪 论

进入21世纪，中国经济一直保持快速发展的势头。2008年以来，为了应对国际金融危机冲击、保持经济平稳较快发展，我国先后采取了包括统一内外资企业所得税法、提高个人所得税（简称为"个税"）扣除费用标准和调整税率、修改出口退税政策、成品油税费改革、增值税转型、逐步推行"营改增"在内的一系列结构性税制改革，以减轻企业和消费者税负，和其他政策相配套，有效地抵消了金融危机的影响。2010年，我国GDP总量首次超过日本，成为全球第二大经济体。

然而，就在我国经济实力大增、人民生活水平显著提高的同时，国内的贫富差距却在持续扩大。按照世界银行的测算，我国的基尼系数已经上升到0.47。国内学者的估算则认为，我国基尼系数在2010年已经达到0.50，大大超过0.40的国际警戒线水平，且城乡收入差距在3.3倍左右。[①] 时任民政部部长李学举在2005年度中华慈善大会上表示，我国每年有6000万以上的灾民需要救济，有2200多万城市低收入人口仅靠最低生活保障生活，有7500多万农村绝对贫困人口和低收入人口需要救助，还有6000万残疾人和1.4亿60岁以上的老年人需要社会提供帮助。[②] 一方面，我国目前正处在社会转型的关键时期，财富分配的两极分化使得社会矛盾进一步凸显，严重阻碍了全面建设小康社会的步伐，阻碍了社会主义和谐社会的构建。另一方面，在经济新常态下，经济下行压力增大。要增强居民消费对经济增长的拉动力，必须提高低收入阶层的收入水平，扩大中等收入群体，调节高收入群体，这既需要税收的第二次分配，更需要通过社会慈善进行第三次分配。

改革开放以来，中国经济在"高能耗、高投入、高污染"的粗放式增长格局下，环境污染问题日益突出，主要体现为日益严重的大气污染及水资源危机。2013年年初，全国出现大范围雾霾天气。中央电视台原主持人柴静在2015年年

---

[①] 李实、罗楚亮：《我国居民收入差距的短期变动与长期趋势》，载《经济社会体制比较》2012年第4期。

[②] 姚明：《如何办好慈善公益事业》，载《科学决策》2006年第6期。

初推出空气污染深度调查《穹顶之下》纪录片，引起国人强烈关注，大气污染治理刻不容缓。我国城市的饮用水水源主要来自地表水和地下水。根据2006年国家环境保护总局公布的数据，全国七大水系地表水监测断面中，Ⅰ～Ⅲ类水质占41%，Ⅳ～Ⅴ类占32%，劣Ⅴ类水质为27%，除珠江、长江干流水质较好外，辽河、淮河、黄河、松花江水质较差，海河污染严重。47个重点城市中，饮用水源地水质达标率80%以下的有14个。而且，全国118个大中城市地下水的检测资料表明地下水也已普遍遭受污染。① 中共十八大报告指出，建设生态文明，是关系人民福祉、关乎民族未来的长远大计。面对环境治理的多样性与复杂性，政府作为主要参与者治理环境的能力是有限的，需要"第三方"——环保慈善组织、企业和个人力量的介入和支持，各方参与者要充分发挥各自的优势和主观能动性，从治理环境的角度补充公众对公共服务的需求。

根据西方社会的历史发展经验，扶贫济困、扶老助残、环保治理首先要靠政府的财政分配和管制治理。因此，根据公平和效率的原则，我国应进一步改革相关税制，如个人所得税费用扣除标准的提高、税率和级距级次的设定、排污费改税，等等。但是，政府的作用是有限的，有时还会存在政府失灵现象，这就需要企业、个人和慈善组织的公益慈善活动进行补充，通过社会中不同成员之间的互相帮助、慈善组织的有效运作来解决贫困、灾害、医疗和环保等问题。慈善组织作为社会分配的第三部门，在社会服务、扶贫开发、环境保护、教育文化以及政策倡导等方面发挥着越来重要的作用。基金会作为慈善组织的一种高级组织形式，已成为我国公益慈善事业发展的"引擎"，推动中国公益慈善事业走向新高潮。据基金会中心网②统计，从1981年我国第一个基金会——中国儿童少年基金会成立始，截至2016年12月31日，中国基金会数量已超过5545家。截至2015年年底，全国基金会净资产总量已超过1100亿元，2015年捐赠收入超过370亿元，公益支出超过310亿元，名副其实地成为我国慈善事业发展的中坚力量。

2011年6月，一个微博昵称为"郭美美Baby"的20岁女孩在网络上公然炫耀其奢华生活，并声称自己是"中国红十字会商业总经理"，从而在网络上引起一场轩然大波。网友对其真实身份及财富来源提出了质疑并进行追踪，也以此为切入点对中国红十字会以及其外部关联方所做的公益项目展开追踪，进而发现中国红十字会背后错综复杂的管理体系、信息不透明以及外部关联方的公益项目有营利性质等问题。一时间将中国红十字会推向风口浪尖，其社会公信力面临极大

---

① 刘丹：《中国城市饮用水安全形势严峻》，载《科学时报》，2007-09-04。
② 基金会中心网（http://www.foundationcenter.org.cn/）是中国基金会行业信息服务平台，成立于2010年7月。

的危机，也影响社会公众对慈善组织的捐赠。2011年3—5月，全国慈善组织总共接收捐款62.6亿元，而在6—8月，这项统计数据仅为8.4亿元，降幅高达86.6%。①"郭美美事件"后，我国慈善领域又发生了"故宫博物院十重门事件""河南宋庆龄基金会炒豪宅牟取暴利""中非希望工程"以及"中华慈善总会尚德诈捐门"等一系列社会公共事件，将慈善组织的监管问题摆到社会公众面前，成为2011年度中国的最大社会热点问题之一。

2017年10月，党的十九大胜利召开，中国特色社会主义新时代正式开启。对于正在奋发向上、砥砺前行的中国慈善事业来说，这也意味着开始站在新方位、拥抱新时代、走向新征程。党的十九大报告指出，我国社会主要矛盾已经转化为人民日益增长的美好生活需要和不平衡不充分的发展之间的矛盾这一历史性重大判断，对新时代的慈善事业提出了新的重要使命，就是要通过慈善行为进一步缩小地区差异、城乡差距和贫富差距，运用慈善力量对社会保障体系进行补充，促进环保和教科文卫体等领域的全面发展。党的十九大报告彰显了慈善事业在国家治理体系中的重要作用，指明了新目标，绘制了新蓝图，更是给慈善组织、企业、个人等慈善主体指明了努力奋进的方向。慈善事业主体只有提高政治站位、加强研究探索、加强自身能力，才能在国家大发展、大繁荣进程中发挥积极作用，成为实现中华民族伟大复兴中国梦的重要动力。

本书根据实地调研和问卷调查中发现的我国慈善捐赠和慈善信托中的诸多税收问题，在研究我国慈善税收政策效应和税收管理的基础上，提出要建立有中国特色的慈善税收法律制度。建立有中国特色的慈善税制，既要对其税种结构和税收负担等实体税制进行合理设计，也要建立科学的税收管理制度，加强对进行慈善捐赠的企业、个人从事慈善信托业务的公司和慈善组织的税收征收管理，还要发挥其对慈善组织的税务监管作用，形成有中国特色的慈善组织治理结构。全书共分为十二章。

第一章为"我国慈善思想、慈善组织与慈善捐赠的税收政策"。首先，对我国儒家、道家和佛教文化中的慈善思想进行梳理和比较，汲取传统慈善文化的思想精髓，提出建立有中国特色的现代慈善文化，促进企业、个人积极进行慈善捐赠和慈善组织的健康发展。其次，从中外文化比较的角度，论述和界定公益"大慈善"和传统的"小慈善"。在此基础上，对我国的慈善组织进行科学定义和分类。最后，针对我国慈善捐赠涉及的多种税收，详细分析我国现行的慈善捐赠税收政策，提出要在研究现行税收政策效应的基础上，建立有中国特色的慈善税制。

---

① 陈荞：《郭美美事件后全国慈善组织受捐额剧降近九成》，载《京华时报》，2011-08-26。

第二章为"我国慈善捐赠税收政策执行中存在的问题"。笔者参加慈善事业立法工作，专门赴广东江门、肇庆、汕头三地对捐赠企业、社会组织、捐款人和社区代表进行调研，并通过问卷和电话调查，对慈善组织税收问题进行深入调研。

第三章为"我国企业慈善捐赠的税收成本与决策机制"。本章在研究企业慈善捐赠决策基本理论的基础上，通过案例计算我国企业慈善捐赠的税收成本，并根据PDCA管理模型，在设定企业税收减免权重指标的基础上，建立企业慈善捐赠决策模型。

第四章为"我国企业非货币性资产慈善捐赠的税收政策研究"。本章的研究认为，企业的非货币性资产慈善捐赠具有营销效果，捐赠还能及时有效地为具有慈善需求的地区和人群提供必需物资。但是，目前我国非货币性资产慈善捐赠的税收负担重，使该类捐赠受到抑制。本章通过比较分析我国财会、税务相关法规对非货币性资产慈善捐赠的处理方法，一一解析现行政策的激励效应，针对该类慈善捐赠税负较重、范围较窄等特点，提出改革的政策建议。

第五章为"我国上市公司纳税与慈善捐赠"。本章按照地区、行业、控股类型和规模将我国上市公司分成不同具体类型，并选取435家上市公司作为有效样本，对其缴纳的税费额、慈善捐赠额和社会贡献额以及它们占营业收入的比率进行比较分析，研究其履行社会责任的情况，得出若干结论，为本书后续章节的研究对象和内容提供指引。

第六章为"我国第三产业企业慈善捐赠的税收政策研究"。本章在第五章研究结论的基础上，通过建立面板数据随机效应模型，对我国第三产业A股上市公司近年来慈善捐赠的面板数据进行计量分析，研究各种税收和非税因素对企业慈善捐赠水平（额）的影响。研究得出若干结论，提出提高第三产业企业慈善捐赠水平的税收激励和非税激励政策建议。

第七章为"我国外资企业慈善捐赠的税收政策研究"。本章对比了中、美、日企业慈善的特点，比较我国内外资企业慈善捐赠情况，并在第五章研究结论的基础上，以上市公司中的外资企业为研究对象，建立面板数据随机效应模型，研究各种税收和非税因素对企业慈善捐赠水平的影响。研究得出若干结论，根据外资企业特点，提出提高外资企业慈善捐赠水平的税收激励和非税激励政策建议。最后，本章对广汽丰田公司进行了案例研究。

第八章为"我国企业慈善捐赠提高了企业价值和绩效吗"。企业是市场主体，企业慈善捐赠既是其履行社会责任的体现，也可以将其作为经营战略。本章以我国335家上市公司为样本，通过近年来财务数据实证分析发现，我国企业慈善捐赠并没有明显提高企业价值和财务绩效。进而指出，企业应在考虑捐赠税收成本和税收优惠的基础上，进行慈善捐赠的科学决策，在履行社会责任的同时，提高企业经营绩效。

第九章为"我国个人慈善捐赠的税收政策研究"。本章研究认为，我国个人慈善捐赠在慈善事业发展中扮演着越来越重要的角色，个税政策对个人慈善捐赠非常重要。本章利用中山大学社会科学中心的中国2011年劳动力调查数据，综合考虑受教育程度、家庭恩格尔系数等因素，按照收入水平和各省收入差距对样本进行分组，进一步对个人慈善捐赠行为与个人工薪所得税税制和税前扣除政策关系进行研究，得出若干结论，提出相应的政策建议。

第十章为"我国基金会的税收政策研究"。本章基于我国慈善事业迅速发展和基金会数量增长迅猛的实际情况，在总结国内外研究成果的基础上，选取全国性基金会和环保基金会近年来的数据，实证检验税前扣除资格等对基金会收入和环保基金会公益支出的影响，最终从财税政策配适的角度提出促进我国基金会发展的税收政策建议。

第十一章为"我国慈善信托的税收政策研究"。本章回顾了我国慈善信托的法制建设与发展历程，解读《中华人民共和国信托法》（简称为"《信托法》"）和《中华人民共和国慈善法》（简称为"《慈善法》"）对慈善信托的规定，指出《慈善法》破除了慈善信托障碍。通过问卷调查，笔者详细分析了我国慈善信托在信托设立、存续和终止环节涉及的税收制度，提出我国现行信托税制中存在的问题；借鉴美国、英国和日本的慈善信托税收制度，通过对DG信托公司的案例分析，提出改革和完善我国慈善信托税收优惠的政策建议，包括减轻慈善信托税收负担，从纵向和横向两个角度优化慈善信托税种结构性优惠，并提出加强慈善信托税收征管的具体措施。

第十二章为"我国慈善组织的治理与税务监管研究"。本章全面分析当前我国民间慈善组织的注册类型和遇到的税收困境，指出慈善组织税收管理中存在的税负不一、税务风险大和税务监管不力等问题；借鉴美国慈善组织税务监管的经验，提出我国慈善组织治理结构的基本理论；通过企业、慈善组织和政府的三方税收博弈分析，提出加强我国慈善组织税务监管的一系列政策建议。

本书的学术价值有以下六点：

（1）系统提出建立有中国特色慈善税收制度的基本理论，指出理想的慈善税制应该是在研究现行慈善税收政策效应的基础上，对实体税制和税收征管进行合理设计。实体税制应该能够激励纳税人慈善捐赠，捐赠企业根据税收成本和收益等进行捐赠决策；征管设计要使税务机关能够对捐赠企业进行有效的税收管理，并对慈善组织进行严格的税务监管。

（2）借鉴国外经验，提出我国企业的慈善捐赠战略理论。我国企业应通过慈善捐赠提升企业形象，积极进行慈善营销，以提高企业价值和绩效。本书通过分析样本公司数据，建立计量模型，实证我国企业慈善捐赠并未提高其价值和绩效，并提出导致这一结果的税收原因和非税原因；在计算我国企业慈善捐赠的税收成本的基础上，根据 PDCA 管理模型，设定企业税收减免权重指标，建立企业慈善捐赠决策模型，为我国企业慈善捐赠决策提供参考。

（3）在慈善捐赠中，实物捐赠往往是企业慈善营销的一种形式，也是受捐赠人最乐于接受的形式。本书通过案例研究，比较分析我国财会、税收相关法规对非货币性资产慈善捐赠的处理方法，得出我国实物捐赠税收负担最重的结论，并提出改革的政策建议，为建立有中国特色的慈善税制提供参考。

（4）本书利用调查数据对个人慈善捐赠行为与个人工薪所得税税制和税前扣除政策的关系进行研究，发现税前扣除政策对于个人的慈善捐赠行为有明显的促进作用；个体的受教育程度越高，税前扣除政策的影响力则越大，而个体所面临的家庭恩格尔系数会抑制政策作用的发挥；在当前的中国经济发展水平下，工薪有效税率与个体的慈善捐赠行为亦呈正相关关系。在此基础上，笔者提出相应的政策建议。

（5）目前，我国基金会捐赠收入不足，环保基金会运作效率不高，无法担负扶贫济困、环保治理等慈善使命。本书通过分别对全国性基金会捐赠收入和环保基金会公益支出的税收政策效应进行实证计量分析，分析其税收问题和税前扣除资格等对基金会治理和公信力的影响；借鉴美国慈善组织的管理经验，提出以税务监管为基础的慈善组织治理理论；通过企业、慈善组织和政府的三方税收博弈分析，提出我国在放宽社会组织注册登记的同时，要加强其税务管理，形成以税务监管为核心的治理结构，建立有中国特色的慈善组织管理制度。

（6）目前，我国信托财产制度与税制的内在冲突导致重复征税，信托特殊设计又易导致偷税漏税，慈善信托税收政策的激励程度低。本书提出，应取消慈善信托财产在"形式转让"上的税收，并从纵向和横向两个角度设计税收优惠，减轻税负；完善税收优惠的资格认证和审核制度，区分慈善和非慈善信托并公开信息。

# 第一章 我国慈善思想、慈善组织与慈善捐赠的税收政策

## 第一节 我国慈善的思想渊源与概念界定

### 一、我国慈善的思想渊源

我国慈善的思想源远流长，慈悲仁爱、救苦济贫、乐善好施等向来是中华民族的优良传统，在传统文化中蕴含着丰富的慈善思想资源，这些历史和文化资源将对建设新时期我国的慈善文化起到极其重要的作用。儒家、墨家、道家、佛教等各家各派均对慈善思想有着精辟的阐述，例如，儒家讲"仁爱"，墨家讲"兼爱"，道家讲"积德"，佛教讲"慈悲"。尽管各家各派对慈善思想的解释各有侧重，但它们无一例外地肯定了关爱穷人、帮助穷人的普世思想，而这些也正是我国建设慈善文化的理论渊源和思想基础。

儒家文化是中国两千多年传统社会的主流文化，其最基本的伦理思想是注重人道。其中，"仁义"是儒家思想的核心内容，整个儒家文化都围绕着"仁爱"这个中心而展开，并在此基础上衍生出民本思想、大同思想等观念，这些观念在"独尊儒术"之后逐渐被广大人民所接受，对我国古代的慈善事业产生了极其重要的影响。儒家思想体系的核心内容之一是"仁"，《论语·颜渊》中有关于"仁"的问答："樊迟问仁。子曰：'爱人。'"孔子为何把"仁"的要义浓缩为"爱人"两字？《说文》中有解："仁，亲也，从人从二。"可见，其界定的必是二人以上的人与人之间的关系，且是一种"亲"的关系。人与人要相"亲"，必要有爱，有爱的维系。于是，"仁"就是"爱人"。民本思想，即以民为本的思想，它是古代慈善观的一个源泉，也是我国古代官办慈善事业重要的思想基础。民本思想起源于商朝，在春秋时的《左传》《国语》等典籍中也往往可以看到注重民心、关注民事的社会思想的踪影。随着历史的发展，儒家思想渗入社会生活

的各个领域,民本思想也成为历朝历代统治者治理国家的思想基础。儒家学说体系的重要组成部分之一是大同思想。大同思想是儒家文化中最具理想主义色彩的内容,也是后世社会慈善事业发展的一个理论渊源。对于社会财富的分配,孔子是主张财富均分、反对贫富悬殊的。《论语·季氏》中云:"丘也闻有国有家者,不患寡而患不均,不患贫而患不安。盖均无贫,和无寡,安无倾。"义利观也是儒家文化中重要的慈善思想之源。儒家重义轻利的主流观念对慈善事业的发展起了很好的推动作用。孔子重道义,轻私利。他认为:"君子喻于义,小人喻于利。"又说"君子义以为上",应"见利思义"。在孔子看来,君子应该把"义"放在首位,而个人利益是其次的。

道家文化是中华传统文化中的重要一脉,与儒家和佛教文化鼎足而立,其赏善罚恶、善恶报应、行善积德、造福桑梓等道德观念是我国古代慈善思想的另一个重要组成部分。道家及道教学者大力推崇行善积德、乐善好施,概括说来主要包括以下几点:其一,强调以善为本,唯善是从。要想长生,根本之方是为善。善则长生成仙,恶则与仙无缘。内丹家更强调,人只有德行修逾八百,阴功积满三千,才能功行圆满,瓜熟蒂落。其二,强调舍己为人,先人后己,要以他人的生命和利益为重。老子说:"后其身而身先,外其身而身存。"其三,强调长而不宰,功成弗居。老子说:"生而不有,为而不恃,功成而不居。"又说:"万物恃之而生而不辞,功成不名有,衣养万物而不为主。"他认为,真正的行道者不应居功自傲,而要谦恭宽让。其四,强调矜老恤孤,怜贫悯病。老子倡导把造福他人视为自己最大的幸福。"五斗米道"的创立者张鲁设立"义舍",其中放置"义米""义肉",专以救济穷人为务。

佛教思想是慈善思想的重要组成部分,佛教中的慈悲思想是佛教道德伦理要求的基础,同时也是佛教慈善思想中的精华。佛教认为,未来的幸福不能仅依赖于向全能的天神祈祷,而需靠自己积极行善来获得。佛教强调"善业",认为只要是善事,就应当积极去做,而绝不能因事小细微而不屑为之,否则,将终生与善无缘。佛教是引导人从善的,而且佛教在我国也有很深的民众基础,所以佛教的从善思想对于我国慈善文化的建设将起到十分积极的促进作用,它从慈善的伦理层面上来规范人们的各种行为,教导人们慈悲为怀、多行善事。

我国正在建设社会主义和谐社会,努力实现"中华民族伟大复兴"的中国梦。为此,精神文明建设和物质文明建设要齐头并进,要建设具有中国特色的现代慈善文化。新制度经济学代表人物、诺贝尔经济学奖得主道格拉斯·诺斯认为,行为由制度决定,而制度又由正式约束与非正式约束共同构成。其中,正式约束是指国家的宪法、法律等,而非正式约束是指一个国家的宗教、文化、传统、习俗等。尽管正式约束非常重要,但决定制度特征的更主要的是非正式约束，决定行为的关键因素也是非正式约束，也就是信仰、文化、传统、习俗等方面。从我国传统思想里面汲取慈善文化的精髓，不仅有利于弘扬我国优秀传统文化，也将对慈善思想和慈善文化的建设起到十分积极的作用。建设具有中国特色的现代慈善文化，对慈善主体影响十分巨大，其对企业和个人慈善捐赠、慈善组织的发展都会起到明显的促进作用。

## 二、我国慈善概念的界定

在英文中，跟慈善相对应的有两个单词：一个是"charity"，另一个是"philanthropy"。"charity"带有浓厚的宗教色彩，辞书中通常将其解释为"仁爱""基督之爱"，只用于一个人对家庭或家族以外的他人的善意行为，具有给穷人提供帮助、救济和施舍的意思。"philanthropy"一词则来源于希腊文，由"爱"和"人类"两个词组合而成，通常翻译为"博爱"或者"慈善事业"，主要有两层意思：一是增加人类的福利；二是对全人类的爱。由此可以看出，"philanthropy"所指的范围要比"charity"广泛，它不仅局限于帮助穷人，还包括提高其他人群福利，即扩展成公益性行为，而不仅仅是对弱者的救助。

中文的"慈善"由两个分开的字组成，"慈"代表"慈心"，"善"代表"善举"，其含义中并没有"博爱"这种意思。"慈心"是在伦理道德层面上彪炳慈悲和慈爱之心，"善举"是在社会性的层面上倡导仁义和仁善之举。因此，中文的"慈善"应与英文的"charity"相对应，主要是指扶贫济困、救灾助残等帮助社会弱势群体的救助活动，目的是使受助者能够过上正常的基本生活。它更多的是缓解贫困，满足受救助群体生存方面的需求，包括提供食物、住所、书籍、医疗等，具有"雪中送炭"的含义。"philanthropy"则是对应"公益"。公益是公共利益事业的简称，指有关社会公众的福祉和利益，往往是个人或组织自愿通过做好事、行善举而提供给社会公众的公共产品。因此，"公益"是比"慈善"范围更加广泛的词，"慈善"是"公益"的一部分。

笔者认为，根据"慈善"和"公益"在现实中往往被等同起来使用的情况，可把"慈善"区分为两种含义：第一种是广义的慈善，且称为"大慈善"，其含义等同于"公益"，即社会公众的福祉和利益；第二种是传统的慈善，且称为"小慈善"，是指公民、法人和其他组织以捐赠财产或提供服务等方式，自愿、无偿开展的扶老、助残、救孤、济困、赈灾及类似的社会公益服务活动。① 《中

---

① 刘继同：《慈善、公益、保障、福利事业与国家职能角色的战略定位》，载《南京社会科学》2010年第1期。

华人民共和国企业所得税法》（简称为"《企业所得税法》"）等税法所规定的慈善捐赠税收政策没有区分"大慈善"和"小慈善"，而是实行统一的税收优惠。2016年3月16日，第十二届全国人民代表大会第四次会议通过了《中华人民共和国慈善法》，并自2016年9月1日起施行。《慈善法》第一章明确规定："本法所称慈善活动，是指自然人、法人和其他组织以捐赠财产或者提供服务等方式，自愿开展的下列公益活动：（一）扶贫、济困；（二）扶老、救孤、恤病、助残、优抚；（三）救助自然灾害、事故灾难和公共卫生事件等突发事件造成的损害；（四）促进教育、科学、文化、卫生、体育等事业的发展；（五）防治污染和其他公害，保护和改善生态环境；（六）符合本法规定的其他公益活动。"可见，《慈善法》中的"慈善"是指广义的"大慈善"，由于"小慈善"具有"雪中送炭"性质，而"大慈善"中的其他方面更多的是"锦上添花"，因此，本书将重点研究传统"小慈善"和"大慈善"中的环保治理、社会服务等公众关注的领域。

## 第二节 我国慈善组织

### 一、我国慈善组织的界定

在西方国家的组织类别中，非营利组织（non-profit organization，简称NPO）常被称作"第三部门"。在我国，非营利组织则通常被称作非政府组织（non-government organization，简称NGO）或社会组织。由于其涉及的范围较广，包含的组织团体种类繁多，从特定的政治、经济、文化和社会环境出发，又划分出"社团组织""慈善组织""社会中介组织""志愿组织"等，这些组织分别强调了非营利组织某些方面的特征。

目前，国际学术界较为流行的对于"非营利组织"的定义，是由美国约翰-霍普金斯大学的莱斯特·萨拉蒙教授所提出的"五特征法"，他将满足组织性、非政府性、非营利性、自治性和志愿性5个特征的组织定义为非营利组织。在这5个特性中，非政府性和非营利性被公认为非营利组织的基本特征。日本学者重富真一结合亚洲国家的国情，在萨拉蒙定义的基础之上，对非营利组织进行进一步的性质界定。他认为，非营利组织应包括非政府性、非营利性、自发性、持续性或形式性、利他性和慈善性6个特征，强调非营利组织应具有慈善特性。

由于我国非营利组织的产生和发展所处的社会经济环境与西方大不相同，长期以来，国内符合国际标准的非营利组织几乎没有。2003 年，在本土化的要求下，我国学者李文良提出，我国非营利组织的特征应该包括准公共性、不同程度的非营利性、半民间性、组织性等。[①] 我国对非营利组织进行清晰的法律界定，是从 2008 年 1 月实施的《中华人民共和国企业所得税法实施条例》开始的。该条例第八十四条规定，同时符合以下 7 个条件的组织可认定为非营利组织：①依法履行非营利组织登记手续；②从事公益性或者非营利性活动；③取得的收入除用于与该组织有关的、合理的支出外，全部用于登记核定或者章程规定的公益性或者非营利性事业；④财产及其孳息不用于分配；⑤按照登记核定或者章程规定，该组织注销后的剩余财产用于公益性或者非营利性目的，或者由登记管理机关转赠给与该组织性质、宗旨相同的组织，并向社会公告；⑥投入人对投入该组织的财产不保留或者享有任何财产权利；⑦工作人员的工资福利开支控制在规定的比例内，不变相分配该组织的财产。这一界定明确规定了非营利组织的"非营利性"这一特征，但对于其组织性、非政府性、志愿性和自治性等则没有明确规定。

按照我国一直以来的行政管理方法，我国非营利组织包括社会团体、基金会、民办非企业单位，但具体的法律规定却相互间存在交叉。例如，1988 年，《中华人民共和国基金会管理办法》颁布，该办法将基金会定义为："指对国内外社会团体和其他组织以及个人自愿捐赠资金进行管理的民间非营利性组织，是社会团体法人。"1999 年，《中华人民共和国公益事业捐赠法》（简称为《公益事业捐赠法》）颁布施行，该法对公益性社会团体的定义为："公益性社会团体是指依法成立的，以发展公益事业为宗旨的基金会、慈善组织等社会团体。"所以，长期以来，我国法律和行政均将慈善组织看成是公益性社会团体的一部分，即慈善组织与公益性基金会都是公益性社会团体的一部分。而对于慈善组织则一直没有明确的法律定义，一般是指专门从事救助困难社会群体或个人的社会组织。

2016 年，《中华人民共和国慈善法》颁布，对"慈善组织"进行准确界定，《慈善法》第二章第八条明确规定："本法所称慈善组织，是指依法成立、符合本法规定，以面向社会开展慈善活动为宗旨的非营利性组织。慈善组织可以采取基金会、社会团体、社会服务机构等组织形式。"

---

[①] 李文良：《关于我国第三部门的再认识》，载《山东师范大学学报》（人文社会科学版）2003 年第 6 期。

## 二、我国慈善组织的条件

慈善组织是慈善事业的重要载体,也是衡量一个国家慈善事业发展水平的重要标志,它具有非营利组织的特征,且应以面向社会开展慈善活动为宗旨,慈善组织的成立要有严格的条件:

第一,慈善组织必须是开展扶贫、济困、扶老、救孤、恤病、助残、优抚、赈灾、教育、科学、文化、卫生、体育、环保以及类似的慈善活动为宗旨。

第二,慈善组织必须是非营利组织,这就与公司、企业等营利性组织区别开来了,强调其非营利性。组织形式包括社会团体、基金会、社会服务机构等。

第三,慈善组织必须有自己的名称和住所,便于外部监督管理。

第四,慈善组织必须有组织章程,便于内部控制管理。

第五,慈善组织有必要的财产,保证有能力开展慈善活动。

第六,慈善组织必须有符合条件的组织机构和负责人,保证慈善组织正常运营。

符合上述条件并依法登记成为慈善组织后,按照其设立目的和服务对象分类,具体可以分为扶贫助学型慈善组织、助残救孤型慈善组织、社区服务型慈善组织和环境保护型慈善组织等。由于慈善组织既可能按基金会的方式登记,也可能按社会团体或民办非企业单位的方式登记,因此,我们还可以把慈善组织分为筹款性慈善组织、服务性慈善组织和综合性慈善组织,第一类主要指基金会,第二类指各类社工服务组织,第三类则主要指兼有筹款和服务功能的大型慈善组织。

## 第三节　我国慈善捐赠的税收政策

目前,我国尚未建立专门的慈善税收法律制度,我国慈善捐赠涉及的税收政策规定散见于各税种的法律法规、部门规章和规范性文件中,包括:①《中华人民共和国慈善法》《中华人民共和国公益事业捐赠法》和《基金会管理条例》;②《中华人民共和国企业所得税法》《中华人民共和国个人所得税法》(简称为"《个人所得税法》")和《中华人民共和国税收征收管理法》(简称为"《税收征收管理法》"),以及它们的实施细则;③由财政部、国家税务总局、民政部联合下发的一系列通知。这些税收政策涉及流转税、所得税、财产税和行为税,总体上来说，它们相互之间的衔接不够紧密，有些地方相互之间甚至还会出现矛盾和冲突。例如，2009年，24家公益基金会建议国务院对财政部和国家税务总局分别发布的2个通知（《关于非营利组织企业所得税免税收入问题的通知》和《关于非营利组织免税资格认定管理有关问题的通知》）进行合法性审查。

笔者认为，在研究我国慈善捐赠和慈善信托等税收政策的基础上，要建立有中国特色的慈善税收法律制度，既要对其税种结构和税收负担等实体税制进行合理设计，也要建立科学的税收管理制度，加强征管，还要发挥其对慈善组织的税务监管作用。本章先梳理目前我国慈善捐赠涉及的税收种类，总结我国慈善捐赠的各种税收优惠，再在后面的章节中对它们的实际运行效果进行实证分析，并提出政策建议，为建立有中国特色的慈善税收法律制度提供参考。

## 一、我国慈善捐赠涉及的税收种类

### 1. 流转税

在慈善捐赠中，几乎每种流转税都列入了划分捐赠与销售界线的条款。例如，《中华人民共和国增值税暂行条例》及其实施细则规定，单位或个体经营者将自产、委托加工或购买的货物无偿赠送他人的，视同销售货物；《中华人民共和国消费税暂行条例》及其实施细则规定，纳税人生产的应税消费品，用于馈赠的，列入"用于其他方面"的应税范围；《营业税税目注释（试行稿）》规定，将不动产无偿赠送他人，视同销售不动产；《中华人民共和国进出口关税条例》规定，除外国政府、国际组织无偿赠送的物资，以及其他文件规定可以免征关税外，其他捐赠均属应税范围。

### 2. 财产行为税

在慈善捐赠中，财产行为税主要涉及契税、土地增值税和印花税。《中华人民共和国契税暂行条例》规定，土地使用权赠与、房屋赠与，承受的单位和个人均为契税的纳税义务人。而土地增值税除了《财政部、国家税务总局关于土地增值税一些具体问题规定的通知》（财税字〔1995〕48号）规定的两种房地产赠与行为外，其他赠与行为都应按规定缴纳土地增值税。

### 3. 印花税

在慈善捐赠中，我国印花税相关法规规定，除了财产所有人将财产赠给政府、社会福利单位、学校所立的书据免征印花税外，产权的赠与所立的书据为应税税目。

#### 4. 所得税

在慈善捐赠中，我国2008年实施的《企业所得税法》及其实施条例规定的应税范围有三个层次：一是非公益、救济性的捐赠，不得从应纳税所得额中扣除；二是超过国家规定允许扣除的公益、救济性捐赠，也不得从应纳税所得额中扣除；三是必须通过中国境内非营利的社会团体、国家机关向公益事业和遭受自然灾害地区、贫困地区的捐赠，须取得具有税前扣除资格的发票，才能扣除。如果是纳税人直接向受捐人捐赠的，也不允许从应纳税所得额中扣除。个人所得税也基本沿用了以上规定的惯例。

### 二、我国慈善捐赠的税收优惠

《慈善法》第九章规定，慈善组织及其取得的收入依法享受税收优惠。自然人、法人和其他组织捐赠财产用于慈善活动的，依法享受税收优惠。企业慈善捐赠支出超过法律规定的准予在计算企业所得税应纳税所得额时当年扣除的部分，允许结转以后三年内在计算应纳税所得额时扣除。境外捐赠用于慈善活动的物资，依法减征或者免征进口关税和进口环节增值税。受益人接受慈善捐赠，依法享受税收优惠。慈善组织、捐赠人、受益人依法享受税收优惠的，有关部门应当及时办理相关手续。

可见，按照不同的对象，可以把对慈善组织的税收优惠分为三类：对慈善组织捐赠者的优惠、对慈善组织本身的税收优惠、对慈善组织受益者的优惠。

#### （一）对慈善组织捐赠者的税收优惠

对于慈善组织的捐赠者（法人或者自然人），在向慈善组织捐赠过程中，符合条件的捐赠支出可以从税基中扣除。

#### 1. 企业所得税

我国《企业所得税法》规定，企业发生的公益性捐赠支出，在年度利润总额12%以内的部分，准予在计算应纳税所得额时扣除，超过部分允许结转以后三年内在计算应纳税所得额时扣除。年度利润总额，是指企业依照国家统一会计制度的规定计算的年度会计利润。公益捐赠支出，是指企业通过公益性社会团体或者县级以上人民政府及其部门，用于《慈善法》规定的公益事业的捐赠。

## 2. 个人所得税

我国《个人所得税法》规定，个人将其所得对教育事业和其他公益事业捐赠的部分，按照国务院有关规定从应纳税所得中扣除。《中华人民共和国个人所得税法实施条例》规定，个人将其所得对教育事业和其他公益事业的捐赠，是指个人将其所得通过中国境内的社会团体、国家机关向教育和其他社会公益事业以及遭受严重自然灾害地区、贫困地区的捐赠。捐赠额未超过纳税义务人申报的应纳税所得额30%的部分，可以从其应纳税所得额中扣除。

## 3. 土地增值税

房产所有人、土地使用权所有人通过中国境内非营利的社会团体、国家机关将房屋产权、土地使用权赠与教育、民政和其他社会福利、公益事业的，不征收土地增值税。

## 4. 印花税

财产所有人将财产捐赠给政府、社会福利单位、学校所立的书据，免征印花税。

### （二）对慈善组织本身的税收优惠

对慈善组织本身的税收优惠涉及的税种也比较广泛，主要包括所得税、关税、增值税。具体优惠内容如下：

## 1. 所得税

按照《企业所得税法》及其实施细则的规定，对于符合条件的非营利组织的收入免税。之后，财政部、国家税务总局颁布的规范性文件则明确，基金会等慈善组织的捐赠收入、财政拨款以外的政府补助收入（政府购买服务取得的收入除外）、银行利息收入免征企业所得税。但是，基金会等慈善组织的营利性收入（如投资收入）则要征税，除非是国务院财政、税务主管部门另有规定的。

## 2. 关税和增值税

《扶贫、慈善性捐赠物资免征进口税收暂行办法》也规定，对境外捐赠人无偿向受赠人捐赠的直接用于扶贫、慈善事业的物资，免征进口关税和进口环节增值税。《中华人民共和国海关法》（简称为"《海关法》"）和《中华人民共和国进出口关税条例》（简称为"《进出口关税条例》"）规定，外国政府、国际组织无偿赠送的物资，免征关税。《中华人民共和国增值税暂行条例》（简称为"《增值税暂行条例》"）规定，外国政府、国际组织无偿援助的进口物资和设备，免征增值税。

（三）对慈善捐赠受益者的税收优惠

《个人所得税法》及其实施条例规定，福利费、抚恤金、救济金属于个人所得税的免税项目。因此，慈善组织的受益者接受资助时，可以免征个人所得税。但受益者在接受来自基金会的因评奖产生的奖金时，则要具体辨明评奖是否具有公益性质，属于公益性质的，奖金免征个人所得税，其他性质的则照常征收。

上述税收优惠资格并不是所有慈善组织都享有，必须经过政府有关部门的严格审批，合格的才能享有，一般为公益性基金会才享有相关税收优惠。所以，从一定意义上说，基金会也是税收政策的产物，税收优惠资格已成为政府干预基金会等慈善组织的重要手段。

# 第二章 我国慈善捐赠税收政策执行中存在的问题

近年来，广东省积极推进慈善事业立法，广东省民政厅专门组织了对广东具有代表性的江门、肇庆、汕头三地进行慈善事业发展情况的调研，笔者作为立法税务专家参加了全程调研。调查问题事先下发给各调研单位和个人，具体包括"慈善捐赠与公益捐赠有何不同；政府应如何促进慈善事业的发展；如何推进慈善组织和慈善活动民间化；如何规范慈善组织和慈善活动的管理；如何加强政府和慈善组织的慈善活动公信力建设；如何构建慈善事业的促进机制和管理体制"。从2010年7月开始，广东省民政厅组织调研组赴三市进行实地调研，三市民政局邀请捐赠企业、社会组织、捐款人、社区代表就事先准备的问题进行座谈、讨论。在所调查的问题中，各地均反映了各种慈善活动中相关的税收问题，并提出许多意见和建议。根据调研结果，笔者申请民政部研究课题并撰写研究报告，供国家在《慈善法》立法过程中进行参考。笔者担任兼职研究员的中山大学公益慈善研究中心是华南地区首家公益慈善研究机构，成立于2011年4月。公益慈善研究中心成立后，也通过设计问卷、实地调查和电话访谈，对慈善组织存在的税收问题进行调研，许多慈善组织反映了他们在慈善活动中遇到的税收困境。

## 第一节 江门市调研

江门市区因地处西江与其支流蓬江的会合处，江南的烟墩山和江北的蓬莱山对峙如门，故名江门。江门有"中国第一侨乡"的美誉，侨乡文化独具魅力。自2004年至2015年，江门市连续举办了10届"慈善公益万人行活动"，累计筹集善款11.47亿元，累计投放善款近10亿元用以开展"五助"慈善援助活动，扶持敬老院、福利院等机构建设140间次，支持公益福利项目1402个，惠及人数超过57万人次。从2010年开始，江门市每年开展"扶贫济困日"活动，累计筹集善款人民币 1.71 亿元。①

在江门市的调研中，捐赠企业、社会组织、捐款人和社区代表认为，目前，我国慈善与公益的概念界定较为模糊。江门市大长江集团是中国最大的摩托车制造企业，自 2003 年以来，大长江集团连续 7 年入选"中国企业 500 强"，并多次获得"中国纳税 500 强"等荣誉。大长江集团一直把支持社会公益事业作为"企业公民"的应尽之责，兴办残疾人爱心工厂，成立豪爵慈善基金会，长期致力于助残、赈灾、助学、扶贫等各种公益活动。豪爵慈善基金会是非公募基金会，指定用于帮助社会弱势群体，而不能用于其他社会公益项目。江门市代表认为，公益是所有对社会公众有益的社会事业，慈善则是针对社会特殊的弱势群体而进行的公益服务。因此，公益是一个大概念，包含慈善。他们希望慈善立法能够明确界定公益与慈善的概念范畴，并且可以根据不同的服务对象、不同的服务性质来对慈善和公益给予不同的税收优惠政策，而不是统一实行 12% 的税前扣除政策。这样，企业可以通过慈善或者公益捐赠，建立起慈善或公益品牌，并建立企业价值评价体系。

对于"政府应如何促进慈善事业的发展"，江门市代表认为，首先要确定慈善会等慈善组织机构是否属于社团组织，因为社团组织在基金运作方面仍受到政府干预，缺乏一定的独立性。而且，因为机构人员的编制问题，社团不能完全脱离政府。因此，当地代表建议由政府主导搭建平台，慈善组织运作，群众参与，服务好弱势群体。现有的官办慈善组织已经足够多了，慈善组织官办色彩太浓，会影响其公信力，应该多发展纯民间性慈善组织。慈善事业发展离不开政府财税政策的支持，政府应该增加对慈善组织的购买支出。另外，不同慈善组织之间的税收政策差异不合理，应予取消。例如，原来企业和个人向红十字会捐赠 100% 可以在所得税前抵扣，而个人向慈善会的捐赠只有 30% 可以税前扣除，企业向慈善会的捐赠只有 12% 可以税前扣除。同时，政府应该加强监管力度。

对于"如何推进慈善组织和慈善活动民间化"，江门市代表认为，政府应该调整角色，由以往履行组织、管理职能转变为履行调控、监督职能，通过慈善立法调动居民捐款的积极性，解决认捐款不到账的追讨等问题，并督促慈善组织通过网络、报纸、给捐款人寄送审计报告等多样化渠道公开信息。政府还应该通过教育提高大众慈善意识，培养全民慈善的氛围，倡导慈善并非富人专利、人人可慈善的理念。江门市江海区金溪村慈善会，是该村自发形成的组织，由村里的工业老板和村民共同捐赠，但是没有注册，只是民间的互助组织。该会每年收到捐款十几万元，主要用于本村的扶贫助残慈善事业。金溪村慈善会提出，希望政府

---

① 梁绮桦、江民宣：《江门慈善工作获省肯定》，载《江门日报》，2015-07-07。

完善立法,降低慈善机构成立的门槛,并研究如何对未登记注册的"草根"慈善组织的慈善捐赠给予相应的税收优惠政策。

对于"如何规范慈善组织和慈善活动的管理"和"如何加强政府、慈善组织的公信力建设",江门市代表认为,应该通过慈善立法明确规定,有多少比例的捐款可用于慈善机构的业务经费,募集的善款投资收益应该如何运用。另外,慈善组织要定期召开监事会议,公布收支情况,并接受审计部门监督,由审计部门向社会出具审计报告;保证捐款人的知情权,让捐款人对每笔善款的使用去向心中有数;募捐款项常分为定向与非定向两种使用途径,其中尤为值得关注的是非定向捐款和投向外省、外地的善款使用管理,要跟踪、监督善款是否被用于真正有需要的地方。慈善会等慈善组织的官办色彩浓,会影响其公信力,政府要聘请第三方机构对其进行审计,并通过媒体公开审计结果,如果审计不合格,同样要取消其免税资格和税前扣除资格。

对于"如何构建慈善事业的促进机制和管理体制",江门市代表认为,政府应要求慈善组织募捐前设计好具体慈善项目;监督捐赠款物使用,明确慈善组织工作开支提取比例;支持慈善组织加强宣传;对捐赠人进行表彰奖励;慈善组织应定位为民间组织,根据章程运作,通过常设机构进行管理。政府要进一步完善慈善捐赠的税收优惠政策,包括捐赠企业和个人慈善捐赠的递延抵税。另外,个人月收入低于3500元的慈善捐赠者,现捐款后无法享受30%的个税抵扣优惠,可参考义务献血者的激励制度,发给慈善捐赠的记录证明,并递延至将来该个人遇到困难时可优先向慈善组织申请帮助。

## 第二节 肇庆市调研

肇庆是远古岭南土著文化的发祥地之一。从汉代到清代,肇庆多次成为岭南政治、经济、文化中心,是中原文化与岭南文化、中国传统文明与西方文明交汇较早的地区之一。从2000年6月30日开始,肇庆市各县(市、区)积极开展"广东扶贫济困日"活动,动员社会各界弘扬乐善好施的传统美德,以实际行动积极投身于扶贫济困活动,努力让更多的贫困群体享受发展的成果。2000—2005年,肇庆共募集5.7亿元扶贫款用于"扶贫双到"(规划到户,责任到人)和定向扶贫工作。2001年,肇庆市青年企业家协会部分成员开始对位于该市的维吾尔族特困孤儿学生进行助养帮扶。2002年4月15日,肇庆成立了名为"西江情"的民间组织,对包括肇庆等地的孤儿学生、特困学生进行助学活动,截至

2010 年，受助学生达 300 多人。2002 年，该组织在肇庆市民政局、慈善会的大力支持下正式注册、登记，并改名为"肇庆市慈善会心连心扶贫助学分会"，发动和依靠社会力量扶贫济困，赈灾救助，帮助社会上最困难的人，特别是为少年儿童的失学、辍学、身心成长排忧解难，至今已经坚持 15 年。

在肇庆市的调研中，捐赠企业、社会组织、捐款人和社区代表们认为，在《中华人民共和国公益事业捐赠法》中，公益事业是指非营利性的下列事项：①救助灾害、救济贫困、扶助残疾人等困难的社会群体和个人的活动；②教育、科学、文化、卫生、体育事业；③环境保护、社会公共设施建设；④促进社会发展和进步的其他社会公共和福利事业。因此，公益中包含慈善，要通过慈善立法进一步明确公益与慈善的范围以及"大慈善"和"小慈善"的关系。

对于"政府应如何促进慈善事业的发展"，肇庆市代表认为，现在的募捐带有比较浓重的行政色彩，个人、组织没有主动募捐的意识，而总是要靠政府牵头，以其行政权力募集捐款。政府要普及慈善意识，营造慈善文化氛围，使慈善深入人心，减少政府色彩。政府要将慈善文化纳入中小学道德教育体系之中，从中小学开始培养学生对慈善事业的情感，加深他们对慈善事业的理解，增强他们对慈善事业的责任感。政府要积极培育慈善组织，增强全社会的慈善意识。对于治理结构完善、社会口碑好、成效显著的慈善组织，政府要予以奖励，加大扶持力度，使其做大做强。对于那些借慈善之名敛财的"害群之马"，要严加惩戒，决不姑息；对于非法运作营利的慈善组织要予以取缔，提高慈善组织的社会公信力。慈善机构要引入市场竞争机制，积极开展形式多样、实效性强的慈善活动，多渠道地宣传报道慈善政策和慈善项目。政府要表彰做出巨大贡献的慈善企业家和有关人士，使企业和组织将慈善作为其文化的重要组成部分。在政府的激励政策中，要对慈善事业给予更多的税收政策支持，如适当提高慈善捐赠税收减免的限额，税收减免范围应扩大到所有依法注册的慈善组织，同时严格监督慈善捐款的去向及使用等。政府还要完善慈善事业法规建设，促进慈善事业走向法制轨道。

对于"如何推进慈善组织、慈善活动民间化"，肇庆市代表认为，促进慈善事业的民间化，须采取以下措施。①要建立以税收优惠为主的物质激励和包括荣誉称号等在内的非物质激励机制，激发企业和个人的慈善热情。②要倡导全民慈善的理念，保障捐赠人的知情权和荣誉权。③要维护慈善组织之间的公平竞争，给民间"草根"慈善组织以生存空间，调动其做善事、好事的积极性。④政府应加快慈善立法：其一，变双重管理为注册管理，取消业务主管部门；其二，规范信息公布；其三，规定慈善组织的经费提留比例；其四，规范评估慈善组织的流程。⑤通过基层社区慈善组织的建立，推进民间公益。⑥要落实企业慈善捐款的12%税前扣除，鼓励企业捐赠的积极性。同时，要研究合理提高扣除率，减轻企业的税收压力，以税收优惠来鼓励企业进行慈善捐款。

对于"如何规范慈善组织和慈善活动的管理"和"如何加强政府和慈善组织的公信力建设"，肇庆市代表认为，要理顺政府与慈善事业的关系。民间组织应该是慈善事业的主体，而政府职能主要是引导、监督和保障，要尽可能给予民间慈善政策支持。慈善组织要加强自身建设，包括完善其操作规范性、组织有序性、公开透明性、管理灵活性和宣传策略性的建设，提高慈善组织的公信力。培育现代慈善文化，要提倡社会成员富裕后乐善好施，更要鼓励每个有能力的公民通过慈善关怀体现自我价值，使慈善成为一种社会责任。在加强慈善活动透明性方面，资金的来源、去向都要告知捐赠人和受益人；慈善项目要明确具体，以便更好地向社会公众筹款。慈善活动的监督主体要多元化，除了政府监督外，还要借助媒体尤其是网络媒体进行监督，做到善款使用信息公开透明，可以在网络上查询捐款的收入支出。慈善组织要重视提供慈善服务，对困难群众的帮助不仅体现在财力方面的支持，也需要医生等专业技术人员来解决他们"因病致贫"等问题，需要大学生志愿者到贫困地区支教助学。税务机关要通过严格的税务管理，并通过免税资格和税前扣除资格的管控，加强慈善公信力的建设。

对于"如何构建慈善事业的促进机制和管理体制"，肇庆市代表认为，政府可设置慈善专门管理部门，建立慈善捐赠信息平台。政府管理机构应该与官办慈善组织区分开，不能搞"政慈不分"，以避免对官办慈善组织的监管不力，造成其公信力受质疑等问题。推进政府购买慈善组织服务，解决服务型慈善组织的经费问题。通过慈善立法确定社会主导推进慈善事业发展的机制，规定慈善机构成立制度。目前慈善组织购买政府服务的税收负担较重，希望政府能够改革税制，减轻它们的税负。

## 第三节 汕头市调研

汕头是粤东区域中心城市，是粤东的政治、经济中心，同时也是全国主要的港口城市、中国最早开放的经济特区。乐善好施是潮汕地区的传统美德。近年来，汕头市积极探索慈善事业创新发展的新途径，将其作为一项利国利民的民心工程来抓，动员各方力量包括海外华侨共同参与，拓宽思路和优化服务方式，有效促进了社会爱心帮扶工作。汕头市结合实际开展助学、助医、助困、助残、助孤等救助困难家庭、关爱弱势群体的义捐活动，共同打造一个政府主导、各方响应、社会参与、全民关注的爱心平台,有效促进全市扶贫开发"双到"任务完成,推动公益慈善事业深入开展。据不完全统计,截至2015年,该市募集善款20多亿元,用以发展社会公益事业和救助困难群众,受益群众超1000万人次。创建于清光绪二十五年(1899年)的"存心善堂"走出一条独特的民间公益"百年慈善"之路,成为粤东家喻户晓的"慈善文化名片"。存心善堂现有5万多名会员,每位会员每年缴纳会费150元,所以每年就有600万~700万元的固定收入,同时开办了一些公益性企业,比如公益陵园、出租物业,这也会产生一部分固定收入。此外,存心善堂还不定期在会员中开展募捐活动。存心善堂现有200多名专职人员分别承担教师、医生、护士和行政管理等工作,另有2000多名义工。存心善堂号召"老有所为、老有所乐",许多工作人员是退休人员。现在存心善堂有养老院、特殊教育学校、文武学校、医院、社工服务站等14家实体服务机构,几乎涵盖了社会救助的方方面面,而全国只要有大灾大难的地方,也都能看到存心善堂的慈善救助。

在汕头市的调研中,捐赠企业、社会组织、捐款人和社区代表也认为,"公益"是"公共利益"的简称,是指人们直接或间接地为经济、社会和居民生活服务而从事的公共利益活动。"公益"是一个广泛的概念,立法很难做出准确、排他的界定。但在"慈善"概念的界定中,明确一定范围是必要的。慈善是对人类关怀、有同情心,是仁爱、德行和善举的统一。慈善事业是人们在没有外部压力的情况下自愿地奉献爱心与援助的行为和从事扶弱济贫的一种社会事业,公益事业涵盖了慈善事业。慈善捐赠是为解决特定群体、个人困难的捐赠,而公益捐赠的对象既可以是人,也可以是某项事业或公共设施。公益捐赠是共享性、福利性的,而慈善捐赠是救助性的,是公益捐赠的一部分。二者都体现着社会公平。税收优惠政策方面对此应该区别对待。

对于"政府应如何促进慈善事业的发展",汕头市代表认为,要加强慈善立法与制度建设,规范慈善行为。政府要系统规定基本的慈善法律制度,包括慈善概念、慈善机构、慈善募捐、慈善义工、慈善政策等;要系统规范慈善机构的认定条件、认定机构、认定程序,确定慈善机构的章程和行为准则;要系统规范慈善资金物品的管理和使用等。政府要创造良好发展环境,提供良好的管理服务,培养社会大众的慈善意识,营造社会慈善氛围等。慈善是民间活动,政府要促进民间慈善发展,不应该成为慈善活动的主办方,而应该将慈善事业民间化,变官办慈善为民办与官助相结合的方式。因此,政府应该尽快进行慈善立法,营造慈善氛围,大力发展民间慈善组织,放手民间组织独立自主兴办慈善事业。政府要完善慈善法规,引导慈善发展。慈善发展的思路应该是:政府主导、民间主办、全社会参与。对于海外捐款的汇入,如何界定其不受国家反洗钱管理规定影响,政府要帮助协调。政府要出台相关政策，健全捐赠表彰奖励机制，尤其在税收方面要给予合理优惠，加大税收激励的力度，支持鼓励慈善行为。

对于"如何推进慈善组织、慈善活动民间化"，汕头市代表认为，在慈善组织的登记管理方面，要简化登记程序，顺势引导，合理配置，鼓励发展慈善事业，适度扩展慈善组织，重点培植影响力大、公信力高的组织。要摆正政府和慈善组织的关系，政府是慈善倡导者和宏观管理者，而慈善组织有其内部运作规章和程序，政府不应插手其内部管理和慈善活动的具体事务。在慈善组织遵循国家宪法、法律法规、国家政策、社会道德风尚和该组织章程的基础上，慈善活动应由慈善组织自行实施，政府只提供必要的协助和服务。政府的主要职能是公共设施和社会福利建设，不应指令性地使用慈善组织的善款善物。汕头市民间组织管理局应重点发展基层社区的慈善组织，尽早发现社区需求，动员民间慈善力量去满足这些需求。建议政府先培育基层、社区的慈善社团，如汕头市濠江区的珠浦社区慈善会就是一个很好的例子。基层慈善社团对社区困难情况发现较快，有助于解决基层社会矛盾。政府可牵头组织广东省的"扶贫日"等大规模的慈善活动，目前官办慈善仍有存在的需要和合理性。政府还可以通过财税政策来推动民间慈善机构的发展。

对于"如何规范慈善组织和慈善活动的管理"，汕头市代表认为，在财务制度方面，应当确立捐赠财务的追踪、反馈、公示制度，提高慈善捐助的透明度。在行业自律方面，应确立行业规范和行业标准，突出慈善组织活动的奉献性，加快行业自律制度的建设，提高慈善组织的公信力。建议建立第三方评估机制，定期审核评定慈善组织的资质并确立起慈善组织内外部的监督机制。通过对慈善组织的法律监督、行政监督、舆论监督和公众监督，形成自律和监督相结合的管理机制，提高慈善组织的公信力。慈善组织的设立登记方面应有法律和管理方面的规定：①慈善组织区别于其他组织，应该有单独的管理条例。针对社团的设立登记的规定已经有《社会团体登记管理条例》（由国务院发布），行业协会是从事相同性质经济活动的经济组织，对此，广东省发布了《广东省行业协会条例》。在《社会团体登记管理条例》和《广东省行业协会条例》的基础上，又出台了《社会团体章程示范文本》和《广东省行业协会章程示范文本》。慈善组织应有单独的条例规定和章程示范文本。②设立登记管理条例，规范慈善组织的成立和审批，对是否需要筹备许可做出具体规定。赞同基层社区组织可简化审批程序，而县级以上的慈善组织则不能仅备案，而应经批准才能成立。慈善组织的管理应参照基金组织管理，《基金会管理条例》规定，行政开支只能控制在当年总支出的10%以内，同样也要控制慈善组织的开支比例。由于目前没有规范募捐的法律规定，所以募捐现状较乱，应规范开展募捐活动的行政许可。③对慈善募捐应实行许可制度，设定批准程序，这样有利于避免"慈善疲劳"。社团组织的业务范围不能包括募捐，应要求其与慈善组织一起才能募捐。政府要立法界定慈善机构的运营范围和权力，界定哪些机构可募捐。原因一是慈善的资源有限，二是保证慈善机构的公信力。④对慈善组织要加强监管，开展评估，要保证民营慈善组织的独立性。根据广东省民政厅规定，现任政府干部一般不能兼任慈善组织职务，经审批后可兼任的不得超过1位。政府应通过法律引导，规范民营慈善组织。对捐助物资价值要进行评估，慈善捐款要开具收据，建立规范、明晰的善款流向。⑤建议建立"广东慈善网"，进行信息公开。建议建立"广东慈善网"，包含设置相关财务软件，各慈善组织可直接登录网站，利用软件统计数据，并利用该平台汇集全省的慈善财务信息并公布信息，接受社会公众的监督。与此同时，也可借助该平台发布省内的慈善信息，建立慈善组织与社会公众的互动桥梁，为全省的慈善事业发展做贡献。"广东慈善网"的信息应该与税收征管系统互联互通，方便税务机关的税收管理和税务监管。要立法以明确对非法募捐的制裁打击措施，并利用媒体适度宣传，营造良好的慈善氛围。

对于"如何加强政府和慈善组织的公信力建设"，汕头市代表认为，提高公信力最根本、最直接的方法就是建立信息披露制度。凡是涉及公众利益的信息都要及时、真实、完整地对外披露。慈善组织应披露相关的财务信息，即善款的接收和使用等情况，让公众知道所捐赠资金的去向和效果等。在公开性、透明性得到充分体现，捐赠人、受益人的权益得到充分保障时，就能凸显政府及其部门、慈善组织的公信力。慈善行业也要制定规范、标准，这有利于提高公信力。还要建立慈善组织的监督评估机制，可参考其他广东行业组织相关的管理规定。政府税务部门的审计要和社会第三方审计相互配合，加强对慈善组织财务情况的监督、追踪。

对于"如何构建慈善事业的促进机制和管理体制"，汕头市代表认为，应该促进慈善事业的民间化、法制化、系统化、专业化和普及化。民间化，就是坚持依靠民间力量独立自主办慈善，不要以政府权力进行直接的渗入和干预。当然，实现慈善事业的民间化并非要完全排除政府的影响，而是要政府通过相关法律政策对慈善事业进行引导和规范，推动其健康发展。法制化，就是将慈善事业纳入法律管理的轨道，使之有法可依，规范慈善行为。系统化，就是各慈善组织之间要加强联系和交流，使各级慈善组织融为一体，声气相通。这要求各组织在独立自主开展各活动的同时，更注重信息、经验、善款物的交流及业务协作，使善款的募集与流向有序化，提高善款的使用效率。系统化可使慈善事业的功能得以充分发挥，既提高募捐、救济等工作的效率，又避免重复募捐及救济工作的疏漏现象。专业化，就是从事慈善事业的人要懂专业。慈善事业的迅速发展，既需要临时志愿工作者，更需要众多接受过专业化知识训练的社工参与。这是稳定慈善工作队伍、提高慈善工作者素质、提高慈善工作效率的客观要求。普及化，就是要使社会人人都有慈善理念，都参与慈善活动，都实施慈善救助，这是慈善事业发展的必然趋势和最终目标。政府要立法规定开展募捐活动的行政许可制度。慈善组织在遵守国家法律的基础上，还应具备自身专有的章程。志愿者也是慈善事业重要的人力资源，因此，应该将志愿者纳入立法范围，明确志愿者在进行慈善服务时的风险保障，规定风险的承担主体，以及风险保障的具体形式。慈善市场的竞争机制决定慈善机构的优胜劣汰，政府对慈善组织的管理应主要体现在税收优惠政策的管理上面，包括如何运用税收优惠政策促进慈善组织的发展、加强税收管理、对慈善组织进行有效监管等。

## 第四节 对慈善组织的问卷调查和电话访谈

2012年6月，笔者和中山大学公益慈善研究中心同仁们组织了一次调研活动，对各类慈善组织的税收负担进行问卷调查和电话访谈。调研结果显示，一是大多数慈善组织的企业所得税与营业税负担重；二是慈善社工机构认为对政府购买服务收入征税不合理；三是民间慈善组织申请免税资格程序复杂；四是民间慈善组织申请公益捐赠税前扣除资格认定困难。

### 一、大多数慈善组织的企业所得税与营业税负担重

一般来说，慈善组织要取得具有税前扣除资格的捐赠收据是很困难的，要取得仅具有免税资格的捐赠收据也不容易。在没有通过审定获得税前扣除资格或免税资格之前，财政部门往往不让慈善组织购买专门的捐赠收据。因此，没有获得免税资格的慈善组织如果被要求给捐赠人出具收据，就要到税务局去购买必须缴纳营业税的发票，营业税税率为5%，加上城建税和教育费附加，合计为开票金额的5.5%。有的慈善组织获得免税资格，则可以通过申请"公益事业捐赠专用收据"，免交5.5%的营业税、城建税和教育费附加，但捐赠者并不能凭此收据进行所得税抵扣。

根据财政部《公益事业捐赠票据使用管理暂行办法》（财综〔2010〕112号）和广东省财政厅下发的《关于广东省公益性单位公益事业捐赠票据使用管理有关问题的通知》（粤财综〔2011〕37号），非政府背景的民营非企业单位、

基金会等也可以申请免税资格，取得资格的可以购买公益事业捐赠票据。取得公益事业捐赠票据的慈善组织，其符合条件的捐赠收入、政府补助收入（政府购买服务取得的收入除外）、银行利息收入免征企业所得税，但对其购买股票、债券（国库券除外）等投资所取得的营利性收入和其他收入，只能开具普通发票，并计入收入总额，征收企业所得税。但是，这些慈善机构只有被认定具有税前扣除的资格，该收据才能让捐赠者用于抵扣所得税。同时，财税部门会严格监管具有税前扣除资格的收据，慈善机构接受的捐赠必须用于公益慈善项目才能进行税收抵扣，如果查明用于非公益慈善项目，不允许捐赠的企业和个人抵扣，已抵扣的要追缴税款。

## 二、慈善社工机构认为对其政府购买服务的收入征税不合理

对于广州市许多慈善服务型的社工机构而言，政府购买服务收入的比例占其所有收入的95%以上。2011年，我们对多家社工机构进行了实地访谈。其中，A社会工作服务中心（简称为"A中心"）没有免税资格，其大部分收入都来自于政府购买服务，一签合同就要交纳印花税，取得收入后又要缴纳5.5%的营业税、城建税和教育费附加。由于许多政府购买收入发生在第三、四季度，尚未来得及支出，年底就被作为应纳税所得额征收25%的企业所得税。这样不仅导致税收负担重，而且办税手续繁杂，影响了慈善社工服务。

对于另外的不足其所有收入5%的捐助收入，如果捐赠者没有特别要求出具专门捐赠收据，A中心就会出具普通收据作为捐款的凭证。由于A中心筹资的方式主要是政府购买服务，而目前慈善组织的政府购买服务收入既要交流转税，又要缴所得税，所以捐赠收入的免税资格和税前抵扣资格对机构发展没有太大的用处，A中心也从来没有尝试过做税前扣除或者免税资格的申请。笔者在进一步的调查中发现，在同类从事慈善服务的社工机构中，大家都没有动力去积极申请免税资格，且普遍认为对其政府购买服务的收入征税不合理。

## 三、民间慈善组织申请免税资格程序复杂

非营利组织要生存和发展，免税资格的认定尤为重要。很多"草根"慈善组织要申请注册，除了寻求合法性之外，捐赠收入获得免税资格也是重要的原因。"草根"慈善组织注册后，要接受政府民政和财税部门的监管，内控要求多，事情多，压力大，合法获得免税资格是其申请注册的最大动力。

广东省"扬爱"特殊孩子家长俱乐部和广州市"金丝带"特殊儿童家长互

助中心都在成功注册后申请免税资格，但都没有成功。广州市"金丝带"特殊儿童家长互助中心提交的免税资格申请被广州市财政局不予批准的原因包括：章程的条款没有清楚列明注销后剩余财产的分配、投入人的权利等；审计时没有注明收入的来源、是否对服务对象进行收费等。广东省"扬爱"特殊孩子家长俱乐部提交的免税资格申请被财政部门不予批准的主要原因，则是在其章程中创办人没有明确放弃对机构财产的所有权。这两个慈善组织总结申请失败的教训时，认为有三个方面的原因导致申请失败：一是信息不灵，对政府政策不够了解；二是规则不清，咨询意见时遇到有的政府部门相互"踢皮球"的现象；三是程序不明，政府机关缺乏申请免税资格程序的指引。

Q社会工作发展中心（简称为"Q中心"）虽然是耗费了1年多的时间且申请了2次才成功获得免税资格，但被很多慈善组织认为是"民办非企业单位"申请成功的案例。在第一次申请被拒绝后，Q中心努力完善资料，以证明自己是非营利的慈善机构，并且获得了很多慈善捐赠，符合免税的条件，还通过各种媒体，加大宣传力度，增加社会知名度，也接受社会公众监督，最后终于成功申请到免税资格。H中心是2010年在广东省民政厅登记、注册为"民办非企业单位"的慈善组织，也花了17个月才成功申请到免税资格。H中心负责人认为申请审批不顺畅的主要原因在于两个方面：一是财税部门担心影响税收收入，对免税资格审批的积极性不高，不及时履行审批手续；二是相关法规不够完善，民政和财税部门之间没有联席会议制度，也没有规定申请审批的具体时限。

慈善基金会的免税资格审批则要更容易些。广东省千禾社区公益基金会（简称为"千禾基金会"）成立于2009年9月1日，是一家资助型的社区慈善基金会，其宗旨是弘扬中华民族扶危济困、乐于助人的慈善文化，立足广东，为有需要的社区提供援助，推动贫困社区的改变及可持续发展。据千禾基金会秘书长介绍，千禾基金会在获得免税资格之前，就已经在税务局报备，在此期间也不需要交税。2010年，千禾基金会向广东省民政厅申请免税资格，得到批准。

## 四、民间慈善组织申请公益捐赠税前扣除资格认定困难

在广东省已获得公益捐赠税前扣除资格的非营利组织名单中，除了几家民办基金会外，几乎都是有政府背景或关联关系的筹款型慈善组织，例如各地的慈善会、重点大学基金会等，而以社会团体和民办非企业单位性质登记的非营利组织可以获得资格的极少。

广东省汉达康福协会的负责人陈志强在访谈时表示，该协会曾经申请过税前扣除资格，但由于未能清晰把握该资格的认定条件，未获得通过。他认为，申请

时遇到的最大困难在于，政府网站上虽公布了一些条件，但许多都不具体，让人无所适从。Q中心的负责人说，该中心注册后一直没有申请税前扣除资格。Q中心曾派财务人员去政府有关部门询问他们能否申请这一资格，对方说不符合条件，但没有说明具体原因，于是Q中心就放弃了申请。

广东省"扬爱"特殊孩子家长俱乐部的负责人冯新表示，该俱乐部已于2010年11月获得捐赠收据。她跑了几趟民政局的"政务中心"，申请到了非营利组织的免税资格，又用了大概2个星期的时间拿到了捐赠收据。但她同时表示，由于该俱乐部尚未申请到慈善捐赠的税前扣除资格，该俱乐部所开具的捐赠收据不能用于捐款人抵税，但可以用于接受捐赠，免交收入的营业税、城建税、教育费附加和企业所得税。

H中心在2010年刚成立时，负责人就积极向政府有关部门申请捐赠收据，多次找到财税主管部门，反复跟他们解释组织的使命、宗旨和意义，最终打动他们，使他们同意在免税资格和税前扣除资格申请书上签字。H中心负责人再将批文和相关资料报给慈善组织的主管部门广东省民政厅。2011年年底，民政部门批准了他们的申请。他认为，他们最终能拿到免税资格和可税前抵扣的捐赠收据，主要是因为与财税和民政部门的不断沟通，促进了相互理解，并不断按照政府部门的要求完善自身的相关资质。

对于专门筹款的慈善基金会来说，申请慈善捐赠税前扣除资格要更容易一些。广东省千禾社区公益基金会与广东省麦田教育基金会（简称为"麦田基金会"）都是民间的慈善基金会，申请税前扣除资格认定就比较顺利。2010年10月1日，麦田基金会正式成立，全心致力于改善中国贫困山区孩子的教育环境，包括为贫困山区中小学生提供读书资助、兴建校舍、成立图书室、救治重病儿童、资助代课老师等慈善项目。麦田基金会在成功注册后，在一个月内准备好相关材料，就成功通过了公益捐款税前扣除的资格认定，拿到了捐赠收据。

慈善捐赠税前扣除资格认定困难的原因是多方面的。首先，现有的法律、法规并没有明文规定一定要给慈善组织办理税前扣除资格，也没有规定认证需要的处理时间为多长；其次，税前扣除资格使得慈善捐赠的企业与个人可以凭捐赠收据抵税，这将导致税收收入下降，如果管理不善还会导致企业诈捐偷税，甚至勾结慈善组织违法偷税，使国家税收流失；最后，现在审查慈善组织的税前扣除资格还缺乏一个清晰明了的程序，如在个案审查时，对于申请组织是否足够"慈善"等的判定，还缺乏明晰的标准。

# 第三章 我国企业慈善捐赠的税收成本与决策机制

目前,国际社会对企业社会责任的要求已经从号召转变成一种具体行动,我国社会各界对企业社会责任的要求也不断提高。企业慈善捐赠作为企业社会责任的重要表现形式,可以通过塑造企业形象,获得社会资源,进而提升企业竞争力,并逐渐成为企业创造慈善品牌、赢取社会声誉等无形资源的重要途径之一。

但是,由于企业慈善捐赠在我国市场经济环境下才刚刚开始,许多企业对慈善捐赠项目的开展方法、评判标准没有清晰的认识,导致了我国企业对慈善的短视现象,应付了事,加上企业慈善捐赠的税收激励不足,慈善捐赠支出没能显著提高企业的财务绩效和企业价值。在本章中,笔者将总结企业慈善捐赠决策的基本理论,通过案例计算我国企业慈善捐赠的税收成本,并根据 PDCA 管理模型,在设定企业税收减免权重指标的基础上,建立企业慈善捐赠决策模型,努力实现企业履行社会责任效果最大化。

## 第一节 企业慈善捐赠决策的基本理论与研究

### 一、战略性企业慈善行为论

管理大师迈克尔·波特(Michael E. Porter)利用竞争优势理论分析了企业开展慈善事业的行为,形成战略性企业慈善行为论。波特认为,企业开展慈善事业不仅仅有利于社会,好的企业慈善也有利于企业自身。什么样的慈善项目才能够称为好的慈善项目呢?不是任何一项慈善项目都能够提高企业的竞争力,只有在企业的慈善行为能够同时兼具社会效益和经济效益时,才能被称为是一个好的慈善项目。波特尤其强调,企业慈善事业对企业所处的竞争环境可能产生积极影响。

基于波特竞争战略理论钻石架构模型,波特将企业竞争环境概括为 4 个方面:生产要素、需求情况、战略和竞争环境、相关和支持性产业。波特认为,战略性慈善行为能够对竞争环境的 4 个方面都产生十分重要的影响。首先，它对生产要素将产生 3 个方面的重要影响：①改善教育和培训状况，从而为企业储备高素质的劳动力；②改善企业所在社区居民生活水平，从而对专业人才产生巨大的吸引力；③有效提升所在地研发机构研发水平、行政机构效率、基础设施质量以及自然资源生产效率。其次，它对需求情况的影响体现在影响本地市场规模和有效改善本地市场质量。再次，对战略和竞争环境的影响体现在使竞争环境更有效率和公开透明。最后，对相关和支持性产业的影响体现在推动簇群和支持性产业的进一步发展。

为了更有效地改善企业竞争环境，波特给出了企业实施慈善项目的 4 个措施：①选择优质的受众。企业慈善项目的效果在很大程度上取决于受众的质量，企业要充分利用自身优势去选择最好的受众。②与其他捐赠者沟通。将优质的受众推荐给其他企业，将有可能吸引更多的企业参与到慈善事业中来，并且还可以效地缓解"搭便车"问题，即通过捐赠者之间相互沟通而推动的集体行动，不仅能更有效地改善竞争环境，成本也会因分摊而降低。③改善受众状况。企业应充分利用自身资源和能力帮助受众改善他们的状况。此外，在解决某些特定问题时，企业的专有资产和技能也能发挥作用。④更新知识和方法。企业专有的技能和研究能力能够有效地帮助慈善组织探索解决社会问题的方法。

## 二、REDF 组织的 SROI 分析框架

罗伯茨企业发展基金会（Roberts Enterprise Development Fund，REDF）提出了慈善投资理念，即企业进行慈善投资将获得价值和社会回报，这也是企业成功进行慈善捐赠的标志，并提出了"投资的社会回报"（social return of investment，SROI）分析框架。SROI 分析框架（方法）衡量企业慈善捐赠所产生的社会价值及经济价值，将企业慈善项目所创造的经济价值与企业社会影响价值相结合，使用投资分析工具，利用一系列 Excel 表格，围绕扩展的价值理念进行调整。该分析框架也使用了一些关键的财务分析工具，包括实际成本会计分析（TCAA）、资金贴现与成本分析、折现现金流法（DCF）和净现值分析（NPV）等。

SROI 方法主要包括 6 个衡量尺度，即企业价值（enterprise value）、社会目的价值（social purpose value）、贷款价值（blended value）、企业回报指标（enterprise index of return）、社会回报指标（social purpose index of value）、贷款回报指标（blended index of return）。该方法衡量价值和回报两个方面，分 6 个阶段进行。

REDF 组织提出的 SROI 方法有很好的实践运用价值。SROI 方法为公司的慈善项目提供了一个分析框架，运用该框架既可以分析潜在的慈善项目又可以评价

已经实施了的慈善项目。但是，该方法也有一定的局限性。例如，SROI 的分析过程需要收集许多资源和信息，需要聘请外部专家等。

### 三、企业慈善绩效的标杆管理

基础策略组织（foundation strategy group，FSG）提出的企业慈善绩效的标杆管理（benchmarking philanthropic performance）理论认为："企业与同行业的竞争者进行慈善绩效的标杆管理是可行的，而且标杆管理对于增加企业捐赠的商业和社会利益也是非常有价值的。企业慈善绩效的标杆管理对企业其他的活动也非常重要，如营销活动、产品开发和销售，这些活动都可以扩展到企业的慈善活动。通过标杆管理，企业可以清楚地了解本企业慈善活动与竞争者的对比情况。"

企业慈善绩效的标杆管理可以为企业慈善事业带来很多好处，主要有：①选择合适的衡量尺度来计算企业慈善活动产生的影响。②了解竞争者的投资情况，从而为企业战略规划提供重要信息。③提供其他企业的成功案例进行参考，帮助企业更加有效地实现自身的目标。

因此，FSG 为企业慈善绩效的标杆管理设计了一个三阶段过程：阶段 1，对企业以及它的主要竞争者的社会投资情况进行全面分析，包括分析和比较企业捐赠的一些标准变量，如捐赠数量、捐赠方式（资金或产品）、捐赠占销售额的比率和员工参与比率等。FSG 还制订了一些其他衡量尺度，如捐赠项目领域、地理位置和捐赠的战略价值等。阶段 2，通过 4 个评价层次来评价竞争对手的社会投资项目。FSG 主要研究竞争对手捐赠项目的商业和社会影响，以及通过价值创造、沟通和竞争者的捐赠项目战略所产生的影响。阶段 3，阐述竞争者的慈善活动对本企业社会投资战略的启示。通过比较和评价，企业应形成一个行动报告，总结其他企业慈善活动对本企业的重要启示：从其他企业的成功实践中可以学到什么？企业如何更好地进行差异化捐赠？

FSG 提出的三阶段标杆管理方法为衡量企业慈善活动提供了一个综合和实用的框架，有助于企业对慈善活动进行衡量，以清楚地了解企业慈善活动的结果。

## 第二节 企业慈善捐赠决策模型与税收管理

由于许多企业在确定开展慈善项目时，没有综合考虑项目涉及的内容和范围，未平衡好各方面需求，缺乏系统规划，没有与企业长期发展战略相结合，而只是临时性决策，最终往往疲于应付。本节将参考国外管理模型，设计中国企业的慈善项目决策模型。

PDCA 是管理学中的一个通用模型，由英语单词 plan（计划）、do（执行）、check（检查）和 action（改善）的第一个字母组成，最早由美国"统计质量控制（SQC）之父"休哈特于 1930 年构想，后来美国质量管理专家戴明博士在 1950 年再度将其挖掘出来，加以广泛宣传并运用于持续改善产品质量的过程。PDCA 目前也成为许多中国大企业在日常工作中使用的管理工具，笔者借鉴这一工具来构建中国企业慈善事业项目决策的模型，具体如图 3-1 所示。

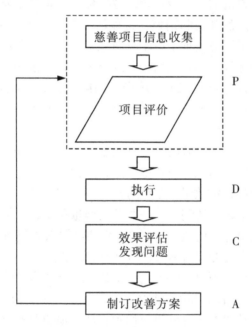

图 3-1　企业慈善事业项目决策模型

## 一、慈善项目信息收集

企业计划慈善项目，首先，要掌握与项目有关的各种信息，注重细节把控。如由于历史原因，中日合资企业的慈善项目时间就不宜放在"9·18"等纪念日前后，地点也应该谨慎选择。其次，通过媒体收集信息，要注意与媒体的信息沟通，维护良好的媒体关系。在获取可能引发企业负面新闻的信息时，要及时与媒体沟通，使媒体能够给予积极的正面报道。最后，可以通过慈善组织收集信息。

目前，许多企业与慈善组织合作开展项目，合作的形式及内容主要由慈善组织策划，而非由企业自身设计项目，这些慈善组织在慈善项目的信息收集方面具有专业优势。

## 二、项目评价

企业在收集了慈善项目的详细信息后，就要对这些项目进行评价和筛选，最终确定合适的方案。评价的指标应具有引导性，即所选择的指标既要从企业实际出发，又要考虑到政府的政策和企业未来的发展趋势。同时，还需将各指标量化，采用可度量的方式进行描述，以使评价的指标客观化，减少主观因素。目前，我国企业税费负担较重，而国家对企业慈善捐赠给予了一些税收优惠，在企业慈善项目选择评价指标及权重的设计中，要重点考虑税收减免因素。根据上述原则，笔者选取了五大类一级指标和12项二级指标，并根据各项指标的重要程度设定了相应的权重，具体如表3-1所示。

表3-1 企业慈善项目选择评价指标及权重表

| 一级指标 | 二级指标 | 一级权重 | 二级权重 | 方案一 | 方案二 | … |
|---|---|---|---|---|---|---|
| 项目成本 | 税收减免 | 0.4 | 0.5 | | | |
| | 支付成本 | | 0.3 | | | |
| | 企业经营业务相关度 | | 0.2 | | | |
| 企业发展 | 与政府和社区关系的改善度 | 0.2 | 0.4 | | | |
| | 与企业发展战略的契合度 | | 0.4 | | | |
| | 产品技术创新辅助度 | | 0.2 | | | |
| 企业形象 | 合作慈善组织的公信度 | 0.1 | 0.6 | | | |
| | 受众状况改善度 | | 0.4 | | | |
| 市场收益 | 与（潜在）客户的接近度 | 0.2 | 1 | | | |
| 项目执行 | 媒体宣传力度 | 0.1 | 0.5 | | | |
| | 实施难易程度 | | 0.3 | | | |
| | 企业自身优势发挥程度 | | 0.2 | | | |

第一大类一级指标是项目成本。近年来，企业市场竞争越来越激烈，利润越来越低，成本压力越来越大，所以，慈善项目也必须考虑节约成本。项目成本指

标具体包括税收减免、支付成本和企业经营业务相关度3项二级指标。首先，笔者将税收减免作为最重要的二级成本指标，主要是考虑企业所得税和增值税的减免。其中，企业所得税优惠要求慈善项目在慈善捐赠渠道、受赠项目性质和捐赠总额方面进行适当安排。《企业所得税法》规定"企业发生的公益性捐赠支出，在年度利润总额12%以内的部分，准予在计算应纳税所得额时扣除"，但必须取得具有扣除资格的慈善组织开具的捐赠发票。企业慈善捐赠可分为实物捐献和现金捐赠，对此增值税的处理有所不同。进行实物捐赠，依税法规定应视同销售，其税负由捐赠企业承担；进行现金捐赠，企业的增值税则通过销售行为由购买方承担。因此，企业实物捐赠的税收负担要重一些，慈善成本要高一些。其次，笔者将支付成本作为第二重要的二级成本指标。企业在安排慈善项目时，必须预算其支出成本，包括人力、物力，也包括现金、产品，并采用合适的价格进行核算。最后，笔者将企业经营业务相关度作为第三重要的二级成本指标。企业慈善项目与公司业务、特长相关度越高，企业越能够利用自身特长来做公益慈善，并促进其经营目标的实现。

第二大类一级指标是企业发展。具体又分为与政府和社区关系的改善度、与企业发展战略的契合度和产品技术创新辅助度3项二级指标。首先，慈善项目要有助于改善企业与政府和社区的关系。企业发展在很大程度上依赖政府政策支持，也依赖于地方社区的支持，慈善项目在多大程度上有助于改善企业与两者的关系，是项目评价的重要指标。其次，慈善项目与企业发展战略的契合度也很重要。契合度越高，越有利于企业发展和成长，从而更好地承担社会责任。最后，产品技术创新辅助度是排在第三的企业发展指标。在开展慈善项目时，如果能够促进企业开发创新产品，就能够取得一石二鸟的良好效果。

第三大类一级指标是企业形象。具体又分为合作慈善组织的公信度和受众状况改善度2项二级指标。首先，选择具有公信度的慈善组织合作，可以增加企业慈善项目的公信力，达到更好的慈善效果，提升企业形象。其次，企业慈善项目要能够解决慈善对象的实际困难，切实有效地帮助受众改善处境，才是一个好项目。否则，慈善项目的实施反而有可能在受众或舆论中产生负面信息，对企业形象造成负面影响。

第四大类一级指标是市场收益。这个指标具体可用与现有客户或潜在客户的接近度来衡量。企业的经营目标是获取最大市场收益，而企业的慈善目标是履行社会责任，同时可以使得客户或目标客户增进对企业的了解和信任，以促进企业增加市场收益。

第五大类一级指标是项目执行。具体又分为媒体宣传力度、实施难易程度和企业自身优势发挥程度3项二级指标。首先，媒体宣传力度决定企业慈善项目的传播效果和产生慈善营销的广告效应，且力度越大，广告效应越好。其次，慈善项目越容易实施越好，如果执行过于困难，需要花费过多的人力和物力，就会影响企业本身的业务。最后，在执行慈善项目时，企业自身优势发挥程度越大，越可以提高企业资源的利用率，取得更好的项目效果。

值得指出的是，中外合资企业由于合资双方在文化上存在差异，可能会在项目决策流程、管理方法、评价标准、管理权限等方面产生异议，这时可以通过双方协商，对项目选择评价指标及权重进行修订和调整，以达成一致意见。在确定了项目评价指标及权重后，笔者认为，企业应该采用"累计计分法"对慈善项目选择评价，即依据上述评价指标，由相关负责人对各待评估项目进行打分，将各负责人评分的结果进行累加，得分最高的项目即为确定的慈善项目。为能够拉开各方案分数结果的距离，建议打分采用9分制的方法，即最符合各指标要求的为9分，最不符合的为1分，分数最小单位为1。

### 三、项目执行

在项目执行环节，如果是企业自己设计并独立完成的项目，则由企业通过内部相关部门协作完成。如果是企业与第三方慈善组织合作实施的项目，企业应做好内部各部门的管理和与慈善组织的沟通协调工作，确保项目能够顺利进行。如果管理、协调不好，细节执行不到位，项目执行的效果就会大打折扣，甚至还会对企业形象产生负面影响。

例如，广州丰田汽车有限公司（简称为"广汽丰田"，GTMC）成立于2004年9月1日，由广州汽车集团股份有限公司与日本丰田汽车公司各出资50%组建，合作期限为30年，公司位于中国极具活力的珠三角地区的几何中心——广州南沙区。在教育慈善方面，广汽丰田设立了试制车捐赠项目，共捐赠57辆试制车和12台白身车，以自身产品作为教学实验资源，促进高校科研发展。以广汽丰田开展的向专业高校捐赠试制车为案例，笔者借用企业日常工作中使用的管理工具——Excel表格，设计了2份慈善捐赠项目执行管理表格，从不同方面对项目进行检查确认。表3-2为项目运营流程管理表，可以体现出项目的各合作方及负责的项目内容细分，并显示了各项工作需要完成的时间点。表3-3为项目进度管理表，可以体现出各项具体工作是否按时完成。

表 3-2 项目运营流程管理

| 时间 | 工作内容 | GTMC 公关科 | GTMC 售后培训科 | 高校 | 第三方慈善组织 |
|---|---|---|---|---|---|
| N-60 | 捐赠仪式地点的确认 | | | | |
| | 踩点 | 参加 | 参加 | | 参加 |
| | 场地平面图 | | | 向慈善组织提供基本信息 | 整理，提交给 GTMC |
| | 场地费用 | 确认费用并支付预付款 | | | 向 GTMC 报价 |
| | …… | | | | |
| N-30 | 软文稿件确认 | | | | |
| | 传播信息点确认 | | 提供技术信息 | 提供校方信息 | |
| | 稿件撰写 | 稿件撰写 | | | |
| | 发布 | 与媒体确认刊登日期及版面 | | | |
| …… | …… | …… | …… | …… | …… |

注：N 为捐赠仪式举办当天，N-60 为距离捐赠仪式当天前 60 天，其他依次类推。

表 3-3 项目进度管理

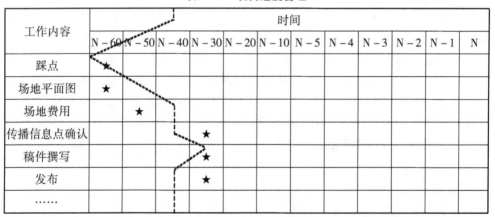

| 工作内容 | 时间 | | | | | | | | | |
|---|---|---|---|---|---|---|---|---|---|---|
| | N-60 | N-50 | N-40 | N-30 | N-20 | N-10 | N-5 | N-4 | N-3 | N-2 | N-1 | N |
| 踩点 | ★ | | | | | | | | | | | |
| 场地平面图 | | ★ | | | | | | | | | | |
| 场地费用 | | | ★ | | | | | | | | | |
| 传播信息点确认 | | | | ★ | | | | | | | | |
| 稿件撰写 | | | | ★ | | | | | | | | |
| 发布 | | | | ★ | | | | | | | | |
| …… | | | | | | | | | | | | |

注：★表示需确定的时间点，|表示现在时间，＜表示项目有延迟，＞表示项目提前完成。

## 四、效果评估

基于企业战略性慈善的理念，企业开展慈善项目不仅仅是履行社会责任，也是社会投资。企业应该从战略的高度，对项目效果进行评估，以达到更有效运用企业慈善资源、提高慈善效果、增加企业价值的目标。为了全面反映项目的效果，笔者认为应从企业慈善项目社会价值、企业竞争对手慈善项目的比较和评估阶段评价指标达成率3个方面对企业慈善项目的效果进行评估。

### 1. 对企业慈善项目社会价值的评估

企业投入、开展慈善项目将获得自身价值的增加和社会回报，因此，评估项目的经济成本和所产生的社会价值是效果评估的最重要部分。罗伯茨企业发展基金会所提出的社会投资回报率（SROI）方法就像传统的投资回报率分析一样，利用成本效益分析技术，比较投入的资源和所产生的利益是否平衡或者收益是否大于成本。SROI方法将社会效益和付出的成本相对化和货币化，利用一系列Excel表格，围绕扩展的价值理念进行评估。SROI方法衡量价值和回报两个方面，主要包括6个衡量尺度，即企业价值、社会目的价值、贷款价值、企业回报指标、社会回报指标和贷款回报指标。目前，我国企业慈善捐赠税负较重，笔者认为，对慈善项目社会价值进行评估时，还要加上税收筹划和节约指标。

### 2. 对企业竞争对手慈善项目的比较评估

对企业竞争对手的慈善项目进行比较评估，有助于学习其他企业的成功经验，汲取其失败教训，使企业更加有效地履行社会责任和实现慈善战略。具体可以从以下3个方面进行分析和评估：

（1）对主要竞争对手的慈善项目情况进行全面了解和分析，包括项目战略意义、投入金额和占销售额比率、具体方式、项目地点、项目对象、员工参与比率等。

（2）了解竞争对手慈善项目所带来的商业影响、社会影响、品牌价值提升等。

（3）通过对竞争对手慈善项目的比较评估，找出自身的优势和不足，通过差异化和集中优势，提升自己的慈善战略。

### 3. 对评估阶段评价指标达成率的评估

在项目评价阶段，笔者选取了五大类一级指标和12项二级指标并设定权重进行项目选择决策。在项目效果评估阶段，企业有必要对这些指标的完成情况进行评估。通过对这些指标预计完成情况和实际完成情况进行比对，计算实际完成率。对完成率较高的指标，总结其成功的经验；对完成率较低的指标，分析其失败的原因。评估过程不仅是对项目效果的评价，也是对评价指标的评价。通过评估，可以发现评价指标中的不足之处，例如某项指标与现实偏差较大等，从而不断修正和完善，使评价指标更加真实有效。

### 4. 制订改善方案

制订改善方案是企业慈善项目决策模型中的最后一个重要环节，而这个环节往往会被企业忽视。管理者和员工通常只将注意力集中在前期的计划和实施的过程，项目一结束往往就认为"万事大吉"了，又开始忙乎下一个项目。因此，很多公司的慈善项目往往是虎头蛇尾或有头无尾。项目执行和评估结束并不意味着项目的结束，"改善"环节是另一个循环的开始。

在"改善"环节中，要总结问题并制订相应的改善方案，并将改善方案直接体现在下一个循环的"P"计划中，从而成为新循环的开始。只有将前面实施过程中发现的问题进行改正，不断完善，慈善项目实施的效果才能不断进步，并促使企业不断提升，形成良性循环。"改善"既包括对所执行项目在评价、执行过程中的改善，也包括对决策模型本身的改善，例如评价指标和权重的设定、打分的方式等。

## 第三节 腾讯公司慈善捐赠决策的案例研究

深圳市腾讯计算机系统有限公司（简称为"腾讯"）于1998年11月在深圳成立，2004年在香港上市，目前已成长为我国最大的互联网综合服务提供商之一，也是我国拥有用户最多的互联网企业之一。

腾讯成立近20年来，始终坚持"一切以用户价值为依归"的经营理念，以"通过互联网服务提升人类生活品质"为使命，并以"面向未来，坚持自主创新，树立民族品牌"为其长远发展规划。在这样的经营理念、使命和长远发展规划的指导下，腾讯一直稳健发展。在互联网技术上，腾讯不断进行钻研、开拓、升级和发展；在服务上，腾讯努力塑造成为一个用户喜欢的企业，满足用户需求。2005年，腾讯将"一站式在线生活服务"作为其战略目标，致力为用户提供全方位一站式的服务，提供增值的互联网服务、互联网广告和电商平台等。腾讯通过 QQ、微信、腾讯网、游戏、QQ 空间等网络平台，建立了我国最大的虚拟网络社区，满足用户在沟通、资讯、娱乐和电子商务等方面的互联网需求。腾讯的发展影响并改变了大众沟通方式和生活习惯，开创了宽广的互联网应用前景。

腾讯不仅努力塑造成为用户喜欢的企业，它更是将企业的远景目标定位为"最受尊敬的互联网企业"。在腾讯的发展过程中，它不仅努力推动网络文明、保护用户隐私和降低网络犯罪，更是始终坚持参与慈善事业，竭力履行企业社会责任。2006 年，腾讯率先成立了首家中国互联网企业慈善公益基金会——腾讯公益慈善基金会。之后，又推出了腾讯公益网（http：//gongyi.qq.com）。秉承"致力公益慈善事业，关爱青少年成长，倡导企业公民责任，推动社会和谐进步"的宗旨，腾讯努力将每个产品和业务与慈善理念结合，并提倡所有企业一起参与，通过互联网技术和传播优势，建立"人人可公益，民众齐参与"的互联网公益新生态。

腾讯公益慈善事业最初源于其用户的启发，由于注册用户以青少年为主，腾讯在经营赢利的同时，也有责任帮助青少年健康成长。所以，腾讯积极参与慈善事业，并在选择慈善项目、机构和对象时，将其主要目标定位在青少年群体上，努力帮助青少年解决教育、贫困和健康等问题，并一直坚持下来。表 3－4 为腾讯公益慈善基金会历年来参与有关青少年教育、贫困和重大疾病的部分救助项目。

表 3－4 腾讯公益慈善基金会参与有关青少年教育、贫困和重大疾病救助的部分项目

| 项目名称 | 执行年份 | 支出金额（万元） | 相关举措 | 覆盖区域 |
| --- | --- | --- | --- | --- |
| 基础教育发展 | 2008 | 835.02 | 希望小学建立、基础设施建设、网络教室、奖学助学、西部教师培训 | 宁夏、陕西、四川 |
|  | 2009 | 681.96 | 希望小学建立、基础设施建设、教师培训 | 云南省迪庆藏族自治州 |
|  | 2010 | 1575.60 | 职业技术学校和寄宿制学校建立、基础设施建设、老师培训和资助 | 贵州省黔东南苗族侗族自治州 |
|  | 2011 | 1913.97 | 捐建工程、教师培训、开展素质教育项目 | 贵州省黔东南苗族侗族自治州 |
|  | 2012 | 1272.14 | 学校、老师宿舍楼、博物馆的捐建工程，开展素质教育项目 | 云南省、广东省、贵州省 |

续表 3-4

| 项目名称 | 执行年份 | 支出金额（万元） | 相关举措 | 覆盖区域 |
| --- | --- | --- | --- | --- |
| 高等教育发展项目 | 2008 | 143.73 | 在知名高校中设立"腾讯科技卓越奖学金"，资助高校互联网知识产权的课题研究和人才培养 | 全国 |
| | 2009 | 143.49 | | |
| | 2010 | 546.45 | | |
| | 2011 | 1266.69 | | |
| | 2012 | 371.35 | | |
| 教育及公益倡导项目 | 2013 | 5585.89 | 继续在20余所高校设立"腾讯科技卓越奖学金"，资助深圳市开展教育综合改革项目等 | 全国 |
| | 2014 | 3929.02 | 继续在20余所高校设立"腾讯科技卓越奖学金"，在深圳大学设立"腾讯奖教奖学金"，在香港开展教育创新等公益项目 | 全国 |
| 生命救助项目 | 2009 | 1200.00 | 救治心脏病儿童 | 江西 |
| | 2010 | 401.01 | 白内障患者的救治及白内障治疗中心的建设 | 贵州省黔东南苗族侗族自治州 |
| | 2011 | 209.64 | 联合壹基金开展自闭症救治项目，与深圳慈善会、万科公益基金会等联合启动了"鹏城心希望" | 深圳 |
| | 2012 | 1007.56 | 资助爱佑基金会的爱佑健康项目，资助红十字会及嫣然天使基金的嫣然天使儿童医院项目 | 北京 |
| 扶贫济困项目 | 2013 | 950.64 | 欠发达地区的资助、帮扶，以及孤儿自闭症、脑瘫等弱势儿童等的帮助 | 广东省 |
| | 2014 | 1204.03 | | 全国 |

　　腾讯所支持的慈善项目，不只是其规划中所聚焦的青少年项目，还包括各项救灾的紧急性项目。2003年，腾讯参与"非典"时期的救助；2005年，腾讯参与印度洋海啸救助和广西梧州洪灾救助；2008年，腾讯参加雪灾救助和"5·12"汶川地震救灾。在汶川地震的救灾中，腾讯的慈善救助主体有两个：一个是腾讯公司本身，另一个是腾讯旗下的腾讯公益慈善基金会。腾讯公益慈善基金会

联合红十字会、壹基金所进行的捐款和筹款总额超过 4400 万元，其中，其自身捐赠 2100 多万元，发动网友捐赠超过 2300 万元。腾讯公司则利用其多个产品及服务，全方位对灾情进行报道，同时宣传并倡导广大网友进行慈善捐助等。后来，腾讯还与成都市政府签署合作意向协议，进行了 5.5 亿元的投资。

我们可用 PDCA 模型对腾讯在"5·12"汶川地震救灾中的慈善捐赠项目进行决策分析。

### 1. 决策一：腾讯公益慈善基金会捐赠超过 2100 万元

在地震发生后，腾讯公益慈善基金会即刻启动应急救助程序。为支持灾区的紧急救援工作，在短短 6 个小时内，腾讯公益慈善基金会向红十字总会捐赠了 100 万元的善款。之后，根据地震灾情的进展情况以及为支持灾后重建工作，腾讯公益慈善基金会又多次进行捐赠，善款金额累计超过 2100 万元。

### 2. 决策二：腾讯公益慈善基金会联合壹基金募集资金超过 2300 万元

腾讯公益慈善基金会还与壹基金合作，率先通过互联网捐赠平台，借助腾讯"财付通"捐款通道，向广大网友募集救助资金，并通过腾讯网、QQ 系统消息、登录框和 QQ 对话框信息、QQ 空间、拍拍网等腾讯旗下各产品平台进行灾情传播、捐赠推广活动。最终，共向网友募集资金超过 2300 万元，超过 10 万名网友通过在线捐赠平台向灾区捐款。

### 3. 决策三：腾讯与成都签署 5.5 亿元的投资协议

为支持灾后重建工作，腾讯在 2008 年 5 月 22 日与成都市政府签订了投资协议，数额高达 5.5 亿元。腾讯将在成都软件园成立研发中心、信息处理与客户服务中心。腾讯认为，地震不仅给汶川造成损失，同时也给四川各地带来了损失，所以，腾讯进驻和投资四川是对灾区重建最有力的支持。

从 PDCA 决策循环上来看，腾讯在进行救灾援助时，首先是需要进行项目的评估。评估会从项目成本、企业发展、企业形象、市场收益、项目执行 5 个层面进行衡量。

在项目成本方面，首先，在税收减免上，腾讯公益慈善基金会 2100 万元的慈善捐赠可以享受税前全额扣除的优惠；企业和个人通过腾讯公益慈善基金会和壹基金捐赠的 2300 万元，可以获得具有税前扣除资格的捐赠发票，也可以享受税前全额扣除的优惠政策。2008 年，腾讯与成都签署 5.5 亿元的投资协议，一方面，可以支持灾区的震后重建；另一方面，腾讯的投资项目还可以享受西部地区开发的税收优惠政策，从而减轻"两税合一"后特区税收优惠逐步取消的压力。

其次，腾讯是高科技的互联网企业，拥有大量的知识产权和较高的品牌价值，为了节约支付的现金成本，可以采用专利技术和品牌等无形资产进行投资。最后，在企业经营业务相关度上，配合慈善捐赠，腾讯还实施了和其经营业务相关的其他慈善举措，如腾讯网对灾情的报道、祈福版的 QQ、腾讯 SOSO 搜人、腾讯财付通的"快捷捐赠通道"等。腾讯在灾后对成都的投资，也可以说是具有战略性的业务投资。另外，从人才方面看，由于四川高校众多，IT 类人才不少，成都的人力成本也相对一线城市更低；从居住和生活环境来看，成都也比较容易吸引到人才。这些因素都使得腾讯的一系列慈善措施都与其经营业务有较高的相关度。

在企业发展方面，在与政府和社区关系的改善度上，腾讯在危难时刻对四川援手相助，必然会获得在四川发展的政策支持。在企业发展战略的契合度上，腾讯的战略是要提供一站式生活服务，这里面也必然包括大众对于慈善事件的支持。腾讯利用互网技术和思维，使大众对慈善项目的参与也由线下变为线上，使捐款更为便捷。在产品技术创新辅助度上来看，虽然这些措施暂时还未给腾讯主营业务带来新的产品和技术，但是从某种程度上来说，它催生了腾讯公益网的上线，拓展了腾讯公益慈善基金会的新运作模式。

在企业形象方面，首先是合作慈善组织的公信度，在汶川地震中，腾讯是和壹基金合作。壹基金是 2007 年成立的公益组织，2010 年在深圳市民政局的支持下注册成立公募基金会，该基金会专注于灾害求助、儿童关怀、公益人才培养。从基金会中心网获得的数据显示，壹基金的透明度得分为满分。所以，无论是从基金会的运作上还是从专注的领域上来看，与腾讯合作的壹基金都是非常具有公信力的。由于汶川地震的慈善项目类型属于救灾类，腾讯的慈善行为必然能解决慈善对象的实际困难，帮助受众改善处境，所以从受众状况改善度上来说，这一定是正面的。腾讯的用户多数为青少年，而受灾群体和善款的募集对象中也都有儿童和青少年，所以从市场收益上来说，无论是获益人群还是募集人群都与腾讯客户的接近度较高。

在项目执行方面，首先，腾讯网本身就是门户网站，腾讯 QQ 也是一种媒介工具，所以腾讯在汶川地震救灾中的媒体宣传力不容小觑。其次，腾讯救灾的种种措施均是利用腾讯现有资源、技术以及资金来完成，所以不仅实施难度不大，而且发挥了自身的优势。虽然无从得知腾讯每一项措施的执行计划表，但是可以看到各项目的执行效率是非常高的。腾讯公益慈善基金会在汶川地震后 6 个小时即给红十字会落实了第一笔 100 万元的捐款；地震后 5 分钟，腾讯网通过 QQ 弹出第一条地震消息，15 分钟内推出第一个地震专题；QQ 项目组花费 11 小时，在地震次日推出 QQ 祈福版；地震次日，腾讯 SOSO 即推出寻人活动；地震 10 天后，腾讯就与四川有关方面签订了投资协议。

从 PDCA 慈善捐赠决策的项目评估环节来看，腾讯的慈善捐赠既有税收优惠成本方面的核算，又有结合自身业务和优势的考虑，帮助了灾民和灾区重建，弘扬了中华民族的传统美德，又实现了企业发展和社会责任的双赢。

# 第四章　我国企业非货币性资产慈善捐赠的税收政策研究

2008年是中国慈善捐赠发展的分水岭。近年来，我国自然灾害频发使慈善需求增加，受灾群众反馈求助需求的渠道也不断拓宽，社会慈善意识不断提高，慈善捐赠额也不断增加。企业是我国慈善捐赠的主体，其捐赠一直占社会慈善捐赠款物的一半以上，而物资捐赠等非货币性资产捐赠是企业捐赠的重要形式。根据民政部编制的历年"中国慈善捐助报告"，2007年，我国物资捐赠折合价值总额为53.85亿元，主要集中在医疗设备、药品、生产资料、教学仪器等方面。2008年，物资捐赠折合价值总额上升到208.84亿元，占全年接受社会捐赠总额的19.50%，主要原因是2008年发生了汶川大地震，在救援阶段，灾区对于帐篷、食物等生活用品需求缺口非常大。2009年，物资捐赠折合价值总额为175亿元，其中大部分为棉被。2013年，全国接收国内外社会各界的款物捐赠总额约989.42亿元，其中物资捐助折价约337.67亿元，占34.13%，大部分是企业捐赠。

企业以产品捐赠为主的非货币性慈善捐赠是其积极履行社会责任的体现，具有两方面的现实意义。一方面，企业作为市场主体，积极参与第三次分配，将有利于扶贫、济困、助残、救孤和助学，帮助有需要的弱势群体，对社会发展和进步产生积极作用。另一方面，企业在进行慈善捐赠的同时，能够提升企业品牌形象，扩大市场影响力，有助于更好地实现其利润最大化目标。本章将探讨企业非货币性资产慈善捐赠的税收激励，一是由于企业物资捐赠是其慈善捐赠的重要形式，及时、合格、必需的物资对于需求地区、需求人群非常重要；二是随着我国资本市场的不断成熟和社会慈善意识的增强，非货币性资产捐赠的形式更加多样化，企业非货币性资产捐赠渠道不断增加。所谓"非货币性资产"，是指货币性资产以外的资产，包括存货、固定资产、无形资产、股权以及不准备持有至到期的债券等存在方式。

首先，本章分析了非货币性资产慈善捐赠对于政府和企业的重大意义、政府的角色定位以及企业参与非货币性资产慈善捐赠的动机。其次，分析现行政策的处理方法和激励效应，将非货币性资产慈善捐赠分为捐赠企业自产或外购商品、厂房或机器设备等固定资产、土地使用权等无形资产和股权捐赠4种捐赠方式，整合分析现有会计和税收政策的处理方法，并通过案例计算各种情况下的企业税负。需要说明的是，本研究仅针对我国企业、国内生产或购买的非货币性资产进行探讨，不讨论外国企业以及进口物资的捐赠，而且由于债权慈善捐赠较多见于自然人捐赠，目前税法对此并没有明确规定，故本研究也不讨论债权捐赠。最后，结合我国具体国情，提出我国非货币性资产慈善捐赠的税收激励政策的优化建议。

# 第一节 非货币性资产慈善捐赠中的政府和企业

## 一、政府在非货币性资产慈善捐赠中的角色定位

### 1. 非货币性慈善捐赠是对政府再次分配的补充

我国慈善需求缺口非常大，长期以来的贫富差距、地区间发展不均衡、自然灾害多发、污染区域扩大等问题，一直考验着政府的执政能力和动员社会力量的能力以及整个社会的分配机制。社会分配机制分为初次分配、再次分配和第三次分配三个层次。市场从效率角度主导初次分配，是初次分配的主体；由于市场机制存在种种缺陷，如竞争失灵、外部性、交易成本、收入分配不公和消费者偏好缺陷等，因而政府主要从公平角度进行再次分配，主要通过税、费、利、债的收取获得财政收入，再通过各种社会保障制度、构建公共服务体系等多种方式履行收入分配职能；但是，在我国目前各种社会保障制度尚不完善的前提下，还有许多救济、公益性需求得不到应有的满足，从而出现了第三次分配。所谓第三次分配，是指动员社会力量，建立以慈善救助、公益捐赠和志愿服务为核心的多种形式的制度和机制，是社会互助对于政府分配的补充，其中，慈善救助在第三次分配中具有极其重要的作用。以慈善捐赠为主要形式的慈善救助是对市场分配和政府分配的一种补充，能更好地促进社会和谐，体现社会关怀。因此，政府应该充分发挥税收杠杆的作用，对其给予鼓励和支持。

### 2. 激励非货币性慈善捐赠有助于政府公信力建设

对于企业慈善捐赠，政府应该做好一个协调者和政策支持者的角色。所谓协调者，是指不以行政手段干预，而是以适当的政策支持，在企业与慈善机构、受

赠者之间建立一个良性沟通平台。政府要做好这个角色，一是要有宽松的政策环境，二是要以建立慈善信息平台、制播公益广告等适当方式加强对企业、民众的引导。企业慈善捐赠可以弥补政府服务的不足，提高居民生活幸福感，从而有助于提高政府公信力。政府通过表彰慈善活动、慈善公益宣传等多种方式形成良好的慈善氛围，也可以提高民众对政府的满意度。

政府制定并落实慈善的税收优惠政策，推进慈善事业的发展，反过来可以提高政府公信力，从而形成"政府—企业—慈善机构"的和谐关系——企业和慈善机构遵守财务、税收法律法规，与税务机构配合，国家制定的政策得到最好的诠释和贯彻，有助于维护税法的权威。

### 3. 激励非货币性慈善捐赠有助于增加公共品提供

慈善捐赠属于公共品的范畴。从财政学的理论分析，公共品具有非排他性和非竞争性，如果由私人提供往往会存在供给不足的问题，一般情况下由政府提供。慈善捐赠是私人志愿提供公共品，可以弥补政府提供公共品不足和缺乏效率等缺陷。企业慈善捐赠的积极性与税收激励正相关，因为税收激励而增加的慈善捐赠远远超过因税收减免或者税收抵扣额的提高所导致的财政收入减少金额。

通过税收激励鼓励企业进行非货币性慈善捐赠，由政府和企业、慈善机构合作，可以使得非货币性资产捐赠更有效率地为贫困地区发展、改善弱势群体的状况做出贡献。

### 4. 非货币性慈善捐赠税收激励政策原则

根据税收公平和效率的理论，政府应明确非货币性资产捐赠税收激励政策的原则和效果，税收激励原则应当是实现税收公平，并兼顾税收效率的效果。从税收公平的角度看，在对非货币性资产慈善捐赠行为征税时，应当避免重复征税，而且不同形式的同额捐赠应该税负相同，只有均税负才能鼓励企业积极以多种方式参与社会捐赠，否则捐赠方式单一化，捐赠的来源就会非常有限。

此外，税收激励政策的制定还应当考虑尽量减少征管成本和遵从成本。应通过有效的措施和联网的征管系统鼓励企业捐赠，方便慈善捐赠的企业，同时尽量简化程序、加强宣传，让企业能够积极参与慈善事业，又不留给企业诈借捐赠逃税的空间。

## 二、企业非货币性慈善捐赠的动机分析

### 1. 企业非货币性慈善捐赠的成本与收益

企业以追求利润最大化为目标，因而进行非货币性慈善捐赠时会对捐赠行为的成本收益进行权衡。企业进行非货币性慈善捐赠的成本有以下两方面：一部分是所捐出资产的市值成本 $C_1$；另一部分是间接产生的其他成本 $C_2$，包括缴纳的税费、捐赠过程中耗费的人力物力等。企业进行捐赠的收益包括以下三方面：一是实现管理层的慈善偏好以及企业自身的慈善目标，记为 $R_1$；二是企业通过社会捐赠所获得的社会声誉和政府授予的荣誉，记为 $R_2$；三是可以税前扣除的捐赠支出所少缴的税款，记为 $R_3$。只有当 $R_1 + R_2 + R_3 \geq C_1 + C_2$ 时，企业才会决定进行慈善捐赠，企业捐赠的动机也来自于此，且管理层越偏好慈善、来自外界的赞誉愈多、少缴的税款越多，企业越有动机参与慈善捐赠。

### 2. 企业非货币性慈善捐赠的营销策略

企业非货币性资产慈善捐赠也是其营销和品牌推广的重要战略，且广告支出越多的企业越倾向于非货币性资产捐赠。与传统的货币性资产捐赠相比，非货币性资产有一定的承载功能，且给企业提供了较多的可选策略，如通过将带有企业商标或者 logo（标志）的产品对外捐赠，援建希望小学、农村水利设施等，可以将企业影响力辐射到中小学生以及人口较多的农村。例如，著名跨国企业宝洁公司在中国对教育事业的慈善捐赠，从学前教育、中小学到大学本科、研究生院，宝洁都给予赞助支持。一方面，通过慈善捐赠助学，吸引受资助的优秀人才加入宝洁；另一方面，宝洁的善举受到政府表彰，有利于其树立良好的企业形象，推广其产品和品牌。企业进行非货币性资产慈善捐赠，可以使受赠者更好地了解其产品，并在企业年度社会责任报告、证券分析师报告、销售手册和广告、新闻报道、员工通讯文件以及商业信笺上宣传公司的慈善行为，引起广泛的关注，从而获得更多的顾客，员工也因此有更强的荣誉感和归属感。

### 3. 企业非货币性慈善捐赠的流动性分析

企业在生产经营中要保持必要的资产流动性。企业货币性资产中的货币资金、交易性金融资产以及持有至 3 个月内的投资都可以视为现金等价物而具有极强的变现能力，其流动性显然强于非货币性资产。货币性资产慈善捐赠是将企业高流动性的资产捐赠出去，但这会影响企业的资产流动性，如果捐赠金额大，还

将严重影响企业的变现能力,从风险管理的角度来说,这并不利于企业的生产运营。但企业非货币性资产则不会受流动性约束,而且适量的、适时的非货币性资产捐赠有助于企业保持恰当的存货周转率等。特别对于上市公司来说,好的流动性指标将有助于企业财务状况的评估。对于资产流动性要求高的企业,比如正处于扩张期的企业、商品流通速度快的企业、议价能力不强的企业等,在选择慈善捐赠方式时应谨慎考虑。出于对流动性的要求,这些企业对于货币性资产慈善捐赠的积极性不高。因此,政府应鼓励这类企业参与非货币性资产慈善捐赠。而从企业角度来看,非货币性资产慈善捐赠既可以作为营销策略,也可以提高其资产流动性。因此,企业非货币性资产慈善捐赠不仅是社会慈善资源的一个重要来源,也是企业战略慈善的重要组成部分,逐渐成为企业乐于采用的捐赠方式。

## 第二节 企业非货币性慈善捐赠的税务处理和激励效应

近年来,我国非货币性资产慈善捐赠的种类越来越多样化,主要捐赠方式包括自制或外购商品捐赠、固定资产捐赠、无形资产捐赠和股权捐赠。其中,股权捐赠是随着我国资本市场的发展、社会慈善意识的提高而发展起来的一种新型捐赠形式。本节通过现行会计和税收法规对非货币性资产慈善捐赠的规定进行比较,并对税收激励效应进行分析。

### 1. 现行政策税法和会计上的处理差异

我国税法和会计法对非货币性资产慈善捐赠的各种不同捐赠方式分别进行了不同的规定,如表 4-1 所示(分析中不考虑城市维护建设税和教育费附加的缴纳)。

表 4-1 税法和会计对非货币性资产慈善捐赠的规定比较

| | 存货 | 固定资产 | 无形资产 | 股权 |
| --- | --- | --- | --- | --- |
| 概念 | 受助群体急需的药物、帐篷、饮用水、棉衣被等的捐赠,包括企业自产商品以及外购原材料、商品 | 将汽车、电子设备、厂房等捐赠给有需要的群体,包括企业新买的或者已经使用了一定年限但仍可使用的固定资产 | 企业无偿将已开发或者外购的软件、土地使用权等捐赠给需要的人群或地区 | 含企业产权、公司股份等 |

续表 4－1

| | 存货 | 固定资产 | 无形资产 | 股权 |
|---|---|---|---|---|
| 会计处理 | 借：营业外支出——捐赠支出<br>贷：库存商品/原材料（按成本计价）<br>应交税费-应交增值税（销项税额）（＝库存商品/原材料公允价值×适用税率） | （1）固定资产转入清理<br>借：固定资产清理（账面净值）<br>累计折旧<br>固定资产减值准备<br>贷：固定资产（原价）<br>（2）发生清理费用和相关税费<br>借：固定资产清理<br>贷：银行存款（清理费用）<br>应交税费（相关税费，如果是2009年以后购进抵扣了增值税，为增值税）<br>（3）结转固定资产净损益<br>借：营业外支出——捐赠支出<br>贷：固定资产清理 | 借：营业外支出——捐赠支出<br>无形资产减值准备<br>贷：无形资产 | 借：营业外支出——捐赠支出<br>贷：长期股权投资——××公司 |
| 税法处理 | 对于计入损益表的营业外支出，还需要看其是否在年度利润总额的12%以内（含），只允许限额扣除 ||||
| 税法处理 | （1）视同销售，缴纳增值税；<br>（2）视同销售，属于应税消费品的，缴纳消费税；<br>（3）视同销售行为处理，应当计入营业收入，并就超额部分计缴企业所得税 | （1）视同转让财产，缴纳增值税，并按照简易办法根据购入或者自制时间分别选取对应的征收率；<br>（2）就超额部分计缴企业所得税 | （1）若为土地使用权，视同应税行为，缴纳营业税；<br>（2）就超额部分计缴企业所得税 | 尚无明确规定 |

表格中提到的公允价值（下同），按照税法规定，是指捐赠方在向公益性社

会团体和县级以上人民政府及其组成部门和直属机构捐赠时，应当提供注明捐赠非货币性资产公允价值的证明，如果不能提供上述证明，公益性社会团体和县级以上人民政府及其组成部门和直属机构不得向其开具公益性捐赠票据。

2. 三种不同情况下承担的税款比较

由以上的分析可以看出，存货、固定资产、无形资产对外进行慈善捐赠在会计上都不计入收入，但是在税法上按照规定需缴纳相应的税，而且在计算企业所得税时，符合条件的慈善捐赠企业也只能限额扣除支出。下面仅以将存货对外进行慈善捐赠为例，计算出各种情况下企业所需缴纳的税费，在同样的捐款数额（或公允价值相同）下，对比非货币性资产慈善捐赠（实物捐赠）、货币资产慈善捐赠（现金捐赠）和直接对外销售的税费缴纳情况。

举例：20××年×月，若甲公司为电脑生产企业的一般纳税人，将其账面价值为80万元的一批电脑通过当地民政局捐赠给贫困山区的中小学。已知该批捐赠电脑可抵扣的进项税额为8.50万元，假设捐赠时该批电脑按税法规定确定的公允价值为100万元（不含税），该公司预计20××年实现会计利润500万元（假设无其他纳税调整事项，且不包括该捐赠项目），企业所得税率为25%。我们分三种情况分别计算其应该缴纳的税款：一是如上直接捐赠所承担的税款；二是甲公司先将该批电脑销售出去，然后将100万元现款通过当地民政局捐赠给当地中小学的税款；三是直接将该批电脑销售出去承担的税款。计算结果如表4-2所示。

表4-2 企业产品三种不同处置情况下的税款比较

（单位：万元）

| 项目<br>税种 | 非货币性资产慈善捐赠<br>（情况1） | 货币资产慈善捐赠<br>（情况2） | 对外销售<br>（情况3） |
|---|---|---|---|
| 应交增值税 | 17-8.50=8.50 | 17-8.50=8.50 | 17-8.50=8.50 |
| 应交企业所得税 | (1) 视同销售调增：<br>100-80=20<br>(2) 会计利润总额为：<br>500-97=403<br>（成本：80+17=97）<br>(3) 超出部分调增：<br>97-403×12%=48.64<br>(4) 应交所得税额：<br>(20+48.64)×25%=17.16 | (1) 会计利润总额为：<br>500+100-80-100=420<br>(2) 允许扣除部分为：<br>420×12%=50.40<br>(3) 超出部分调增：<br>100-50.40=49.60<br>(4) 应交所得税额：<br>49.60×25%=12.40 | 应交所得税额：<br>(100-80)<br>×25%=5 |

续表 4-2

| 项目\税种 | 非货币性资产慈善捐赠（情况1） | 货币资产慈善捐赠（情况2） | 对外销售（情况3） |
|---|---|---|---|
| 合计 | 8.50 + 17.16 = 25.66 | 8.50 + 12.40 = 20.90 | 13.50 |

注：因为消费税仅针对一些特殊商品，关税也仅对于一些不符合免税条件的国外进口货物，所以本表没有考虑消费税和关税。

根据以上计算，发现实物捐赠的税收负担最高，现金捐赠次之，反而是对外销售所承担的税收最少。特别是实物捐赠的税收大约相当于对外销售的 2 倍之多，这充分说明了企业进行非货币性资产捐赠的税收负担并不利于鼓励企业进行社会慈善捐赠。而且现金捐赠和对外销售时应纳的增值税是可以转嫁给购买方的，则其税收负担分别仅为 12.40 万元和 5 万元，更是远远低于实物捐赠 25.66 万元的税收负担。

**3. 非货币性资产慈善捐赠的税收激励效应分析**

按照我国目前税法的规定，企业非货币性资产慈善捐赠涉及企业所得税、各种流转税以及契税、土地增值税和印花税等。其中，税收优惠政策主要是《企业所得税法》规定的，企业慈善捐赠额不高于会计利润 12% 的部分可以在计算企业所得税时在税前扣除。这一优惠降低了企业非货币性资产慈善捐赠的成本，起到了一定的激励作用。本节通过一个简单的模型（如图 4-1 所示），来分析税收优惠政策的激励效应。

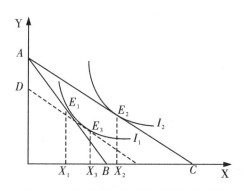

图 4-1 企业捐赠中税收优惠效应分解

在图 4-1 中，X 轴代表企业捐赠的数量，而 Y 轴表示企业保有财富的数量，

$AB$ 为捐赠者的预算曲线。假定在不考虑税收的情况下，捐赠价格和保有财富的价格是 1，捐赠数量为 $X_1$；当存在企业所得税优惠 $t$ 时，捐赠者的财富价格变为 $(1-t)$，由于保有财富不变，预算线变为 $AC$，无差异曲线由 $I_1$ 转向 $I_2$，捐赠者选择做出更多的捐赠 $X_2$，从 $X_1$ 到 $X_3$ 为税收优惠的替代效应，从 $X_3$ 到 $X_2$ 是税收优惠的收入效应。从图中可以看出替代效应和收入效应均为正，税收优惠鼓励了企业的慈善捐赠行为。而且给予的税收优惠越多，即 $t$ 值越大，效用越高，税收激励效应越明显。

就企业捐赠的流转税政策来说，我国目前对企业将自产、委托加工和外购的原材料和商品、固定资产、无形资产与有价证券用于捐赠，应分解为按公允价值视同对外销售和捐赠两项业务进行所得税处理。进行捐赠时，企业在没有收入的情况下还需缴纳相应的流转税，而且对于进口物资，除了外国政府、国际组织无偿捐赠的物资以及其他文件规定的可以免征关税的物资外，其他非货币性资产慈善捐赠均应征收关税，这对企业的捐赠积极性有所打击。对于特定的捐赠行为，如不动产的捐赠，企业还需承担相应的财产行为税如契税、土地增值税和印花税。企业的捐赠数额因为这些税费的上交而减少，其中契税还需由受赠人上交，使得受赠人接受捐赠的数额和企业的实际捐赠额并不对等，这些都不利于调动企业的捐赠积极性。

结合上文的分析可以看出，我国对于非货币性资产慈善捐赠的税收政策存在以下问题：第一，其税收负担较货币性资产慈善捐赠高，基本上都必须缴纳流转税和财产行为税，所得税可扣除额较少；第二，可扣除项目的分类较为笼统；第三，非货币性资产慈善捐赠形式多样，相关法律法规并没有分别明确规定，不利于企业积极性的调动以及政府的征管。

## 第三节　企业非货币性资产慈善捐赠税收政策建议

《中国慈善事业发展指导纲要（2006—2010 年）》指出，要将完善慈善税收减免政策、保护公众慈善捐赠的积极性作为发展我国慈善事业的基本政策和措施之一。但至今为止，除新《企业所得税法》实施后，公益性捐赠税前扣除比例从 3% 提高到 12% 外，其他税种对此的改革并没有取得明显进展，因此，笔者建议根据我国慈善事业发展的要求，汲取各国经验教训，立足中国国情，制定出企业非货币性资产慈善捐赠的税收激励政策。

## 一、适当提高税前扣除比例,并允许结转以后年度扣除

目前,我国对于企业非货币性资产慈善捐赠的税收扣除无论是对比其他国家还是对比其他的捐赠方式,所承担的税款都相对更高,存在重复征税的现象。从国外的情况来看,美国对企业当年超过捐赠限额的捐赠一般允许向以后年度结转并在税前扣除,期限一般为5年;而德国则按照慈善性公益捐赠和公益性捐赠两个大类,分别制定两个扣除标准,这样可以满足不同类型企业的需求。借鉴美国和德国的做法,笔者建议,我国可以对救助灾害、救济贫困、扶助残疾人等困难的社会群体和个人的非货币性资产慈善捐赠支出提高扣除限额,如通过非营利的社会团体和国家机关对农村义务教育、中西部农村文化建设、残疾人就业的捐赠等。对于非货币性慈善捐赠支出在一个年度内未扣除的部分,准予在以后5个年度内扣除,这样可以使得进行某些大额捐赠的年度的捐赠支出能够税前扣除,有利于大型灾害发生时鼓励企业对灾区进行及时的大额实物援助。

## 二、推出流转税和财产行为税优惠措施

流转税和财产行为税方面优惠政策的缺失是企业非货币性资产慈善捐赠税制的短板,甚至抑制了企业的慈善捐赠。企业对于非货币性资产捐赠需求较大,如汶川地震期间,一些企业将库存的医疗用品、帐篷、饮用水等捐赠出去,这些都是灾区急需的物资。虽然后来对这些捐赠行为做出特别规定,给予了免税政策,但相关的税收规定并没有延续下来,属于特案减免。因此,对于属于慈善捐赠范畴的非货币性资产捐赠行为,如救助灾害、救济贫困、扶助残疾人等,笔者建议准予捐赠单位凭借国家认可机构开设的捐赠证明免缴纳相应的流转税和财产行为税,并以法律的形式将其确定下来。

## 三、引入第三方价格评估机制

笔者建议引入第三方价格评估机制,形成物资捐赠接收标准以及物资评估手册,将其纳入ISO质量管理体系进行监控,并招收一批"慈善物资价值评估义工"。非货币性资产慈善捐赠涉及非货币性资产的价值评估问题,而且这无论对于企业方还是税收征管方都非常重要,评估的捐赠价值将直接影响企业可以税前扣除的金额,只有独立、公正的价格评估体系才能保证非货币性资产慈善捐赠形成良性的运行机制,有利于企业非货币性资产慈善捐赠,促进我国慈善事业的发

展。第三方的价格评估体系还有利于保证慈善事业的公信力,义工服务可以降低捐赠成本。

### 四、酝酿股权慈善捐赠税收立法

笔者建议,加快酝酿股权慈善捐赠等新型捐赠方式的税收立法,规范股权转让和捐赠,规范各种基金会的运营模式。中国家族制企业即将进入大规模的代际交接时期,在这一过程中很可能出现大量的基金会组织和股权慈善捐赠,其中包括用于捐赠股权的慈善基金。但是,目前我国现有的基金会官办色彩浓重,私募基金会则处境困难,因此,探索适合我国国情的基金会模式、为基金会提供恰当的生存空间将是我国未来慈善发展的重点。而由于股权转让与股权慈善捐赠虽然形式上差不多,但是接受主体迥异,因此,一定要明确股权慈善捐赠和转让的区别,避免一些别有用心的企业因此偷逃税款。同时,对股权慈善捐赠税前扣除资格的认定权限及程序,应颁布操作性较强的文件,并加强监督管理,对其资产价值的不确定性以及税收问题需要加强相关立法予以规范。

# 第五章　我国上市公司纳税与慈善捐赠

党的十八大报告指出:"加强社会建设,是社会和谐稳定的重要保证。必须从维护广大人民根本利益的高度,加快健全基本公共服务体系,加强和创新社会管理,推动社会主义和谐社会建设。"企业是市场经济的微观主体,对经济和社会发展都具有根本性的作用。企业提供产品和服务,满足消费者需要,推动经济增长。同时,企业纳税与进行公益性捐赠,履行社会责任,提供公共产品,是社会和谐的经济保障。

## 第一节　我国企业的社会责任与慈善捐赠

企业社会责任是由企业与社会的关系决定的,必须根据两者关系界定企业社会责任的内容。企业社会责任最核心的部分应该是企业参与社会公益,包括企业自愿参与扶贫济困、环境保护、社区服务、劳工权益保护等慈善活动,企业如何更好地履行社会责任应成为其发展规划的重要组成部分。企业的慈善捐赠是其履行社会责任的具体体现,许多企业自愿将货币和非货币性资产无偿捐赠给与其没有直接利益关系的受赠者用于慈善公益目的。这种捐赠能有效解决很多市场失灵和政府难以解决的问题,又被称为"第三次分配",它促进了我国和谐社会的建设。

从企业参与扶贫济困的工作来看,我国每年有近6000万以上的灾民需要救济,有2200多万城市低收入人口仅靠最低生活保障生活,有7500多万农村绝对贫困人口和低收入人口需要救助,还有6000万残疾人和1.4亿60岁以上的老年人需要社会提供帮助。[①] 按照世界银行的测算,我国的基尼系数已经上升到0.47,国内学者的估算则认为(李实,2012),我国基尼系数在2010年已经达到0.50,大大超过国际0.40的警戒线水平,且城乡收入差距在3.3倍左右。根据西方社会的历史发展经验,扶贫济困、扶老助残首先要靠政府的第二次分配和有

---

① 姚明:《如何办好慈善公益事业》,载《科学决策》2006年第6期。

效工作，通过税收和转移支付将社会财富在整个国家内不同个体间重新分配，或采取以工代赈、教育培训等措施。但是，政府的作用是有限的，并存在政府失灵现象，这就需要社会慈善活动进行补充。企业通过志愿捐赠进行扶贫济困、扶老助残等慈善活动是其履行企业社会责任的重要组成部分。

从企业参与环境保护来看，SA8000 标准是全球第一个"企业社会责任认证标准"。该标准认为，采取环境保护措施、消除环境污染是企业履行社会责任的重要组成部分。对一个承担着完整的环境责任的企业来说，它对自身的要求不应仅仅是不污染周边的环境，还应对社会产生正的外部效应。就大的方面而言，一方面，它在保障生产过程不危害环境的同时，应当注重研发无害于环境和人体健康的产品，积极开发和采用高新技术，重视资源（水、能源、原材料等）的减量和循环利用，尽量降低废弃物的产生量并做好其排放与处理工作。当然，企业在做好这些工作的同时也应有相应的税收优惠，这在企业的纳税中应有所体现。另一方面，企业还应当努力使其与周边环境相融合，让人与自然的关系保持平衡和协调。从内部管理来看，企业应该鼓励员工使用公共交通工具、使用可再生办公用品、注意节水节电等；从外部贡献来看，企业对环保基金和环保组织的慈善捐赠是企业勇于承担环境责任，支持可持续发展的直接表现。

从企业的社区服务来看，企业是社会的一员，在其经济运行的过程中，不可能独立地完成所有的企业行为，需要与所在社区合作。因此，企业对社区也要承担相应的责任，积极参与社区建设，具体包括积极支持发展社区的文化教育事业和福利事业、关心和参与社区服务组织的活动、同当地政府和居民以及公共团体建立良好的关系、为社区提供更多更好的就业机会等。从财务方面来看，一方面，企业缴交的地方税费是社区公共建设的资金来源；另一方面，许多企业还对社区服务基金进行公益慈善捐赠，这也属于其履行社会责任的范畴。

从企业保护劳工权益方面来看，企业与员工之间是雇佣关系，员工作为企业的核心资本，是企业社会责任的主要载体。企业对劳动者的责任主要有：遵守相关的法律法规，为员工建立健全劳动保障制度，提供平等的就业机会，保障妇女及弱势群体的平等就业；制订合理的薪酬制度、激励机制、岗位轮换机制以及培训机制，促进员工的个人职业发展，同时要保护员工的合法休息权，为员工提供健康安全的工作环境，享受社会保险和社会福利；企业不得随意裁员，建立健全职工申诉制度，及时公开处理职工的投诉，落实经济补偿金，做好分流人员的再就业工作；等等。从可量化的财务指标来看，一方面，企业为本单位员工缴纳社保费是其保护劳工权益的具体体现；另一方面，许多企业还积极为社会再就业、创业的公益性基金捐赠，这也是其履行企业社会责任的重要体现。

综上所述，企业通过慈善捐赠履行社会责任，与纳税一样提供公共产品，这种"第三次分配"能解决很多市场失灵和政府难以解决的问题。除了货币和非货币性资产直接捐赠外,企业还可以利用其劳动力、库存物资、生产能力、厂房、技术、专业管理知识等直接为社会慈善事业服务,但服务性捐赠难以通过货币单位直接计量,因此不是本书研究的重点。

## 第二节　我国企业发布社会责任报告和慈善捐赠的情况

近年来,国际社会对企业的社会责任要求已经从号召转变成一种具体行动,企业履行社会责任也日益受到国际资本市场监管部门和投资者、社会公众的关注,披露社会责任报告成为一种趋势。社会责任报告作为企业披露其社会责任绩效和推进社会责任管理的重要工具,日益受到企业的认可和重视。2009年9月,深圳证券交易所(简称为"深交所")发布《上市公司社会责任指引》以及国务院国有资产监督管理委员会(简称为"国资委")、上海证券交易所(简称为"上交所")等发布一系列文件鼓励企业编报社会责任报告之后,我国企业社会责任报告数量迎来了井喷式增长。根据"企业社会责任中国网"[①] 统计数据,2001年,我国仅有1家企业披露企业社会责任报告;2001—2006年的发布数量不足40家;到2011年,我国发布社会责任报告的企业共有898家,比2010年的731家增长了22.8%。如图5-1所示。

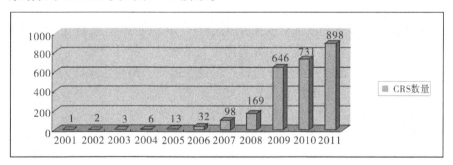

图5-1　2001—2011年我国企业社会责任报告数量增长情况

---

① 企业社会责任中国网(http://www.csr-china.net/)是由商务部《WTO经济导刊》杂志社主办,旨在汇聚全球责任资讯、传播责任理念价值,是中国推动企业社会责任、倡导可持续发展的第一门户网站,拥有目前国内最专业的企业社会责任(corporate social responsibility,CSR)团队。通过企业主动寄送、企业官方网站下载以及网络查询等方法,企业社会责任中国网建立了数据库,包括了责任竞争力案例、CSR报告和非政府组织等相关数据和活动信息。

但在经济增长的同时，市场竞争日益激烈，企业面临着成本和价格的双重压力，还要向政府缴纳各种税费。不少企业认为，企业纳税本身就是对社会履行了相应的经济责任。因此，部分企业对扶贫济困、环境保护、社区服务等慈善活动并不积极，对于政府或社会团体提出的慈善募捐建议反应也不热烈。基于这个原因，笔者将对中国上市公司纳税和慈善捐赠这两个可以量化的指标来进行比较分析，尝试从这一视角考察中国上市公司履行企业社会责任和社会贡献情况，研究其慈善捐赠与税收负担的总体情况。

中国社会科学院发布的《中国企业社会责任报告白皮书（2011）》指出，中国企业的社会责任报告整体水平不高，2010年平均分仅为29.8分。许多企业将发布社会责任报告作为企业品牌宣传的一种手段，结构随意，内容多以非财务定性描述为主，报告流于形式，缺乏可比性，不利于企业利益相关者从中获取有效的信息。笔者认为，有必要对我国企业社会责任报告进行重新审视。一方面，企业依法纳税就是企业对国家和社会公共产品的贡献，是企业履行法定性社会责任的体现；另一方面，许多企业还自愿进行货币和非货币性资产的慈善捐赠，这是企业履行自愿性社会责任的核心体现，是对政府提供公共产品的补充。因此，要全面研究企业的社会责任，既要研究企业履行法定性社会责任的纳税情况，又要研究其履行自愿性社会责任的货币和非货币性资产慈善捐赠情况，并通过统计企业可量化的纳税额和慈善捐赠额，对企业的社会责任总贡献进行报告。

本研究全面分析2011年我国上市公司履行企业社会责任的情况，主要采用描述性统计分析的方法，对2011年发布企业社会责任报告的我国上市公司财务数据进行统计分析，研究其履行社会责任和社会责任总贡献的情况。本研究的报告将企业的税费负担（企业每年所缴纳的税费）和慈善捐赠（企业的公益性捐赠支出）进行分类比较，并进一步计算出企业的社会责任总贡献，以企业税费负担率作为企业履行法定性社会责任指标，以企业的慈善捐赠比率作为企业的自愿性社会责任指标，以企业的社会责任总贡献比率作为企业对社会责任的总贡献指标，全面分析2011年我国上市公司履行企业社会责任的情况。笔者从企业社会责任中国网收集了2011年发布企业社会责任报告的公司名单共898家，包括万科企业股份有限公司和宝安集团等知名大企业。根据研究目的并基于数据的可获得性和有效性，最终选取435家上市公司作为有效样本。研究所需要的其他财务数据来自国泰安CSMAR研究数据库。笔者以这435家上市公司为样本，分析中国不同地区、行业、规模和类型的上市公司的纳税情况和慈善捐赠情况，反映企业履行社会责任和社会贡献的全面情况。对于本研究报告指标的说明如表5-1所示。

表 5-1 报告指标说明

| 指标名称 | 数据来源或计算方法 |
|---|---|
| 地区 | 以省（自治区、直辖市）为单位 |
| 行业 | 参照国民经济行业分类方法，选取行业门类指标 |
| 企业类型 | 参照公司第一大股东的性质 |
| 总资产 | 来源于企业财务报表的总资产 |
| 企业税费支出额 | 来源于企业财务报表的企业支付的各项税费总和 |
| 慈善捐赠支出额 | 企业的对外公益捐赠支出额 |
| 营业收入 | 来源于企业财务报表 |
| 社会责任总贡献额 | 企业税费支出额和慈善捐赠支出额的总和 |
| 社会责任总贡献率 | 企业社会责任总贡献额与企业营业收入的比值 |

## 第三节 2011 年我国不同地区上市公司的企业社会责任与社会贡献

### 一、2011 年发布企业社会责任报告的上市公司地区分布情况

2011 年，共有 435 家上市公司发布企业社会责任报告，分布于我国除台湾省、甘肃省以外的 30 个省、自治区和直辖市。从企业地域分布的数量来看①，位于东部地区的数量较多，共有 294 家，占 67.6%。其中，北京 54 家，广东 48 家，福建 47 家，上海 32 家，江苏 19 家，山东 17 家，分别居地区排名的前 6 位。位于中部地区的企业共 82 家，占 18.8%。位于西部地区的企业数量较少，共 59 家，仅占 13.6%。其中，位于宁夏、西藏、广西、黑龙江、内蒙古、青海等省份的企业均不到 5 家。

此外，我们还可以从不同地区企业发布社会责任报告的平均数量来分析，因

---

① 对于我国东部、中部和西部的划分采用国家改革和发展委员会制订五年发展计划时所采用的标准。西部地区包括享受国家西部大开发政策的内蒙古和广西。

为这一数据也在一定程度上反映了企业履行社会责任的情况。东部地区省均发布报告的数量为 26.7 家；中部地区为 10.3 家，不到东部地区的 1/2；西部地区为 5.4 家，不到东部地区的 1/5。北京、上海、福建、广东等东部省份都是我国经济发展较快的地区，而位于内陆的西藏、内蒙古、青海、宁夏等西部省份则一直以来是经济发展相对落后的地区。这表明，企业履行社会责任的情况与其所在地区的经济发展水平相关，其所在地区的经济越发达，企业越积极地参与社会公益活动。

## 二、2011 年不同地区上市公司缴纳税费的情况

企业通过缴纳税费履行法定性社会责任。2011 年，各省（自治区、直辖市）上市公司①平均税费支出情况如图 5-2 所示。从上市公司税费支出的绝对值来看，全国平均每家公司的税费支出额为 21.40 亿元。在 30 个省（自治区、直辖市）中，重庆、江苏和浙江的上市公司平均税费支出额分别高达 105.9641 亿元、98.4938 亿元和 97.3794 亿元，明显高于全国其他省（自治区、直辖市）；而其他省（自治区、直辖市）的上市公司平均税费支出额的差异相对较小，均不足 20 亿元。

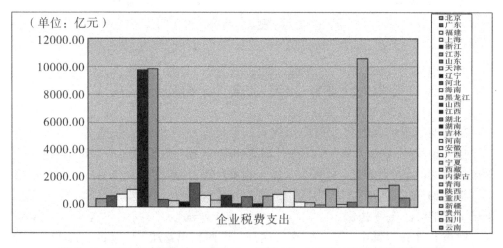

图 5-2　2011 年我国各省（自治区、直辖市）上市公司的户均税费支出额

注：从左至右依次按照省份的排列顺序，从■（北京）到□（海南）为东部地区，■（黑龙江）到□（安徽）为中部地区，□（广西）到■（云南）为西部地区（下同，不再注）。

---

① 本章中所讲的上市公司数据是指本研究中选取的 435 家发布了企业社会责任报告的上市公司数据。

从地区的平均水平来看（如图 5-3 所示），我国东部地区上市公司平均税费支出额为 25.59 亿元，高于全国平均水平；我国西部地区上市公司平均税费支出额为 18.95 亿元，低于全国平均水平；我国中部地区上市公司平均税费支出额为 7.28 亿元，远远低于全国平均水平，且仅有安徽上市公司的平均税费支出超过 10 亿元。

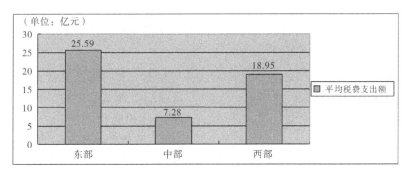

图 5-3　2011 年我国不同地区上市公司的平均税费支出额

从上市公司的税费负担率来看（如图 5-4 所示），各省（自治区、直辖市）上市公司的户均税费负担率为 8.77%。从地区的平均水平来看，东部地区上市公司的户均税费负担率为 8.61%，略低于全国平均水平，但广东上市公司的税费负担率达 11.62%，处于较高的水平；西部地区上市公司的户均税费负担率为 9.89%，高于全国平均水平，其中新疆上市公司的税费负担率为 16.14%，居于全国首位；中部地区上市公司的户均税费负担率为 8.10%，低于全国平均水平，只有吉林省的税费负担率达 12.46%。

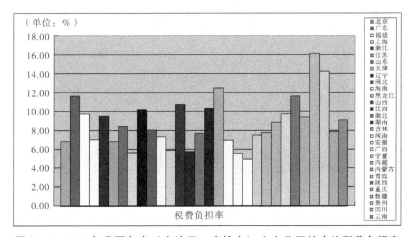

图 5-4　2011 年我国各省（自治区、直辖市）上市公司的户均税费负担率

企业缴纳税费是其履行法定性的社会责任，但我国不同地区上市公司的平均税费支出和税费负担率存在明显的差异。我国东部地区上市公司的税费支出额高，但税费负担率低于全国平均水平；西部地区上市公司的税费支出额低于全国平均水平，但税费负担率高于全国平均水平；而中部地区上市公司的税费支出额和税费负担率均低于全国平均水平。

### 三、2011 年不同地区上市公司慈善捐赠的情况

2011 年，发布企业社会责任报告的中国上市公司平均慈善捐赠支出额为 646 万元，具体各省（自治区、直辖市）上市公司平均慈善捐赠支出额如图 5 - 5 所示。从不同地区的情况来看，我国东部地区上市公司的户均慈善捐赠支出额最高，为 782 万元；其中，广东和浙江上市公司的户均慈善捐赠支出额分别为 1681 万元和 1571 万元，居于全国前两位。我国西部地区上市公司的户均慈善捐赠支出额为 477 万元，居第 2 位，但低于全国平均水平；其中，重庆市的户均慈善捐赠支出额为 1324 万元，居全国第 3 位。我国中部地区上市公司的户均慈善捐赠支出额最低，只有 260 万元；其中，最高的省份为吉林省，仅有 523 万元，也低于全国平均水平。

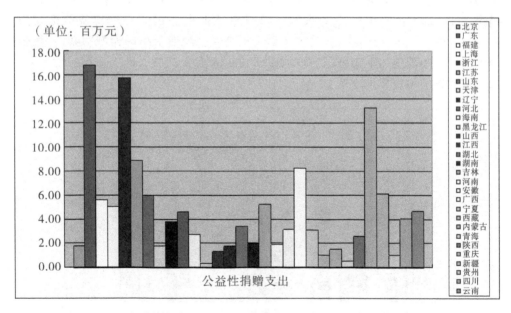

图 5 - 5　2011 年我国各省（自治区、直辖市）上市公司的户均慈善捐赠支出额

2011年，发布企业社会责任报告的中国上市公司平均慈善捐赠支出比例为0.089%。各省（自治区、直辖市）上市公司的平均慈善捐赠支出具体比例如图5-6所示，各个地区之间的这一指标也存在明显的差异。我国东部地区上市公司的平均慈善捐赠支出比例为0.11%，其中，广东上市公司的慈善捐赠支出比例达到0.42%，居于全国首位。西部地区上市公司的平均慈善捐赠支出比例为0.07%，居第2位，但低于全国平均水平，其中，新疆上市公司的慈善捐赠支出比例达到0.25%，居于全国第2位。中部地区上市公司的平均慈善捐赠支出比例为0.05%，且各省差别不大，都处于较低的水平。

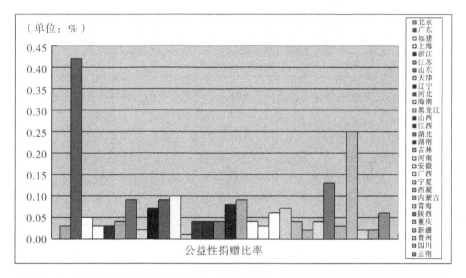

图5-6 2011年我国各省（自治区、直辖市）上市公司的户均慈善捐赠支出比例

## 四、2011年不同地区上市公司的社会责任贡献

企业的社会责任贡献是企业缴纳税费额和慈善捐赠额的总和，它全面反映企业履行社会责任的总体情况，各省（自治区、直辖市）上市公司的户均社会责任总贡献如图5-7所示。我国上市公司户均社会责任总贡献额为21.47亿元。其中，东部地区上市公司的户均社会责任总贡献额为25.67亿元，高于全国平均水平；西部地区上市公司的户均社会责任总贡献额为19.00亿元，低于全国平均水平；中部地区上市公司的户均社会责任总贡献额为7.31亿元，远低于全国平均水平。重庆、江苏和浙江上市公司的户均社会责任总贡献额分别为119.21亿元、98.58亿元和97.54亿元，位于全国前3位。

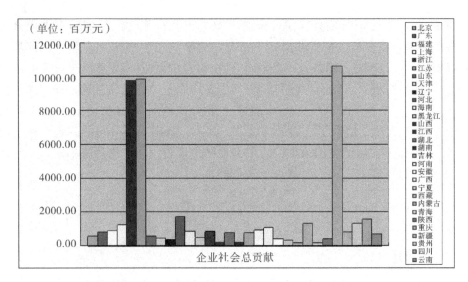

图 5-7 2011 年我国各省（自治区、直辖市）上市公司的户均社会责任总贡献额

各省（自治区、直辖市）上市公司的户均社会责任总贡献率如图 5-8 所示。从不同地区的情况来看，西部地区上市公司的户均社会责任总贡献率最高，达到 9.8%；其中，新疆上市公司的户均社会责任总贡献率为 16.39%，居于首位。东部地区上市公司的户均社会责任总贡献率为 8.36%；其中，广东上市公司的户均社会责任总贡献率为 12.04%。而中部地区上市公司的户均社会责任总贡献率最低，仅为 8.2%。

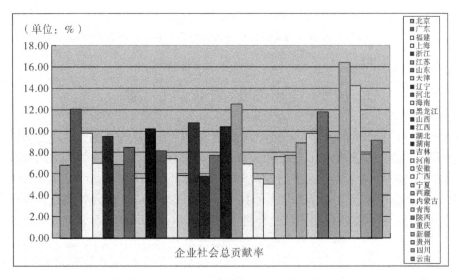

图 5-8 2011 年我国各省（自治区、直辖市）上市公司的户均社会责任总贡献率

## 第四节 2011年我国不同行业上市公司的企业社会责任与社会贡献

### 一、2011年发布企业社会责任报告的我国上市公司行业分布情况

2011年,发布企业社会责任报告的435家上市公司行业分布广泛,涉及金融保险业、房地产业、制造业、批发和零售贸易业、建筑业等13个行业。分布在各个行业的企业数量如图5-9所示。435家上市公司中,制造业的数量最多,共242家,占半数以上,具体包括了医药制造业、电子、塑料制造业等9个大类;排在第2位的是房地产业,共有26家企业;并列排在第3位的是电力、煤气及水的生产和供应业以及交通运输、仓储业,各25家;批发和零售贸易业有22家;金融保险业有20家;数量最少的是社会服务业和传播与文化产业,只有4家。

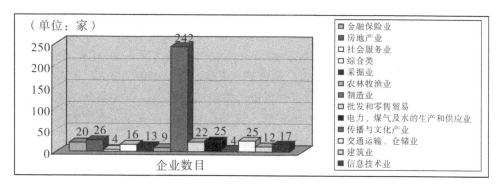

图5-9 2011年我国不同行业发布企业社会责任报告的上市公司数量

### 二、2011年不同行业上市公司缴纳税费的情况

2011年,各行业上市公司户均税费支出额如图5-10所示,不同行业上市公司户均税费支出水平存在较大差异。其中,金融保险业的上市公司户均税费支出额达48.55亿元,是所有行业中最高的。这一方面是因为金融保险业的上市公司营业额大,另一方面是因为其营业税税率为5%,高于其他服务行业。排在第2

位的是制造业的上市公司,其户均税费支出额为 26.72 亿元。排在第 3 位的是综合类的上市公司,其户均税费支出额为 20.76 亿元。排在第 4 位的是电力、煤气及水的生产和供应业的上市公司,其户均税费支出额为 15.58 亿元。另外,有 3 个行业的上市公司户均税费支出额低于 5 亿元,其中最低的是传播与文化产业,户均税费支出额只有 2.57 亿元,只相当于金融保险行业的 5.3%。

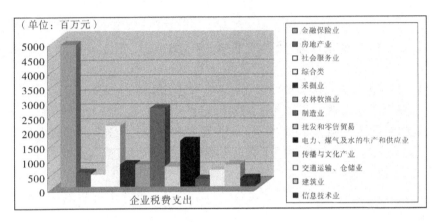

图 5-10　2011 年我国各行业上市公司的户均税费支出额

各行业上市公司的户均税费负担率如图 5-11 所示。其中,金融保险业上市公司的户均税费负担率为 18.08%,是所有行业中税费负担率最高的。另外,房地产业和社会服务业上市公司的户均税费负担率分别为 10.21% 和 10.08%,居第 2 位和第 3 位。其他行业的户均税费负担率均低于 10%,其中最低的行业为信息技术业,其户均税费负担率为 6.59%,这是信息技术业上市公司享有大量税收优惠的结果。

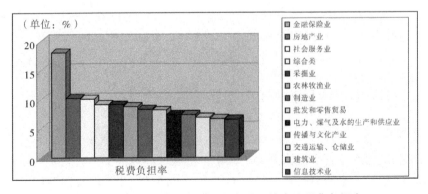

图 5-11　2011 年我国各行业上市公司的户均税费负担率

### 三、2011 年不同行业上市公司慈善捐赠的情况

2011 年，各行业上市公司的户均慈善捐赠支出额如图 5-12 所示。我国不同行业上市公司之间的户均慈善捐赠支出额差异较大。其中，金融保险业上市公司的户均慈善捐赠支出额为 1662 万元，居第 1 位。农林牧渔业上市公司的户均慈善捐赠支出额为 1373 万元，居第 2 位。制造业上市公司的户均慈善捐赠支出额为 671 万元，居第 3 位。电力、煤气及水的生产和供应业上市公司的户均慈善捐赠支出额为 653 万元，居第 4 位。传播与文化产业上市公司的户均慈善捐赠支出额是最小的，仅有 102 万元，相当于金融保险业的 6%。

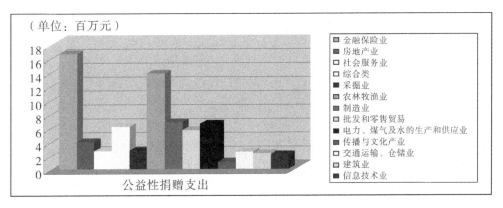

图 5-12　2011 年我国各行业上市公司的户均慈善捐赠支出额

2011 年，各行业上市公司的户均慈善捐赠支出比例如图 5-13 所示。其中，房地产业上市公司的户均慈善捐赠支出比例高达 0.4%，是所有行业中最高的，说明房地产业上市公司通过慈善捐赠履行自愿性社会责任的力度最大；金融保险业上市公司的户均慈善捐赠支出比例为 0.2%，在所有行业中居第 2 位；另外，综合类、社会服务业以及批发和零售贸易业的上市公司的户均慈善捐赠支出比例分别为 0.13%、0.11% 和 0.10%，列居第 3、4、5 位；其余 8 个行业上市公司的户均慈善捐赠支出比例均低于 0.1%，其中最低的是建筑业上市公司，只有 0.01%。

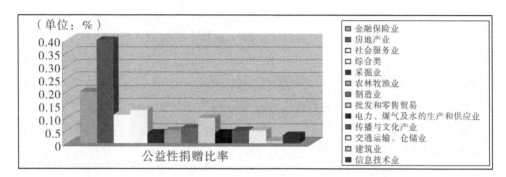

图 5-13　2011 年我国各行业上市公司的户均慈善捐赠支出比例

## 四、2011 年不同行业上市公司的社会责任贡献

2011 年，各行业上市公司的户均社会责任总贡献额如图 5-14 所示，不同行业之间的差别较大。金融保险业上市公司的户均社会责任总贡献额达 48.7189 亿元，在所有行业中居第 1 位，说明金融保险业上市公司履行的社会责任最多。制造业上市公司的户均社会责任总贡献额为 26.7904 亿元，居第 2 位。综合类以及电力、煤气及水的生产和供应业上市公司的户均社会责任总贡献额分别为 20.8161 亿元与 15.645 亿元，居第 3 位和第 4 位。传播与文化业上市公司的户均社会责任总贡献额只有 2.5814 亿元，是所有行业中社会责任总贡献额最小的，说明其履行社会责任少。

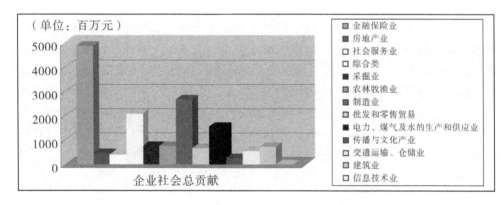

图 5-14　2011 年我国各行业上市公司的户均社会责任总贡献额

2011 年，各行业上市公司的户均社会责任总贡献率如图 5-15 所示。其中，

金融保险业上市公司的户均社会责任总贡献率最高，达到18.29%。房地产业上市公司的户均社会责任总贡献率居第2位，为10.61%。社会服务业上市公司的户均社会责任总贡献率为10.19%，居第3位。其余10个行业上市公司的户均社会责任总贡献率均低于10%。其中，信息技术业上市公司的户均社会责任总贡献率为6.61%，是所有行业中最低的，这同样与该行业享有的大量税收优惠有关。

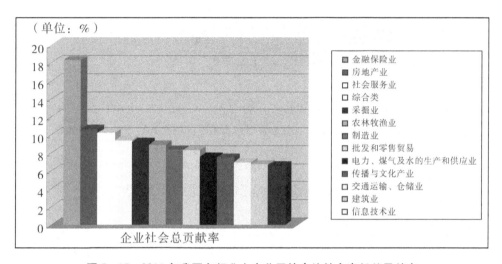

图5-15　2011年我国各行业上市公司的户均社会责任总贡献率

## 第五节　2011年我国不同控股类型上市公司的企业社会责任与社会贡献

### 一、2011年发布企业社会责任报告的我国上市公司控股类型情况

笔者根据上市公司控股（第一大）股东的性质，将2011年发布企业社会责任报告的435家上市公司分为国有控股、民营控股和外资控股三大类，不同控股类型上市公司的数量如图5-16所示。在435家上市公司中，国有控股的有266家，占61%；民营控股的有166家，占38%；外资控股的仅有3家，占不到1%。可见，国有控股公司在报告和履行企业社会责任中起着至关重要的"领头

羊"作用，民营控股公司也积极报告履行企业社会责任情况，但外资控股公司的社会责任报告意识需要加强。

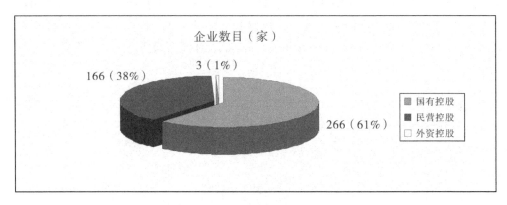

图 5-16　2011 年我国发布企业社会责任报告的不同控股类型上市公司的数量

## 二、2011 年不同控股类型上市公司缴纳税费的情况

2011 年，不同控股类型上市公司户均税费支出额如图 5-17 所示，它们的税费支出额有较大差异。国有控股公司的户均税费支出额最大，为 29.4639 亿元；其次是外资控股公司，3 家公司户均税费支出额为 13.4296 亿元；最低的是民营控股公司，其户均税费支出额仅为 8.6325 亿元，尚不及国有控股公司的 1/3。

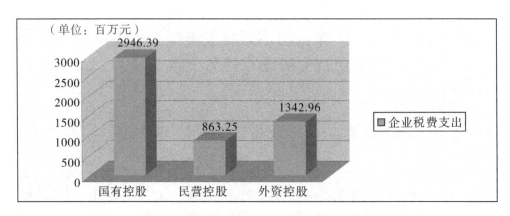

图 5-17　2011 年我国不同控股类型上市公司的户均税费支出额

2011 年，不同控股类型上市公司的户均税费负担率如图 5-18 所示。国有控

股公司的户均税费负担率是最高的,为8.88%;民营控股公司的户均税费负担率居第2位,为8.61%;外资控股公司的户均税费负担率最低,只有7.72%,原因可能是内外资企业虽然已经"两税合一",但因处于过渡期,部分外资企业仍然享有税收优惠。

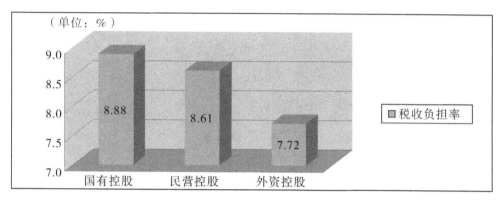

图5-18　2011年我国不同控股类型上市公司的户均税费负担率

### 三、2011年不同控股类型上市公司慈善捐赠的情况

2011年,不同控股类型上市公司的户均慈善捐赠支出额如图5-19所示。其中,国有控股公司的户均慈善捐赠支出额最高,为650万元;民营控股公司的户均慈善捐赠支出额为641万元,略低于国有控股公司而居于第2位;3家外资控股公司的户均慈善捐赠支出额最低,为585万元。

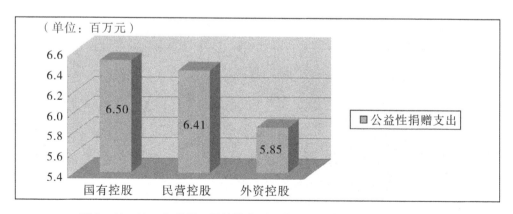

图5-19　2011年我国不同控股类型上市公司的户均慈善捐赠支出额

2011年，不同控股类型上市公司的平均慈善捐赠支出比例如图5-20所示。其中，3家外资控股公司的平均慈善捐赠支出比例位于首位，为0.13%；国有控股公司的平均慈善捐赠支出比例为0.1%，居于第2位；民营控股公司为0.07%，居于第3位。外资控股公司的户均慈善捐赠支出额虽然最少，但占营业收入的比例却是最高的。

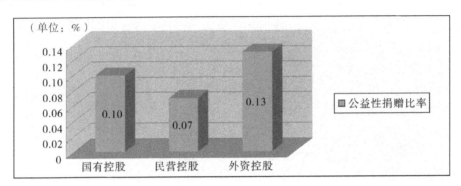

图5-20　2011年我国不同控股类型上市公司的平均慈善捐赠支出比例

## 四、2011年不同控股类型上市公司的社会责任贡献

企业社会责任总贡献额是企业税费支出额和慈善捐赠支出额的总和，是对企业履行社会责任的度量。2011年，我国不同控股类型上市公司的户均社会责任总贡献额如图5-21所示。其中，国有控股公司户均社会责任总贡献额为29.5289亿元，居第1位；3家外资控股公司户均社会责任总贡献额为13.4882亿元，居第2位；民营控股公司的户均社会责任总贡献额仅有8.6966亿元，只相当于国有控股公司的29.5%。

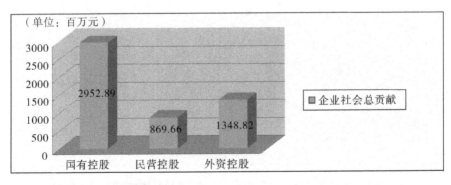

图5-21　2011年我国不同控股类型上市公司的户均社会责任总贡献额

2011年，我国不同控股类型上市公司的户均社会责任总贡献率如图5-22所示。其中，国有控股公司的户均社会责任总贡献率为8.98%，居第1位；民营控股公司的户均社会责任总贡献率为8.68%，居第2位；外资控股公司的户均社会责任总贡献率最低，只有7.85%。

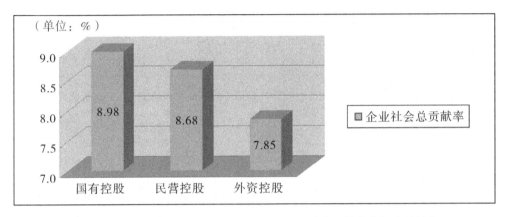

图5-22 2011年我国不同控股类型上市公司的户均社会责任总贡献率

## 第六节 2011年我国不同规模上市公司的社会责任与社会贡献

### 一、2011年发布企业社会责任报告的我国上市公司规模情况

本研究采用国家统计局等规定的大、中、小型公司划分办法将2011年发布企业社会责任报告的435家上市公司划分为大型、中型和小型3种类型公司，不同规模类型上市公司的数量如图5-23所示。435家公司中，大型公司有251家，占57%；中型公司有172家，占40%；而小型公司只有12家，仅占3%。统计结果显示，我国报告履行社会责任情况的上市公司以大中型公司为主。

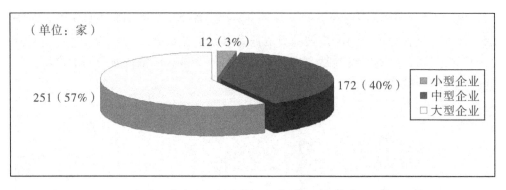

图 5-23　2011 年我国发布企业社会责任报告的不同规模类型上市公司的比率

## 二、2011 年不同规模上市公司的纳税情况

2011 年，我国不同规模上市公司的户均税费支出额如图 5-24 所示，3 种类型企业的差别非常大。其中，小型上市公司的户均税费支出额仅为 0.8217 亿元；中型上市公司的户均税费支出额为 4.0623 亿元，是小型上市公司的 4.9 倍；而大型上市公司的户均税费支出额为 21.7003 亿元，是中型上市公司的 5.3 倍，是小型上市公司的 26.4 倍。

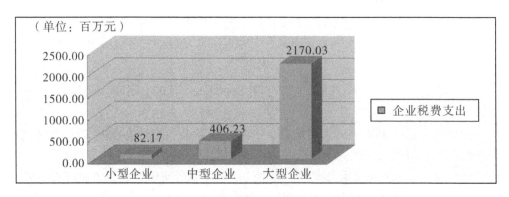

图 5-24　2011 年我国不同规模上市公司的户均税费支出额

2011 年，我国不同规模上市公司的税费负担率如图 5-25 所示，3 类企业之间的差距不大。其中，税费负担率最大的是小型上市公司，为 9.10%；其次是大型上市公司，税费负担率为 8.76%；税费负担率最低的是中型上市公司，为 8.74%。

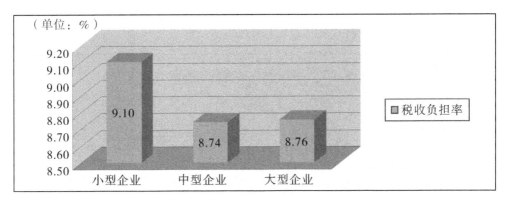

图 5-25　2011 年我国不同规模上市公司的税费负担率

## 三、2011 年不同规模上市公司慈善捐赠的情况

2011 年，不同规模上市公司的户均慈善捐赠支出额如图 5-26 所示，3 种类型企业的差别非常大。其中，小型上市公司的户均慈善捐赠支出额为 82 万元；中型上市公司的户均慈善捐赠支出额为 283 万元，是小型上市公司的 3.5 倍；而大型上市公司的户均慈善捐赠支出额为 655 万元，是中型上市公司的 2.3 倍，是小型上市公司的 8 倍。

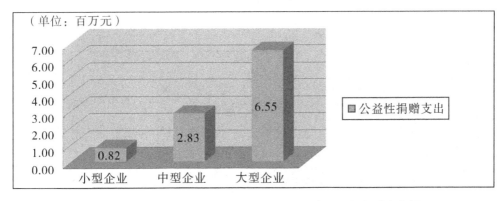

图 5-26　2011 年我国不同规模上市公司的户均慈善捐赠支出额

2011 年，不同规模上市公司的户均慈善捐赠支出比例如图 5-27 所示。其中，小型上市公司的户均慈善捐赠支出比例为 0.14%，居于首位。中型上市公司和大型上市公司的户均慈善捐赠支出比例相同，均为 0.09%，只相当于小型上市

公司的64%。

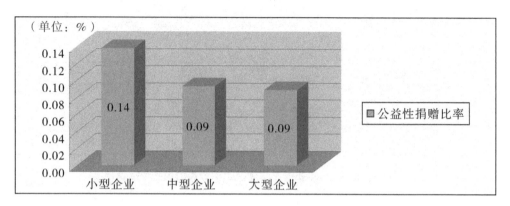

图5-27　2011年我国不同规模上市公司的户均慈善捐赠支出比例

## 四、2011年不同规模上市公司的社会责任贡献

2011年，不同规模上市公司的户均社会责任总贡献额如图5-28所示。其中，小型上市公司的户均社会责任总贡献额只有0.83亿元；中型上市公司的户均社会责任总贡献额为4.0907亿元，是小型上市公司的4.9倍；大型上市公司的户均社会责任总贡献额为21.7658亿元，是中型上市公司的5.3倍和小型上市公司的26倍。

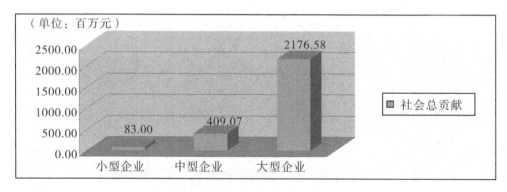

图5-28　2011年我国不同规模上市公司的户均社会责任总贡献额

2011年，不同规模上市公司的社会责任总贡献率如图5-29所示，与其社会责任总贡献额出现相反的结果。其中，小型上市公司的社会责任总贡献率为

9.24%，居首位；而大型上市公司和中型上市公司的社会责任总贡献率都为8.84%，相当于小型上市公司的96%。

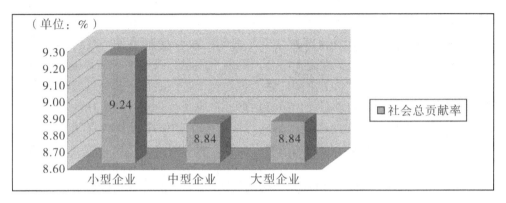

图5-29　2011年我国不同规模上市公司的社会责任总贡献率

## 第七节　结论和政策建议

本章全面分析了2011年发布企业社会责任报告的我国上市公司税费缴纳、慈善捐赠和社会贡献的情况，具体对不同地区、不同行业、不同控股类型和不同规模的上市公司的税费支出额、慈善捐赠支出额和社会贡献总额以及它们占营业收入的比率进行比较分析，得出了以下结论：

（1）近年来，随着经济社会的发展，资本市场监管部门、投资者和社会公众日益关注上市公司社会责任报告的披露，报告企业社会责任的中国上市公司数量持续增长，并逐渐成为一种趋势。笔者认为，政府监管部门应该制定上市公司社会责任报告的披露细则，进一步细化披露标准，完善披露制度，使上市公司都披露其社会责任报告。

（2）受经济发展程度的影响，中国上市公司履行社会责任情况存在地区差异。中国东部地区上市公司户均税费支出额、慈善捐赠支出额和社会责任贡献总额在3个地区公司中均排在第1位，慈善捐赠支出额占营业收入的比例也排在第1位，但税费负担率居第2位，社会责任总贡献率也居第2位。这说明东部地区公司自愿性社会责任贡献最大，但享受的税收优惠最多，因而总的贡献率只能排在第2位。中国西部地区上市公司户均税费支出额、慈善捐赠支出额和社会责任总贡献额均排在第2位，慈善捐赠支出比例也排在第2位，但享受的税收优惠最少，税费负担率居第1位，因而社会责任总贡献率也居第1位。中国中部地区上市公司的上述指标均处于第3位，说明中部地区上市公司在税费负担最轻的情况下，慈善捐赠的金额和比例也都最低，存在进一步提升的空间。

笔者认为，应该加大对西部地区上市公司的税收优惠力度，减轻其税收负担，缩短与中部地区和东部地区上市公司的税负差距，以支持其慈善捐赠，推动其履行自愿性社会责任。对于中部地区上市公司，应该通过宣传、鼓励等非税手段加强激励，引导更多的公司进行慈善捐赠，自愿履行企业社会责任。

（3）受生产经营情况的影响，不同行业的上市公司履行社会责任情况也存在差异。金融保险业上市公司户均税费支出额、慈善捐赠支出额和社会责任贡献总额在所有行业中均排在第1位，虽然慈善捐赠支出比例只排在第2位，但税费负担率排第1位，因而社会责任总贡献率也居第1位，是社会责任贡献最大的行业。制造业上市公司发布企业社会责任报告的数量最多，占了56%，其户均税费支出额排第2位，户均慈善捐赠支出额排第3位，户均企业社会责任贡献总额也排在第2位，但除以营业收入之后，3个比率指标都只能排在第7位。房地产业上市公司的户均税费支出额、慈善捐赠支出额和社会责任总贡献额虽然只排第10位，但除以营业收入之后，户均税费负担率排第2位，户均慈善捐赠支出比例排第1位，因而社会责任总贡献率也排第2位。传播与文化产业上市公司的户均税费支出额、慈善捐赠支出额和社会责任贡献总额都是最小的；建筑业上市公司的户均慈善捐赠支出比例最低；信息技术业上市公司因享有大量税收优惠而户均税费负担率最低，社会责任总贡献率也最低。

制造业上市公司代表国家工业竞争力，我国应该逐步完善促进企业慈善捐赠的税收政策，改变捐赠产品税负重的现状，并加强慈善文化建设，使慈善公益内化成为企业价值观，形成积极履行社会责任的企业文化。第三产业覆盖的具体行业较多。其中，金融保险业和房地产业上市公司的户均税费负担率和慈善捐赠支出比例都分别排在第1位和第2位，政府应该加强对它们的税收激励，通过"营改增"等措施减轻它们流转税负和慈善捐赠的所得税负担，鼓励其积极捐赠，还可以通过宣传、表彰等非税方式加强激励，提高它们的政治待遇和荣誉，使它们继续履行好法定性和自愿性的企业社会责任。对于传播与文化产业和建筑业的上市公司来说，政府应该制定捐赠服务和劳务的相关规定，并给予一定的税收优惠，鼓励它们进行服务和劳务捐赠。对于属于高科技的信息技术业上市公司来说，政府可加大引导和宣传力度鼓励其技术捐赠。由于第三产业税费负担率最重而慈善捐赠支出额最多，因此，本书将在以后章节重点研究第三产业企业慈善捐赠的税收激励效应，探讨激励其更好履行社会责任的政策措施。

(4) 受所有制类型的影响，我国不同控股类型上市公司履行社会责任的情况也不相同。国有控股公司的户均税费支出额、慈善捐赠支出额和社会责任贡献总额在 3 种控股类型上市公司中均排在第 1 位，户均税费负担率也排第 1 位，虽然慈善捐赠支出比例居第 2 位，但社会责任总贡献率仍然排在第 1 位，这说明国有控股公司的社会责任贡献是最大的。我国民营控股公司户均税费支出额排第 3 位，慈善捐赠支出额排第 2 位，社会责任贡献总额排第 3 位，虽然慈善捐赠支出比例排第 3 位，但户均税费负担率排第 2 位，社会责任总贡献率仍排在第 2 位。3 家外资控股公司户均税费支出额排第 2 位，慈善捐赠支出额排第 3 位，社会责任贡献总额排第 2 位，虽然慈善捐赠支出比例排第 1 位，但因为处在"两税合一"①的过渡优惠期，其户均税费负担率排第 3 位，社会责任总贡献率仍然排在第 3 位。

对于国有控股公司来说，由于其税收负担率最重，应该重点对其慈善捐赠进行税收激励，优化相关税收政策，促使其在履行企业社会责任中继续发挥主要作用。而对于民营控股公司来说，"两税合一"后，其税收负担已减轻，更重要的是采用宣传表彰、企业文化等非税政策进行激励。报告企业社会责任的外资控股公司只有 3 家，2008 年"两税合一"后，其慈善税前扣除比率降低，虽然名义税率也降低了，但原享有各种优惠的企业实际税率提高，情况较为复杂。因此，本书将在以后章节重点研究外资企业慈善捐赠的税收激励效应，探讨如何采取积极措施促进其在华履行社会责任。

(5) 我国不同规模上市公司报告和履行社会责任的情况也不相同。大型上市公司的户均税费支出额、慈善捐赠支出额和社会责任贡献总额在 3 种规模上市公司中均排在第 1 位，但除以营业收入之后，户均税费负担率和慈善捐赠支出比例都排在第 2 位，因而社会责任总贡献率也排在第 2 位。中型上市公司的户均税费支出额、慈善捐赠支出额和社会责任贡献总额在 3 种规模上市公司中均排在第 2 位，但户均税费负担率和慈善捐赠支出比例与大型上市公司几乎相同，两者的社会责任总贡献率也并列排在第 2 位。小型上市公司的户均税费支出额、慈善捐赠支出额和社会责任贡献总额在 3 种规模上市公司中均排在第 3 位，但因为户均税费负担率和慈善捐赠支出比例都排在第 1 位，所以其社会责任总贡献率也排在第 1 位。

对于大、中型上市公司来说，经济实力强但户均税费负担率、慈善捐赠支出比例和社会责任总贡献率都并列排在第 2 位，小型上市公司经济实力相对较弱，

---

① "两税合一"是指将《中华人民共和国企业所得税暂行条例》和《中华人民共和国外商投资企业和外国企业所得税法》两部法律法规统一成一部所得税法，在税率等方面对内外资企业一视同仁。

但这 3 个指标却都排在第 1 位。因此，对于小型上市公司来说，应该注重降低其税费负担和慈善捐赠税负，鼓励其继续履行好社会责任。而对大、中型上市公司，要更多地通过宣传教育、企业文化等非税激励措施，激励它们更好履行社会责任。

# 第六章　我国第三产业企业慈善捐赠的税收政策研究

《2012年度中国慈善捐助报告》的统计数据显示，全国当年接收国内外社会各界的捐赠总额约817亿元，各类企业捐赠达到474.38亿元，占慈善捐赠总额的58%。其中，第三产业企业捐赠最多。在2012年中国慈善排行榜中，从企业捐赠的性质看，房地产业与传统垄断行业企业的捐赠仍是主力。在2011年度超亿元的企业捐赠中，房地产及关联行业个人和企业捐赠共计约48亿元，位居所有行业第一。①

第三产业主要包括交通运输、仓储业，信息技术业，批发和零售贸易业，金融保险业，房地产业，社会服务业，传播与文化产业，综合类。以制造业为主的第二产业曾是推动国内生产总值（GDP）增长的主力军，但改革开放30多年来，我国不断调整优化产业结构，鼓励并扶持第三产业发展。2014年1月20日，国家统计局发布的2013年国民经济数据显示，第三产业增加值为262204亿元，比前一年增长8.3%，第三产业的比重呈持续上升趋势，而且首次超过第二产业。这是我国产业结构调整取得的历史性成果，也体现了第三产业的良好发展势头。国家工商总局公布的数据也显示，2013年上半年，中国第三产业企业数量首次突破1000万户，占全国企业总数的71.94%。

对于快速发展的第三产业企业而言，盈利是其首要目标。但在追求利润最大化的过程中，企业也要承担一定的社会责任，这是市场经济发展的必然选择，也是企业自身健康发展的内在要求。2009年9月，深交所发布《上市公司社会责任指引》以及国资委、上交所等发布一系列文件鼓励企业编报社会责任报告之后，第三产业上市公司越来越重视发布社会责任报告，披露其履行企业社会责任的情况。慈善捐赠是企业履行社会责任的最重要形式，包括其抗震救灾、扶贫济困、助残救孤等方面的捐赠支出。

2008年之前，我国内外资企业所得税的名义税率都为33%。但外资企业所得税率中3%的地方所得税没有开征，且享有生产性外资企业"两免三减半"等大量税收优惠，其实际税率明显低于内资企业。同时，内资企业慈善捐赠的税前

---

① 陈荞：《中国慈善榜显示房地产与垄断行业仍是捐赠主力》，载《京华时报》，2012-04-28。

扣除比例为3%，外资企业则允许全额税前扣除。2008年企业所得税改革后，内外资企业所得税税率统一调整为25%，内外资企业慈善捐赠的税前扣除比例统一调整为12%，内资企业所得税税负降低，而外资企业尤其是外资工业企业所得税税负则因为优惠取消而上升。这是我国一次重大的税制改革，对企业的慈善捐赠都将产生重要的影响。

《中华人民共和国国民经济和社会发展第十二个五年规划纲要》明确将"落实并完善公益性捐赠的税收优惠政策"作为我国慈善事业的基本政策和措施之一。因此，研究企业慈善捐赠的税收效应，对于促进我国慈善事业的发展和完善慈善捐赠的税收优惠政策具有理论意义和现实意义。一方面，目前第三产业企业的捐赠总量和户均捐赠额最多，且第三产业内外资企业在2008年"两税合一"之前的税负差别小一些；另一方面，外资工业企业由于存在大量进出口业务，更易于采取"高进低出"的国际转让定价行为转移利润，对其慈善捐赠的影响更为复杂一些，笔者将专门对此进行研究。在本章的研究中，笔者选取进行过慈善捐赠的第三产业A股上市公司作为研究对象，通过采集国泰安数据中心（CSMAR数据库）相关财务数据，对其2005—2010年的慈善捐赠的税收政策效应进行实证分析。

## 第一节 文献综述

从国外研究来看，西方学者从企业慈善捐赠的动机出发，进行了较多的理论和实证研究，建立了企业慈善捐赠"利润最大化"模型，以利润最大化为目标，认为企业慈善捐赠支出能提升企业形象，促进产品销售，提高生产率，起到类似于宣传、广告的效果。Clotfelter（1985）利用利润最大化和效用最大化模型对捐赠的所得税效应进行了理论分析并得出结论，最优捐赠额取决于边际税率的大小，公司所得税税率与公司慈善捐赠支出额存在正相关关系，税前扣除明显会对捐赠产生影响。Navarro（1988）采用具体的企业数据，对1976—1982年间249家企业的横截面数据进行分析，结果表明，企业慈善捐赠支出额和企业所得税税率负相关，但并不显著，而且企业的慈善捐赠有很强的利润最大化动机。Carroll（2005）采用横截面数据研究税收对企业捐赠的影响，结果表明企业捐赠支出对税收价格敏感，捐赠支出与税收价格负相关而与企业收入和广告正相关，企业捐赠支出会随着税负水平提高而减少。

从国内研究来看，对于激励企业慈善捐赠的税收政策方面的实证研究并不多。朱迎春（2010）选取2007年度在中国A股市场交易的259家上市公司的数据，采用双对数线性模型以及OLS回归分析方法，考察税收和利润对企业慈善捐赠的影响。结果证明，企业慈善捐赠支出与所得税税率显著正相关，与企业净利润也显著正相关，且企业所处行业对企业捐赠行为影响不大。张甫军和胡光平（2012）构建了一个只有政府和企业的简单模型，研究企业慈善捐赠的扣除比例应该在何种水平才能实现慈善资源的最优配置。他们的研究认为，在政府完全有效率的情况下，对企业的慈善捐赠设置一定税前扣除比例，能充分发挥税收对企业慈善捐赠的激励效应。但税前扣除比例并非越高越好，统一的税收扣除比例反而会降低激励企业慈善捐赠的效率，应针对不同的企业制定有差别的税收扣除政策。政府应该针对不同的捐赠形式制定不同的税收优惠政策。龙朝晖和王杰（2013）采用OLS回归模型，对2003—2009年A股市场上335家广东上市公司在企业所得税改革前后慈善捐赠的情况进行实证分析，结果表明企业的捐赠水平与其所得税实际负担率、企业所得税税前扣除改革均呈显著的正相关关系，所得税法改革后，企业的捐赠水平有所提高。而另一方面，企业捐赠水平与其捐赠习惯也有显著的正相关关系。

综合国内外学者的研究结果来看，国外学者对企业慈善捐赠的税收效应的研究比较全面深入，能运用多种模型和统计检验并且针对具体企业数据进行实证研究，而国内在这一方面的研究有待深入，尚无专门针对第三产业企业的实证研究。实证研究新旧税收政策对我国第三产业企业慈善捐赠的影响，同时研究影响第三产业企业慈善捐赠的其他非税因素，对于加强企业慈善捐赠的税收激励、发展我国的公益慈善事业具有重要意义。

## 第二节　数据与实证分析

一、数据来源及说明

笔者选取2005—2010年我国第三产业A股上市公司为研究对象，并且将统计数据中的企业救灾捐赠支出额和公益捐赠支出额合计为慈善捐赠支出额。截至2014年4月，我国第三产业A股上市公司共有767家。从所获取到767家第三产业A股上市公司的数据中，剔除了没有捐赠行为的企业和年份，以及不能判断是慈善捐赠还是赞助支出的企业，再剔除利润总额为负值和所得税为零的企业，得到有过一次或一次以上捐赠行为的539家上市公司数据进行研究。另外，笔者选择 2005—2010 年度的数据作为研究时间段，因为以 2008 年税制改革为节点，选取改革前后各 3 年的数据较为客观全面。

## 二、变量选择及说明

根据国内外现有研究，综合考虑我国实际情况及数据的可得性，笔者将企业慈善捐赠支出额设为被解释变量，将企业净利润额、企业所得税负担率、税前扣除改革、企业类型、突发事件和企业捐赠次数设为解释变量，将净资产收益率设为控制变量。如图 6-1 所示。

表 6-1 各变量的定义

| 变量类型 | 变量名称 | 变量表示 | 变量含义 |
| --- | --- | --- | --- |
| 被解释变量 | 慈善捐赠支出额 | Giving | 企业当年慈善捐赠支出额 |
| 解释变量 | 净利润额 | Profit | 企业当年净利润额 |
|  | 所得税负担率 | Taxrate | 企业当年所得税费与利润总额的比值 |
|  | 税前扣除改革 | Change | 虚拟变量，2008 年之前取 0，2008 年之后取 1 |
|  | 企业类型 | Style | 内资企业取 0，外资企业取 1 |
|  | 突发事件 | Disaster | 国内当年无突发事件取 0，反之取 1 |
|  | 捐赠次数 | Contri | 虚拟变量，捐赠次数为 1~6，分别设为 $Contri_1 \sim Contri_6$ |
| 控制变量 | 净资产收益率 | Roe | 企业当年净利润与净资产的比值 |

**1. 被解释变量**

笔者把企业的慈善捐赠支出额作为被解释变量，以 Giving 表示，以万元为单位。慈善捐赠支出额是企业在财报附注中的营业外支出的捐赠项目中披露的。

**2. 解释变量**

笔者把净利润作为解释变量，以 Profit 表示，具体为企业当年净利润额，来源于企业财务报表。把所得税负担率作为解释变量，以 Taxrate 表示，具体为企业当年所得税额与利润总额的比值。把税前扣除改革作为被解释变量，2008 年企业所得税税制改革后，慈善捐赠的税前扣除政策发生了很大的变化，以 Change

表示税前扣除改革虚拟变量，2005—2007 年取 0，2008—2010 年取 1。把企业类型作为解释变量，以 *Style* 来表示。笔者以企业第一大股东的性质来区分企业类型，0 表示内资企业，1 表示外资企业。把突发事件作为解释变量，以 *Disaster* 来表示，当年有突发事件取 1，否则取 0。捐赠次数虚拟变量以 *Contri* 来表示，6 年里只有 1 年有捐赠行为的企业，用 $Contri_1 = 1$ 表示，否则为 0；6 年里只有 2 年有捐赠行为的企业，用 $Contri_2 = 1$ 表示，否则为 0；以此类推。

**3. 控制变量**

由于企业的捐赠水平往往受到企业自身收益影响，笔者将净资产收益率 *Roe* 设为控制变量，研究企业赢利能力对其慈善捐赠的影响。

## 三、研究假设

假设 6-1：企业慈善捐赠水平与企业净利润额呈正相关关系。
假设 6-2：企业慈善捐赠水平与企业所得税负担率呈正相关关系。
假设 6-3：企业慈善捐赠水平与税前扣除改革呈正相关关系。
假设 6-4：企业慈善捐赠水平与突发事件呈负相关关系。

## 四、实证模型

为了测度企业净利润额、所得税负担率、税前扣除改革、企业类型、突发事件以及捐赠习惯等自变量对其慈善捐赠水平的影响，笔者通过建立随机效应模型，利用面板数据进行研究。下面各回归模型中的 $\beta_0$ 是常数项，$\beta_1$、$\beta_2$、$\beta_3$、$\beta_4$、$\beta_5$、$\beta_6$ 和 $\alpha_j$ 表示相应变量的系数，$\varepsilon$ 表示随机误差项。

（1）为了检验净利润额、所得税负担率、税前扣除改革、企业类型和突发事件等变量对企业慈善捐赠水平的影响，建立基本的回归模型（6-1）：

$$Giving = \beta_0 + \beta_1 Profit + \beta_2 Taxrate + \beta_3 Change + \beta_4 Style + \beta_5 Disaster + \varepsilon \quad (6-1)$$

（2）在回归模型（6-1）的基础上，引入净资产收益率，构建回归模型（6-2），考察在考虑控制变量净资产收益率的情况下，所得税负担率和税前扣除改革等变量对企业慈善捐赠水平的影响。

$$Giving = \beta_0 + \beta_1 Profit + \beta_2 Taxrate + \beta_3 Change + \beta_4 Style + \beta_5 Disaster + \beta_6 Roe + \varepsilon \tag{6-2}$$

（3）为了考察企业捐赠次数与企业慈善捐赠水平的关系，在回归模型（6-2）的基础上添加了捐赠次数虚拟变量。在模型中，用 $Contri_1 \sim Contri_6$ 来表示企业捐赠次数变量的系数。

$$Giving = \beta_0 + \beta_1 Profit + \beta_2 Taxrate + \beta_3 Change + \beta_4 Style + \beta_5 Disaster + \beta_6 Roe + \sum \alpha_j Contri_j + \varepsilon \tag{6-3}$$

## 五、实证结果分析

### （一）描述性统计

目前，我国第三产业 A 股上市公司共有 767 家。其中，信息技术业、批发零售贸易业和房地产业的数量较多，分别有 199 家、157 家和 137 家；交通运输、仓储业和社会服务业的数量分别为 86 家和 77 家；金融保险业、传播与文化产业和综合类的数量较少，分别为 43 家、36 家、32 家。如表 6-2 所示。

表 6-2 第三产业 A 股上市公司行业分布情况

（单位：家）

| 行业 | 交通运输、仓储业 | 信息技术业 | 批发和零售贸易业 | 金融保险业 | 房地产业 | 社会服务业 | 传播与文化产业 | 综合类 |
|---|---|---|---|---|---|---|---|---|
| 企业数 | 86 | 199 | 157 | 43 | 137 | 77 | 36 | 32 |

1. 第三产业 A 股上市公司慈善捐赠的总体情况

在 2005—2010 年的 6 年中，第三产业共有 539 家上市公司有过 1 次或 1 次以上的慈善捐赠①行为，共有 1550 次捐赠记录。除了在 2009 年有较大波动外，慈善捐赠企业数量总体呈上升趋势。仅 1 年有捐赠行为的企业有 160 家，其中 117 家企业是在发生玉树地震的 2010 年进行的捐赠。2 年有捐赠行为的企业有 90 家，

---

① 为行文方便简洁，本书有的地方将"慈善捐赠"简称为"捐赠"，两者义同。

3年有捐赠行为的企业有95家,4年有捐赠行为的企业有80家,5年有捐赠行为的企业有79家,连续6年都有捐赠行为的企业只有35家。

从捐赠金额来看,企业每次捐赠额平均值为352.80万元,最大值为3.65亿元,最小值为0.003亿元。其中,2008年发生汶川地震后,有286家企业进行了捐赠,捐赠总额达13.50亿元;2010年发生了玉树地震,有445家企业进行了捐赠,捐赠总额更是高达17.90亿元。尽管很多企业受到2008年金融危机的冲击,但突发性的震灾发生后,各级政府积极动员组织,企业捐赠热情高涨,捐赠额大幅增加。如表6-3、表6-4所示。

表6-3 2005—2010年第三产业A股上市公司慈善捐赠额

(单位:万元)

| 年份 | 2005 | 2006 | 2007 | 2008 | 2009 | 2010 |
|---|---|---|---|---|---|---|
| 企业数(家) | 189 | 217 | 283 | 286 | 130 | 445 |
| 捐赠总额 | 12805.10 | 37242.75 | 81808.92 | 135085.72 | 100856.66 | 178984.99 |
| 平均捐赠额 | 67.75 | 171.63 | 289.08 | 472.33 | 775.82 | 402.21 |
| 捐赠额中位数 | 22 | 27.41 | 25.56 | 106.50 | 102.19 | 51.04 |
| 捐赠额最大值 | 2285.81 | 10100 | 22100 | 36500 | 32300 | 28400 |
| 捐赠额最小值 | 0.02 | 0.03 | 0.003 | 0.02 | 0.60 | 0.08 |

表6-4 2005—2010年第三产业A股上市公司慈善捐赠各主要变量的统计结果

| 变量名称 | 平均值 | 中位数 | 最大值 | 最小值 |
|---|---|---|---|---|
| $Giving$ | 352.80 | 48.50 | 36500 | 0.02 |
| $Profit$ | 79651 | 10232.60 | 13503100 | -1199.50 |
| $Taxrate$ | 0.2401 | 0.2256 | 5.4145 | -1.4295 |
| $Change$ | 0.5554 | 1 | 1 | 0 |
| $Style$ | 0.0155 | 0 | 1 | 0 |
| $Disaster$ | 0.4716 | 0 | 1 | 0 |
| $Contri$ | 3.80 | 4 | 6 | 1 |
| $Roe$ | 0.1239 | 0.0864 | 17.8558 | -0.0242 |

从捐赠时间点来看,2008年税制改革前共有689次捐赠,2008年后共有861

次捐赠;从企业性质来看,1526 次属于内资企业的捐赠,外资企业只有 24 次捐赠记录,说明内资企业是我国第三产业企业慈善捐赠的主力军;从企业税负来看,企业所得税负担率平均值约为 24.01%,最大值高达 541.45%,这可能是由于 2008 年汶川地震和 2010 年玉树地震后有的企业超过其利润总额的巨额捐赠所导致的。而企业的净资产收益率平均值为 12.39%,最大值高达 1785.58%。

### 2. 第三产业各行业 A 股上市公司的慈善捐赠情况

2005—2010 年,第三产业 A 股上市公司可分为 8 个行业,在 539 家公司的 1550 次捐赠记录中,批发和零售贸易业的捐赠次数最多,为 442 次;房地产业次之,捐赠次数为 351 次;信息技术业捐赠次数为 248 次,居第 3 位;交通运输、仓储业捐赠次数为 200,社会服务业捐赠次数为 145 次,分别居第 4 位和第 5 位;金融保险业、综合类和传播与文化产业的捐赠次数分别为 75 次、51 次和 37 次,排在第 6、7、8 位。如表 6-5 所示。

表 6-5 2005—2010 年第三产业各行业不同捐赠次数的企业数量

(单位:家)

| 行业 \ 捐赠次数 | 1 | 2 | 3 | 4 | 5 | 6 | 合计 |
| --- | --- | --- | --- | --- | --- | --- | --- |
| 交通运输、仓储业 | 15 | 13 | 10 | 9 | 15 | 3 | 65 |
| 信息技术业 | 50 | 17 | 11 | 15 | 7 | 6 | 106 |
| 批发和零售贸易业 | 26 | 17 | 26 | 22 | 30 | 11 | 132 |
| 金融保险业 | 9 | 7 | 4 | 7 | 0 | 2 | 29 |
| 房地产业 | 33 | 22 | 26 | 16 | 18 | 7 | 122 |
| 社会服务业 | 18 | 10 | 14 | 4 | 4 | 5 | 55 |
| 传播与文化产业 | 5 | 2 | 2 | 3 | 2 | 0 | 15 |
| 综合类 | 4 | 2 | 2 | 4 | 3 | 1 | 16 |
| 合计 | 160 | 90 | 95 | 80 | 79 | 35 | 539 |

笔者对各个行业企业捐赠次数(如表 6-6 所示)进行 6 年平均,再除以该行业上市公司总数,计算出其年度平均的捐赠比例。从计算结果来看,批发和零售贸易业的捐赠比例为 0.47,居于首位,即批发和零售贸易业里平均每年有

47%的企业进行了慈善捐赠；房地产业次之，捐赠比例为0.43，即房地产行业平均每年有43%的企业有慈善捐赠行为；交通运输、仓储业捐赠比例为0.39，稍高于第三产业整体平均水平0.34；信息技术业、社会服务业、金融保险业、综合类和传播与文化产业的捐赠比例分别为0.21、0.31、0.29、0.27和0.17。

表6-6 第三产业2005—2010年各行业有捐赠行为的企业数

（单位：家）

| 年份<br>行业 | 2005 | 2006 | 2007 | 2008 | 2009 | 2010 | 合计 |
| --- | --- | --- | --- | --- | --- | --- | --- |
| 交通运输、仓储业 | 24 | 30 | 41 | 37 | 18 | 50 | 200 |
| 信息技术业 | 25 | 31 | 40 | 40 | 20 | 92 | 248 |
| 批发和零售贸易业 | 66 | 73 | 86 | 78 | 29 | 110 | 442 |
| 金融、保险业 | 5 | 5 | 13 | 16 | 11 | 25 | 75 |
| 房地产业 | 39 | 45 | 62 | 75 | 31 | 99 | 351 |
| 社会服务业 | 18 | 19 | 28 | 23 | 13 | 45 | 146 |
| 传播与文化产业 | 1 | 4 | 5 | 7 | 6 | 14 | 37 |
| 综合类 | 11 | 10 | 8 | 10 | 2 | 10 | 51 |
| 合计 | 189 | 217 | 283 | 286 | 130 | 445 | 1550 |

2005—2010年，第三产业A股上市公司6年总捐赠额为54.6784亿元，其中金融保险业为24.3511亿元，占45%。因此，虽然金融保险业的捐赠比例只有29%，但其户均捐赠额高达3246.80万元，远远高于第三产业户均捐赠额352.80万元。交通运输、仓储业和传播与文化产业的户均捐赠额分别为386.80万元、393.60万元，略高于第三产业户均捐赠额。其他行业都低于第三产业户均捐赠额，其中综合类和社会服务业最少，分别为96.40万元和85.20万元。如表6-7、图6-1所示。

表6-7 第三产业行业捐赠比例和企业平均捐赠额

| 行业 | 捐赠比例 | 户均捐赠额（万元） |
|---|---|---|
| 交通运输、仓储业 | 0.39 | 386.80 |
| 信息技术业 | 0.21 | 129.60 |
| 批发和零售贸易业 | 0.47 | 192.10 |
| 金融保险业 | 0.29 | 3246.80 |
| 房地产业 | 0.43 | 219.10 |
| 社会服务业 | 0.31 | 85.20 |
| 传播与文化产业 | 0.17 | 393.60 |
| 综合类 | 0.27 | 96.40 |
| 整体 | 0.34 | 352.80 |

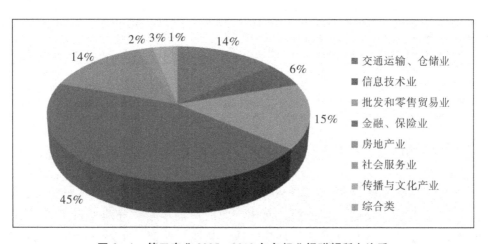

图6-1 第三产业2005—2010年各行业捐赠额所占比重

(二) 回归分析

笔者运用Stata计量软件采用面板数据对回归模型(6-1)、(6-2)和(6-3)进行回归分析，回归结果如表6-8所示，从中我们可以得出如下7个结论。

表6-8 回归模型 (6-1)、(6-2) 和 (6-3) 的面板数据回归结果

| 解释变量 \ 被解释变量 | 回归模型 (6-1) Giving | 回归模型 (6-2) Giving | 回归模型 (6-3) Giving |
| --- | --- | --- | --- |
| Profit | 0.0025184*** (44.79) | 0.0025182*** (44.76) | 0.0025117*** (44.44) |
| Taxrate | 29.28329 (0.31) | 28.42775 (0.30) | 32.06043 (0.34) |
| Change | 268.332*** (3.45) | 268.0537*** (3.44) | 274.3341*** (3.51) |
| Style | -257.3408 (-1.16) | -257.7624 (-1.16) | -279.9656 (-1.26) |
| Disaster | -173.8375** (-2.29) | -173.859** (-2.29) | -185.2225** (-2.43) |
| Roe | | -11.83062 (-0.26) | -11.97527 (-0.27) |
| $Contri_2$ | | | -162.639 (-0.27) |
| $Contri_3$ | | | -194.2003* (-1.81) |
| $Contri_4$ | | | -1.769589 (-0.02) |
| $Contri_5$ | | | -118.745 (-1.09) |
| $Contri_6$ | | | -162.5868 (-1.19) |
| Constant | 88.88213* (1.83) | 90.89564* (1.85) | 193.3793** (2.20) |
| Number of obs | 1550 | 1550 | 1550 |
| Number of groups | 539 | 539 | 539 |

注：括号内的数值为z值，"***" "**" "*"分别表示1%、5%和10%的显著性水平。

### 1. 企业净利润额对企业慈善捐赠水平的影响

在3个回归模型中，企业净利润额的系数均为正值，而且都在1%水平上显著，可见，企业慈善捐赠额与企业净利润额显著正相关。企业慈善捐赠支出受到

净利润的影响，企业净利润的增加会提高企业慈善捐赠水平。

### 2. 企业所得税负担率对慈善捐赠水平的影响

企业慈善捐赠水平与企业所得税负担率正相关，即企业慈善捐赠水平随着企业所得税负担率的提高而提高，说明所得税负担率提高，慈善捐赠的价格效应超过了收入效应，但影响并不显著。

### 3. 税前扣除改革对企业慈善捐赠水平的影响

2008年"两税合一"后，内资企业所得税税率有所降低，但原先享有税收优惠的外资企业所得税税率则有所提高。新法实施后，内资企业所得税税前扣除限额有所提高，这会激励其捐赠行为，提高企业捐赠水平。回归结果显示，企业慈善捐赠水平与税前扣除改革显著正相关，且都在1%水平上显著。

### 4. 企业类型对企业慈善捐赠水平的影响

笔者根据上市公司第一大股东的性质划分企业类型，回归结果显示，内资企业的捐赠额更多一些，但差异不显著。

### 5. 突发事件对企业慈善捐赠水平的影响

笔者将2008年汶川地震和2010年玉树地震定为突发事件。统计和回归结果显示，突发事件发生后，捐赠企业数量大幅增加，但企业慈善捐赠额却减少，且都在5%水平上显著。究其原因，是因为在2次地震发生的当年，许多过去没有捐赠的企业也进行了捐赠，但捐赠数额不大，影响计量结果。

### 6. 企业捐赠次数对企业慈善捐赠水平的影响

企业慈善捐赠支出额与企业捐赠次数之间存在负相关关系，但除了捐赠次数为3的企业在10%水平上显著外，其余均不显著，说明企业捐赠次数对其慈善捐赠水平几乎没有影响。

### 7. 净资产收益率对企业慈善捐赠水平的影响

净资产收益率又称股东权益收益率，用以衡量公司运用自有资本的效率，净资产收益率越高，说明投资带来的收益越高。表6-8的结果显示，企业慈善捐赠支出额与净资产收益率呈负相关关系，但影响并不显著。这是因为净资产收益率越高，投资带来的收益越高，追求利润最大化的企业就会更多地将资本用于投资，减少捐赠，从而降低企业慈善捐赠水平。

## 第三节 政策建议

2008年"两税合一"后,我国的企业所得税税负处于一个较合理的水平,通过改变企业所得税法定税率来促进企业慈善捐赠的做法不可取。因此,笔者建议,在我国目前的税法框架下,可以考虑从税收激励政策和非税激励政策两个方面来促进企业的慈善捐赠行为。

### 一、税收激励政策

(1) 明确规定捐赠受益主体,扩大税收优惠适用慈善组织的范围,同时对享有税前扣除资格的慈善组织的收支情况严格监管。明确界定捐赠受益主体的性质,一来可以防止滥用税收优惠,二来也可以防止捐赠资金被变相转移。有重点地扩大税收优惠适用慈善组织的范围,可以考虑将扶贫济困、灾害救助、妇女儿童事业、教育事业、环境保护及生态补偿事业、残疾人事业、社会保障事业等公益组织纳入可申请税前扣除资格范围,使企业慈善捐赠更容易取得抵税发票。严格监管慈善组织的收支情况,要求其披露财务状况,做到公开透明,接受捐赠者和社会公众的监督,提高其公信力。

(2) 增加可税前扣除的捐赠形式,将服务捐赠纳入税前扣除的范围。实物和服务捐赠也是慈善捐赠的重要形式。在我国,目前税法并未明确规定关于服务捐赠的税收优惠政策,并未把服务捐赠明确纳入免税范围。无论是出于社会责任还是出于企业战略,很多第三产业企业会提供不动产、无形资产和服务捐赠,而这些也是很多困难群众和灾区所需要的,随着"营改增"的推进,服务捐赠也会视同销售处理,这将打击企业服务捐赠的积极性。

(3) 加强企业所得税的征管。在现实生活中,由于征管流程不规范、存在税收漏洞等征管问题而可能导致企业所得税实际税负较轻。应进一步加强企业所得税的征管,加大征管力度,把25%企业所得税税率实施到位,提高企业的实际纳税水平,从而增加企业的慈善捐赠,有利于实现国家和企业利益的双赢,促进慈善事业的发展。

(4) 充分发挥税收对经济和企业的导向作用,推动企业健康发展。研究结果显示,企业净利润的增加对企业慈善捐赠水平具有正向的激励作用。因此,要充分发挥税收的作用,推动企业发展壮大,提高赢利能力,从而提高企业慈善捐赠水平。

（5）改善慈善捐赠发票管理，简化企业慈善捐赠的税前扣除手续。目前，只有具有相关资质的单位才能开具可用于税前扣除的专有捐赠发票。2012 年，成都市成华检察院 3 名检察官对慈善机构进行了一次问卷调查，结果显示，六成左右的慈善机构未开具捐赠票据。一些企业由于对新企业所得税法不太了解，或者在捐赠后没有拿到捐赠发票，或者在拿到发票后觉得税前扣除手续过于麻烦而没有去进行抵扣申报，影响了企业的慈善捐赠行为。所以，有关部门应加强税收宣传，普及新法，改善慈善捐赠发票管理，简化税前扣除的手续，提高企业慈善捐赠税前扣除的效率。

## 二、非税激励政策的建议

（1）政府应转变自身角色，清楚把握好"度"，避免权力的越位和缺位。政府不应作为慈善主体和劝募方，而应成为一个优秀的监管者。

（2）政府应加强慈善文化宣传，营造良好的慈善氛围，帮助企业树立慈善观念。政府和媒体也应该积极正面去宣传企业慈善行为，并对慈善组织进行社会监督，激发企业的慈善捐赠热情。

（3）政府要加强慈善组织管理与建设，放宽慈善组织的设立标准，并对慈善组织去行政化，同时加强监管。慈善组织也应该加强自身建设，加快专业化发展，提高管理水平，向社会和捐赠者披露组织的收支情况和捐赠资金的具体用途，加大对企业捐赠的价值回报，增强自身的公信力。

# 第七章　我国外资企业慈善捐赠的税收政策研究

随着社会经济发展，我国全社会慈善捐赠规模不断扩大，企业是慈善捐赠的主体，为我国慈善事业做出了巨大贡献。但近年来，外资企业在中国市场赚取丰厚的利润，报告企业社会责任的却寥寥无几，慈善捐赠情况屡屡受到社会公众质疑。根据《公益时报》编制发布的中国慈善排行榜的捐赠数据来看[①]，自2006年以来，外资企业在华的慈善捐赠比例逐年减少。在中国慈善排行榜上榜企业前10名中，2006年外资企业包揽前10名，2007年外资企业仅占2位，而在2008年、2009年、2010年和2011年连续4年则再没看到外资企业的身影。我国数十万家外资企业中，进行大额捐赠的企业为数不多。对于媒体所称外资企业这种"10万元捐赠、100万元宣传、达到1000万元效果"的捐赠行为，除了不同国家、不同地域、不同企业的文化差异以外，我国对外资企业慈善捐赠支出的税收政策变化也是一个重要因素。

2008年，我国企业所得税改革增加了原享有税收优惠的外资企业的实际税负，降低了公益慈善捐赠支出的税前扣除比例，这在一定程度上对外资企业的慈善捐赠支出造成了影响。但是，跨国公司在华投资，也应该履行在中国的企业社会责任，积极进行慈善捐赠。本章将在内外资企业慈善捐赠比较的基础上，实证研究新、旧税收政策对我国外资企业慈善捐赠的影响。

## 第一节　中、美、日企业慈善捐赠的特点与比较

### 一、中国企业慈善捐赠的发展与特点

中华民族自古以来就有着助人为乐、乐善好施、扶贫济困的优良传统。但

---

① 张明敏：《企业捐赠七年脉络图》，载《公益时报》，2013-04-09。

是，由于我国古代"重仕轻商"的观念，我国古代商人的社会地位很低，商人的形象被定为"无商不奸"，商人被视为势利小人，他们在慈善事业方面的表现自然是微乎其微的。随着商品经济发展，商人的社会地位不断提高，也广行善事报效社会，主要包括以下几个方面：①公益事业。古代政府进行修桥补路或巩固水利堤堰之类的事情，大凡都有当地富商给予资金、人力、物力上的支持。②教育事业。兴办各种文社、文会，或是捐资士子科举旅费，捐建考棚、试馆、会馆等设施。③慈善救济。如苏州由官商共建的"丁氏济阳义庄"，对族中的困难者给予不同程度的抚恤。

我国企业真正意义上的现代慈善捐赠是在1984年国有企业改革开始之后才逐渐发展起来的，但在20世纪90年代之前一直发展比较缓慢，90年代后才进入快速发展时期。2004年，《基金会管理条例》开始实施。2005年，我国第一家企业慈善基金会——中远慈善基金会成立。截至2015年5月2日，我国基金会总数已达到4370家，其中，公募基金会1500家，由企业及个人设立的非公募基金会多达2870家。《2003—2007中国慈善捐赠发展蓝皮书》对企业慈善捐赠评价不高："目前我国国有企业慈善捐赠的整体参与度不高，表现平平；在慈善捐赠领域，总是少数的几个国有垄断企业，少见新面孔；而且企业参与慈善的主要原因仍然是政府倡导。""国内企业及个人的慈善捐赠总额为223.16亿元，约占GDP的0.09%，其中来自企业的慈善捐赠总额有60多亿元。"2008年，汶川地震激起我国企业慈善捐赠的热潮，捐赠总额超过了300亿元，占当年全社会慈善捐赠总额的近1/3。同时，随着SA8000企业社会责任认证体系在我国的推行，"慈善性投资""企业公民"等理论在我国开始广泛传播，企业参与慈善捐赠的次数越来越多，捐赠规模也越来越大，企业慈善基金会也越来越多。

2005年后，多家大型国有企业也都成立了自己的慈善基金会，如国寿慈善基金会、宝钢教育基金会、南航"十分"关爱基金会、人保慈善基金会等。2007年，中国第一家由民营企业"奥康集团"成立的以其掌门人王振滔的名字命名的"王振滔慈善基金会"也正式开始运作，该基金会以2000万元人民币作为创始基金，主要用于宣传慈善事业、向社会贫困群体提供帮助、对为慈善事业做出贡献的人才进行奖励等方面。此后，相继有远东控股集团、万科集团、厦门建安集团、腾讯集团等多家民营企业建立了各自的企业慈善基金会，积极进行慈善捐赠。目前，国内企业的慈善捐赠主要表现为两种形式：一种为灾后重建捐赠；另一种为定期或不定期地向慈善机构或特定组织捐赠或与其合作，包括资金或物品等。

(一) 对灾后重建的慈善捐赠

我国进行慈善捐赠的企业包括民营企业或中小型国有企业、大型国有企业和跨国公司三大类，根据调研，笔者发现这3类企业的慈善捐赠又有不同的策略和风格。

民营企业或中小型国有企业的慈善捐赠往往缺乏长期系统的战略性规划，而过于注重相对短期的价值营销，容易引发社会公众较多的负面评价。例如，2008年"5·12"汶川地震后，著名网站天极网和国内知名家电生产企业海尔公司联合开辟了网上捐赠专栏，表示网友每留言一条，海尔就捐赠1元钱。消息一经发出，不少网友认为这是天极网提高访问量以及海尔公司借地震契机进行营销的方法（刘巳洋、李刚、张沈伟，2008）。随后几天，在中央电视台举办的赈灾晚会上，生产罐装"王老吉"饮料的加多宝公司宣布向灾区捐赠1亿元（李勋，2009），10多分钟后，各大网站、论坛上出现了大量对加多宝公司正面形象宣传的文章。尽管"王老吉"饮料在地震事件之后的短期内销量有了大幅提升，但在公众了解到其主动宣传的行为之后，也发出了很多批评和指责的声音。

大型国有企业在慈善捐赠中表现突出，很大原因归结于它们与政府的密切关系。例如，通信、电网、电力等大型国企在对灾区的捐助中起着不可替代的作用，而这些企业往往是在代表政府对灾区进行支援。大型国有企业的慈善捐赠更多以政府目标为主要考虑因素，对其他方面则考虑较少。2008年，受雪灾影响，国家电网在前5个月亏损13.60亿元的情况下，仍捐款2000万元支援汶川地震灾区的救援工作，并投入大量人力、物力进行灾区的设备抢修和恢复（刘巳洋、李刚、张沈伟，2008）。

跨国公司在中国的重大灾难的灾后重建工作中的应对总体来讲反应较慢，并受到舆论的强烈质疑和责备。产生时间差的原因一方面是这些跨国公司的文化冲突和本土化不足，但主要原因是中国公众对慈善的关注面与跨国公司决策机制存在不同的侧重点。例如，诺基亚公司在"5·12"地震后第一时间捐赠的金额小于500万元，这个金额大大低于公众的预期。沃尔玛在"5·12"地震发生一个月后仍未实际履行捐赠承诺，主要是因为沃尔玛一直无法确定具体的救助对象和方式（刘巳洋、李刚、张沈伟，2008）。在华日资公司的决策机制则非常复杂和谨慎，从提案至最终决策所需花费的时间也往往超过公众可以接受的范围。

（二）向慈善机构的捐赠或合作

在未发生重大灾难的时期，我国企业主要采取向各慈善机构捐赠、与特定组织合作和与特定事件挂钩捐助3种方式进行慈善捐赠，具体又各有特点。

第一种方式是向各慈善机构如中华慈善总会、中国红十字会等以及企业或个人慈善基金会捐款捐物。例如，截至2008年8月31日，宝洁公司已累计向"希望工程"捐款4600万元人民币。

第二种方式是企业与特定组织合作，将其产品作为慈善捐助的内容。例如，中国移动将"农信通"业务融入"社会主义新农村信息化"的国家发展战略之中，推广过程中将其与"希望工程"、赈灾等活动结合，并将"农信通"诠释成农村信息平台。

第三种方式是企业将慈善捐赠与特定事件挂钩。例如，从 2001 年开始，农夫山泉以"一分钱，一分力量"为主题支持北京申办奥运会，消费者每购买一瓶农夫山泉，农夫山泉即捐献 1 分钱用于北京申奥。

## 二、美国企业慈善的发展与特点

美国企业慈善历史源远流长，与公司营业范围有着较强的关联性和策略性，企业具有良好的慈善意识，并且很多企业对此采取基金会运作模式。20 世纪 50 年代以前，美国法律规定公司赠与内容不能超出企业经营的范畴。而到 50 年代中期，法律规定变更为公司可以自由向慈善事业捐赠。到了 20 世纪 70 年代，"企业公民"概念逐渐在美国得到了社会各界的认可，并引起了企业慈善观念和实施模式的变革。"企业公民"是指企业是国家的公民之一，企业享有权利，也需履行责任，企业有责任为社会的发展做出贡献。到 20 世纪 80 年代，美国出现了新的公司慈善模式，Zehin（1990）称之为"策略性赠与"（strategic giving），Dienhart（1988）称之为"慈善性投资"（charitable investing）。自 20 世纪 90 年代中期以来，无论生意好坏，美国大型公司每年的慈善捐赠额都已达到了其利润的 1% 左右。

美国的企业现阶段是如何开展其慈善事业的呢？美国的沃尔玛公司在一次飓风灾难中的作为就很具有代表性。2005 年 8 月 24 日，当"卡特里娜"自由热带低气压转变为飓风时，沃尔玛公司就开始了灾后援助准备工作，准备灾后需要的物资并制订了详细的运输计划。在飓风过后，沃尔玛迅速恢复其在受灾地区分店的营业，并为当地灾民提供饮用水、食品、发电机等紧急需求物资，紧接着，他们又为灾区提供了花生酱、罐头等生存用品，通过卡车、帐篷等建起了"迷你沃尔玛商店"，并免费发放牙刷、被褥等生活用品，被美国的《商业周刊》称赞为"生命线、救生索"（刘巳洋、李刚、张沈伟，2008）。另外，美国著名品牌化妆品企业——雅芳公司的慈善捐赠也是一个典型案例。由于妇女是雅芳公司的目标客户，从 1993 年起，公司就致力于改善妇女问题和家庭问题，特别是为那些无法得到充分救治的贫困妇女提供健康知识，并举办了一直延续至今的"红丝带"活动。迄今为止，该公司已经为这一活动累积募集、捐献了 2.5 亿美元（姚秋英，2009）。

美国现有 8 万多个基金会，其中有工作人员的基金会数量在 3000 个左右。美国基金会中心对"基金会"的定义是："非政府的、非营利的、自有资金（通常来自单一的个人、家庭或公司）并自设董事会管理工作规划的组织，其创办的目的是支持或援助教育、社会、慈善、宗教或其他活动以服务于公共福利，主要途径是通过对其他非营利机构的赞助。"美国企业的慈善捐赠很多是通过基金会来进行的。如 2007 年，美国的慈善捐赠总额为 3063.90 亿美元，占到了 GDP 的 1.85%，其中，企业慈善基金会的捐赠额就达到了 385.20 亿美元，占所有捐赠额的 12.60%（刘军伟、郑小明，2009）。美国基金会的特点是私营，由私人或者私人和政府联合资助，又或者为某个企业资助。近年来，美国基金会已经形成了一套相对统一的制度和运作方法，包括完整的成立程序、公司化的运作模式和严格的监督机制。

### 三、日本企业慈善的发展与特点

企业慈善在日本被称为"企业公益活动"，而日本企业公益活动在资本主义初期时就出现了，并从 20 世纪 80 年代后期开始从理论和实践上全面发展。1990 年，"企业公益活动"这一概念首次出现在日本经济白皮书上。该白皮书指出："企业应该积极投身企业公益活动，这不光是因为企业具有资金能力，更重要的原因是企业存于社会，只有同以当地社会为主的企业外部建立和谐关系，企业才会持续发展。"1990 年 11 月，大阪商工会议所发行了《地区社会财团调查报告书》，并呼吁成立大阪社区财团。所以，1990 年又被称为日本企业公益活动的元年。日本一些银行在第三世界国家和地区开展"为发展而提供贷款"的活动，主要旨在帮助当地发展经济。日本产业银行还在发展中国家举办各种讲座，为当地培养专业金融人才（Craig Smith，1994）。

松下电器创始人松下幸之助早在 20 世纪 20 年代就提出了"企业来源于社会，是为贡献社会而存在的公器"，这一思想成为松下电器公司的企业理念并一直保留、贯彻和执行。松下电器企业的公益活动也是以此为思想基础而开展的。松下电器的企业公益活动主要包括教育、文化艺术、社会福利、地球环境、市民活动等方面。企业内部设有专门的部门负责各项公益活动的策划、预算、调整和实施。大阪煤气株式会社为日本国内近 660 万用户提供煤气。大阪煤气一直秉承着围绕社会责任开展企业业务的理念。大阪煤气的企业公益活动主要包括社区活动、志愿者、老年人福利财团、国际交流财团等方面。同样，大阪煤气公司由各事业所、生活事业部、总务部负责各项目的企划和实施（姜丹，2010）。

日本企业由于受地理位置以及文化传统的影响，再加上日本已签订了"京都议定书",所以很多日本企业更加致力于节能减排,在环保方面积极贡献,如欧姆龙、索尼、东芝等日本企业的企业社会责任报告都是由企业环境报告发展而来。20世纪90年代中期,许多日本企业陆续取得ISO认证,使其在环境管理和环境机制方面获得了长足发展。

综上所述,日本企业慈善主要有两个特点:一是管理科学,二是税收支持。首先,慈善管理科学主要体现在公益事业预算、专业的管理部门和员工等方面。日本企业普遍有专门的部门负责企业公益事业的预算和管理,并有专门的员工负责跟进。日本企业更注重企业内部的沟通,包括慈善决策取得企业管理层和员工的共同认可。其次,日本企业慈善捐赠税收优惠力度大,享有很宽松的免税制度,免税额度的计算以总资产和销售利润加和为基准,这样企业即使亏损,也可以继续捐赠。而且,日本政府还指定了上万个全额免税的受赠主体。日本政府仅负责建立规章制度,对企业开展公益事业活动的实际执行几乎没有直接影响。

### 四、中、美、日企业慈善捐赠比较

由于我国企业慈善捐赠尚处于起步阶段,根据前面总结的特点,与美国、日本等发达国家相比,笔者认为,我国企业慈善捐赠还存在以下四点不足。

第一,我国企业慈善捐赠缺乏系统性的规划。我国大部分企业没有从企业战略的角度来考虑慈善捐赠,存在随机、随大流、被动和缺乏评估等问题,而非"战略性慈善""投资性慈善"。许多企业管理者对慈善的看法还存在着一些误区,例如认为慈善只会增加成本,或慈善捐赠就是奉献,企业规模还比较小时不需要或不适合做慈善。

第二,各级政府对企业慈善干预较多。有的地方政府存在公益摊派行为,直接要求企业捐献人、财、物来搞各项工程和项目。这种公益摊派会增加企业负担,甚至迫使企业过度捐赠,损害企业的持续经营能力。公益摊派还会挤占捐赠预算,使企业无法对捐赠进行全面战略管理。

第三,我国企业慈善捐赠税收政策优惠力度小。目前,我国企业慈善捐赠的税收优惠主要是企业所得税。其中,企业所得税对企业慈善事业的影响主要体现在捐赠渠道、受赠项目性质与捐赠总额上。《中华人民共和国企业所得税法》规定,"企业发生的公益性捐赠支出,在年度利润总额12%以内的部分,准予在计算应纳税所得额时扣除",但必须获得具有扣除资格的捐赠发票。而在增值税方面,企业慈善捐赠如为实物捐赠,依税法规定应视同销售,其税负由捐赠企业承担。

第四,一些中国企业秉承"做好事不留名"的传统,或认为做慈善不应该是作秀,从而忽略了对企业慈善的宣传。

鉴于中国企业慈善相比美国和日本企业存在的不足之处，笔者认为，各级政府对我国企业慈善要减少干预，并给予更多的税收优惠政策。针对目前我国企业慈善税收负担还较重的情况下，我国企业要在分析慈善捐赠的税收成本的基础上，借鉴美、日企业的做法，建立慈善捐赠的决策机制，进行战略性慈善捐赠。

## 第二节 我国内外资企业慈善捐赠对比

### 一、外资企业在华社会责任

国内学者对外资企业（跨国公司）社会责任的研究可以归为两大类：一类是以外资企业的守则或SA8000为核心，研究外资企业在我国推行SA8000的标准或守则及其相关问题，主要关注的是外资企业社会责任的标准界定、实施及影响。如黎友焕（2004）对SA8000的产生、发展、基本内容、认证咨询及其在中国推行的状况进行的研究，谭深和刘开明（2003）对跨国公司的社会责任、生产守则的争议和在我国实施所面对问题的研究。另一类主要集中在对外资企业社会责任基本理论的研究。葛顺奇和李诚邦（2003）阐述了跨国公司在东道国承担社会责任的理论及其相关问题；冼国明和李诚邦（2004）运用博弈论方法分析跨国公司社会责任行为产生的原因；宓明君（2004）从法律视角分析了跨国公司社会责任及其实现的法律机制；等等。

综合上述研究，企业社会责任一般指企业在谋求股东利润最大化的同时所应承担的维护和增进社会利益的义务，也就是企业应当以一种对社会负责的方式从事其生产经营活动。外资企业的社会责任主要涉及三方面的内容：对股东的经济责任、对非股东利益相关者的社会责任、对环境的责任。而对于东道国来说，外资企业的社会责任主要体现在第二点和第三点，也就是外资企业对非股东利益相关者的社会责任及对环境的责任。

### 二、外资企业在华慈善与文化冲突

跨文化冲突（cross cultural shock）指的是在不同文化、亚文化之间的相互对立、相互排斥、相互矛盾、相互否定的状态。它既指跨国公司在他国经营时与东道国的文化观念不同而产生的冲突，也包含了跨国公司在东道国进行慈善活动时由于不同文化背景而产生的影响。跨文化冲突有着非线性、间接性等特征。归结起来，影响经营跨文化冲突产生的原因大致有以下 7 种，它们同样会影响外资企业的在华慈善行为。

第一，文化差异及背景知识匮乏。人们总是从自身的文化角度出发来判断和分析来自对方的信息，再加上对对方的文化背景知识缺乏足够的了解，从而产生误解和冲突。

第二，管理风格不够本地化。不同的文化导致对公司的经营思路、决策制订方法和程序有所不同。许多外资企业沿用原来母国的慈善模式，也会导致矛盾的产生。

第三，沟通障碍。由于缺乏有效的沟通机制，两国员工之间心理距离拉大，甚至不和谐，导致两国员工的沟通中断，从而出现信息传达不准确、不透明，甚至是误解、曲解信息，最终导致企业慈善项目开展困难。

第四，不同文化背景下的民族中心主义。外资企业的员工习惯于按本民族文化的观念和标准去理解和衡量其他国家的员工，一旦跨文化企业的管理者以这种观念对待不同文化背景的员工，那么企业慈善项目运作就很难进行，而且极易引起不同文化背景员工的反感。

第五，母国文化的优越感。人们心目中都有着一种根深蒂固的民族优越感。人们总是认为自己的民族最优秀，这是由于对其他文化和民族缺乏了解而产生的偏见。这种文化优越感阻碍了不同文化背景员工的和睦相处，容易引发外资企业慈善在文化差异上的冲突。

第六，人力资源管理模式的不同。不同文化背景的企业所采用的人事制度是不同的，人需要的满足也会因文化的不同而存在差异的，这也会影响到慈善项目的实施。

第七，价值观和行为方式的差异。由于不同文化背景下人们的价值观不同，导致来自不同国家的员工必然形成不同的价值观念和行为准则，这就决定了他们对同一慈善项目会有不同的认知和理解，从而采取不同的行为，差异巨大还会引发冲突。

## 三、内外资企业慈善捐赠水平比较

随着我国慈善事业发展，企业慈善捐赠参与度不断提高，且内资企业的捐赠额超过外资企业。2001 年，联合国儿童基金会（UNICEF）委托国家科技部科技发展促进研究中心对中国北京、上海、深圳、成都 4 个城市的筹募市场进行调查（简称为"4 个城市调查"），结果显示，4 个城市共有 436 家企业向基金会等慈善组织捐过款，占被调查企业的比例分别为 28.8%、78.7%、27.1% 和 28.3%，总体为41.0%；向基金会等慈善组织捐过产品或物资的比例则分别为50.0%、58.7%、64.3%和86.4%，总体为64.9%。其中，内资企业的捐赠比例明显高于外资企业，2种类型企业的捐赠比例分别为59.9%和26.3%。

2000年，上海市统计局曾在上海问卷调查了503家企业，发现92.4%共456家企业自成立以来有过捐赠行为。民营企业的捐赠额占营业收入的比率为0.87%，而跨国公司（"三资企业"）为0.5%～0.62%。2004年，《福布斯》中国慈善榜披露，民营企业（内资）前10名捐款额都在1000万元以上（1008万元～3447万元），而外资企业前10名捐款额只有一家略多于1000万元（400万元～1150万元）。2005年，《福布斯》中国慈善榜披露，捐赠金额排名前25名的跨国公司在华捐赠总额为16995万元，而同样排名前25的民营企业（内资）捐赠总额为60302万元。《中国慈善捐助报告（2013）》显示，各类企业2012年慈善捐赠额为474.38亿元，占慈善捐赠总额的58%。其中，内资企业慈善捐赠275.06亿元，占所有企业捐赠总额的57.98%，外资企业的慈善捐赠额占所有企业捐赠总额的比例则不到40%。2013年，我国企业的慈善捐赠占年度捐赠总额的69.67%，内资企业的捐赠额度仍然占据企业捐赠总额的一半以上，外资企业的捐赠额尽管比2012年增加29.68%，但还是只占企业捐赠的四成。

### 四、内外资企业捐赠方式比较

2001—2003年，中国社会科学院社会学研究所课题组对内外资企业捐赠的理念和行为特征进行了比较研究，结果发现外资企业和内资企业的慈善捐赠方式显著不同。外资企业的慈善捐赠主要属于互利性捐赠，88%的捐赠价值具有公关、市场拓展、顾客和雇员关系维护等商业作用。内资企业慈善捐赠主要属于利他性捐赠，79%的捐赠价值指向了救灾、扶贫、支边、助学等传统慈善领域。因而，内资企业的捐赠方式比外资企业更加单纯。

### 五、内外资企业慈善捐赠税收政策比较

2008年以前，内资企业慈善捐赠的税收优惠有多项规定：一般企业用于公益、救济性的捐赠，在年度应纳税所得额3%以内的部分准予扣除；金融保险业用于公益、救济性的捐赠支出在不超过企业当年应纳税所得额1.5%的标准以内的可以据实扣除，超过部分不予扣除；企业等社会力量通过中华社会文化发展基金会对文化事业的捐赠，企业所得税纳税人捐赠额在年度应纳税额10%以内部分，可在计算应纳税所得额时予以扣除；对企事业单位、社会团体等社会力量，

通过非营利性的社会团体和政府部门向福利性、非营利性的老年服务机构的捐赠，准予在缴纳企业所得税前的所得额中全额扣除。

《中华人民共和国外商投资企业所得税法实施细则》在第十九条规定：外资企业和外国企业所发生的中国境内的公益、救济性捐赠以外的其他捐赠不得在税前扣除，而其在中国境内的公益、救济性捐赠是可以扣除的，且没有扣除限额的规定。结合有关的规范性文件，特别是外商投资企业所得税申报表的填报说明，外资企业和外国企业所发生的中国境内的公益、救济性捐赠均可以全额在所得税税前扣除。但从2008年起，内外资企业发生的公益性捐赠支出，都只有在年度利润总额12%以内的部分才准予在计算应纳税所得额时扣除。

## 第三节　我国外资企业慈善捐赠税收激励的实证研究

### 一、数据选取

这里的外资企业，是指依照中华人民共和国法律的规定，在中国境内设立的，由中国投资者和外国投资者共同投资或者仅由外国投资者投资的企业。依照外商在企业注册资本和资产中所占股份和份额的比例不同，以及其他法律特征的不同，可将外资企业分为3种类型：中外合资经营企业、中外合作经营企业和外资企业。

笔者通过国泰安数据库采集数据，并根据数据的可得性和可靠性，选取2006—2010年我国前十大股东中有境外法人、境外自然人持股股东并且具有慈善捐赠行为的上市企业作为研究对象，并将企业的公益救济性慈善捐赠支出和救灾捐赠支出视为慈善捐赠支出。剔除无法判断是否为慈善捐赠支出的数据，并剔除净利润为负且企业所得税为0的年份和企业，最终选取249家符合要求的上市公司作为研究样本。

### 二、研究假设

假设7-1：*企业净利润与企业的慈善捐赠正相关。*

企业净利润越多，企业的慈善捐赠支出额也就越多。因为企业只有在赢利的基础上，才可能有更多余力去履行其社会责任，增加慈善捐赠。企业慈善捐赠支出额在一定程度上受到企业净利润的约束。

假设 7-2：企业的行业背景对企业进行慈善捐赠没有显著的影响。

企业所处的行业对企业慈善捐赠支出并无显著影响，两者之间不存在显著相关性，忽略行业对外资企业的慈善捐赠支出的影响。

### 三、变量选择

#### 1. 因变量

将样本企业的慈善捐赠支出额作为因变量，用 $Givivg$ 表示，以万元为单位，具体选取样本中的上市企业每年的公益性、救济性捐赠总额。2008年前，外资企业的慈善捐赠支出可在所得税前全额扣除；2008年"两税合一"改革后，慈善捐赠支出只有在年度会计利润12%以内的部分才可以税前扣除。

#### 2. 自变量

（1）净利润额。用 $Profit$ 表示，以万元为单位。净利润额是衡量一个企业经营业绩的重要财务指标，约束着企业在慈善捐赠方面的支出。

（2）所得税利润比。为企业所得税与利润总额之比，用 $t/p$ 表示。用这个指标来考察样本企业每年的所得税负担对外资企业慈善捐赠支出额的影响。因为2008年企业所得税改革之前，外资企业在30%的企业所得税率的基础上还享有多种税收优惠，以此比率来衡量企业每年的税收负担比单纯用企业所得税名义税率来衡量更合适。

（3）税前扣除比例。用 $Ded.$ 表示。2008年前，外资企业慈善捐赠支出允许税前全额扣除；2008年后，公益慈善捐赠支出的税前扣除比例统一为当年净利润的12%。将税前扣除比例的变化设为虚拟变量，2008年前全额扣除取0，2008年后税前扣除比例为12%取1，用 $Change$ 表示。

（4）外资股东持股比例。用 $Shares$ 表示，用百分比表示。取前十大股东中外资股东持股比例之和，其中外资股份包括境外法人持有股份以及境外自然人持有股份。

（5）第一持股股东性质。用 $Sholder$ 表示。设为虚拟变量，将第一持股股东性质为境外法人股东以及境外自然人股东的企业设为1，第一持股股东性质为其他的设为0。

（6）企业持续捐赠行为。用 $Res.$ 表示。设为虚拟变量，以企业的持续捐赠行为衡量企业的捐赠习惯，也是从一个角度反映企业对企业社会责任的履行。将在研究年份中有持续捐赠行为的企业设为1，否则取0。

(7) 总资产净利润率。用 ROA 表示。即资产收益率，又称资产回报率，等于净利润除以总资产总额，是用来衡量每单位资产创造多少净利润的指标，是一个企业赢利能力的体现。以此指标来考察企业赢利能力对慈善捐赠支出的影响。

变量名称、定义及说明如表 7-1 所示。

表 7-1 各变量定义及说明

| 变量名称 | 变量表示 | 变量含义 |
| --- | --- | --- |
| 慈善捐赠支出额 | $Givivg$ | 年度公益性、救济性捐赠总额 |
| 净利润额 | $Profit$ | 企业每年的净利润总额 |
| 所得税利润比 | $t/p$ | 企业每年负担的所得税额与净利润的比值 |
| 税前扣除比例 | $Change$ | 全额扣除取 0，税前扣除比例为 12% 取 1 |
| 外资股东持股比例 | $Shares$ | 前十大股东中外资股东持股比例之和 |
| 第一持股股东性质 | $Sholder$ | 境外股东取 1，否则取 0 |
| 持续捐赠行为 | $Res.$ | 有持续捐赠行为取 1，否则取 0 |
| 总资产净利润率 | $ROA$ | 净利润/企业总资产 |

## 四、建立模型

考虑到慈善捐赠支出额、净利润额、所得税利润比随时间的变化，采用面板数据随机效应模型。测度净利润额、所得税利润比、税前扣除比例、外资股东持股比例、第一持股股东性质、持续捐赠行为以及总资产净利润率对外资企业慈善捐赠支出额的影响。同时，为了避免数据的波动对计量结果造成较大影响，笔者分别对慈善捐赠支出额、净利润额这两个变量进行对数化处理，以减少数据的波动。模型中 $\beta_0$ 为常数项，$\beta_1$、$\beta_2$、$\beta_3$、$\beta_4$、$\beta_5$、$\beta_6$、$\beta_7$ 为各变量的系数，$\varepsilon$ 为随机误差项。

（1）建立回归模型（7-1），首先重点检验所得税利润比、税前扣除比例的变化、净利润额、外资股东持股比例、第一持股股东性质、持续捐赠行为对外资企业的慈善捐赠支出额的影响。

$$\ln Givivg = \beta_0 + \beta_1 \ln Profit + \beta_2 t/p + \beta_3 Change + \beta_4 Shares + \beta_5 Sholder + \beta_6 Res. + \varepsilon$$

(7-1)

(2) 在回归模型 (7-1) 的基础上，引入总资产净利润率构成回归模型 (7-2)，检验在考虑外资企业总资产净利润率后，回归模型 (7-1) 所述因素对外资企业的慈善捐赠支出额的影响。

$$\ln Givivg = \beta_0 + \beta_1 \ln Profit + \beta_2 t/p + \beta_3 Change + \beta_4 Shares + \beta_5 Sholder + \beta_6 Res. + \beta_7 ROA + \varepsilon \qquad (7-2)$$

## 五、实证检验及结果

笔者采用了面板数据随机效应模型，用 Stata 计量软件对以上 2 个模型进行实证检验。所得结果如下：

### （一）描述性统计分析

下面对所选择的样本进行描述性统计分析，主要是从直观上观察不同变量的最大值、最小值、均值以及标准差等特征。表 7-2 对不同变量的均值、标准差、最小值以及最大值进行了统计。

表 7-2 样本数据基本描述

| 变量名称 | 平均数 | 标准差 | 最小值 | 最大值 |
| --- | --- | --- | --- | --- |
| $Givivg$ | 694.9610761 | 4008.777068 | 0.0232 | 56200 |
| $\ln Givivg$ | 3.889911 | 2.236591 | -3.763603 | 10.93667 |
| $Profit$ | 112113.6491 | 776560.3632 | 81.122183 | 13503100 |
| $\ln Profit$ | 9.397578 | 1.714129 | 4.395957 | 16.41843 |
| $t/p$ | 0.2655573 | 0.3420975 | -0.7563371 | 3.525923 |
| $Change$ | 0.751763 | 0.432295 | 0 | 1 |
| $Shares$ | 20.46393 | 16.94906 | 11 | 73.64 |
| $Sholder$ | 0.190409 | 0.392901 | 0 | 1 |
| $Res.$ | 0.4104372 | 0.4922604 | 0 | 1 |
| $ROA$ | 0.0669584 | 0.2908195 | 0.000561 | 7.69596 |

从统计结果来看，2006—2010 年，在研究的 249 家样本企业中，慈善捐赠支出额的平均值约为 694.96 万元，最大值达到 5.62 亿元，是最小值 232 元的 2422414 倍。净利润额的平均值约为 11.21 亿元，最大值为 1350.31 亿元，最小值约为 81 万元。慈善捐赠支出额和净利润额的数据波动均比较大，标准差分别为 4008.777 和 776560.3632。为减少计量过程中产生的误差，对这 2 个变量进行自然对数化处理，取对数后，慈善捐赠支出额的对数的平均值为 3.889911，标准差为 2.236591；净利润额的对数的平均值为 9.397578，标准差为 1.714129。取对数后数据的波动减少，但依然能保留数据的变化趋势。所得税利润比的平均值约为 27%，最大值达到 353%，这可能是企业超过其利润总额的巨额捐赠的结果。前十大股东中外资股东持股比例之和平均值为 20.5%，最小值为 11%，最大值为 73.64%。总资产净利润率（ROA）平均值约为 0.067，最大值为 7.69596，最小值为 0.000561。

### （二）多元回归结果分析

笔者对相关数据进行面板数据的回归分析，结果如表 7-3 所示。

表 7-3  面板数据的回归分析结果

| 自变量 | 回归模型（7-1）<br>ln*Givivg* | 回归模型（7-2）<br>ln*Givivg* |
| --- | --- | --- |
| ln*Profit* | 0.5490516*** <br>(10.62) | 0.5652409*** <br>(10.98) |
| *t/p* | 0.6029336*** <br>(3.29) | 0.5348618** <br>(2.90) |
| *Change* | 0.956355*** <br>(7.59) | 0.9665193*** <br>(7.68) |
| *Shares* | 0.0020459 <br>(0.26) | 0.0017515 <br>(0.23) |
| *Sholder* | -0.2790738 <br>(-0.87) | -0.2754037 <br>(-0.86) |
| *Res.* | 0.7372611*** <br>(3.33) | 0.7598705*** <br>(3.47) |
| *ROA* | | -0.6037155** <br>(-2.85) |
| Adj. $R^2$ | 0.3433 | 0.3525 |

注：①括号中的数值是 $t$ 统计值；②"*""**""***"分别表示在 10%、5% 和 1% 水平上显著。

### 1. 净利润额对外资企业慈善捐赠支出额的影响

在 2 个回归模型中，外资企业慈善捐赠支出额与净利润额取了对数，外资企业净利润额的估计系数代表弹性。从实证结果看，外资企业净利润的弹性系数均为正，并且在 1% 水平上显著，具有显著的统计学意义。说明外资企业慈善捐赠支出额与其净利润额显著正相关，弹性系数区间为 [0.55, 0.57]，表明净利润额增加 1%，外资企业慈善捐赠支出额将会提高 0.55% 左右。可见，外资企业净利润额的增加会提高企业慈善捐赠支出额，即企业慈善捐赠支出额在一定程度上受到企业净利润额的约束，验证了假设 7-1。

### 2. 企业所得税与利润总额之比的影响

从实证结果看，外资企业所得税与利润总额之比的系数均为正，在 2 个回归模型中，分别在 1% 和 5% 的水平上显著，也具有显著的统计学意义。这说明外资企业所得税实际税率（税收负担）越高，企业慈善捐赠额增加越多，企业税收负担明显会影响企业慈善捐赠支出额。从现实意义上看，提高企业所得税税率，增加其所得税负担，对提高企业的慈善捐赠水平有显著的影响。

### 3. 税前扣除比例以及企业持续捐赠行为的影响

在 2 个回归模型中，税前扣除比例以及企业持续捐赠行为被设为虚拟变量。从实证结果来看，两者的系数均为正，并且都达到了 1% 的显著性水平。这说明，首先，2008 年税率变化和税前扣除比例改革的综合结果提高了外资企业慈善捐赠支出水平。其次，在研究年份内，有持续捐赠行为的企业慈善捐赠水平更高，说明有捐赠习惯的企业会将慈善捐赠的理念内化为企业文化的一部分，这对于提高企业的慈善捐赠支出水平十分重要。

### 4. 外资股东持股比例以及第一持股股东性质的影响

从实证结果来看，外资股东持股比例的系数均为正，说明外资股东持股比例与企业慈善捐赠支出增加正相关，但没有通过显著性检验。另外，第一持股股东性质为虚拟变量，其系数为负，说明第一股东是境外持股股东性质的，该企业的慈善捐赠支出水平会更低一些，但是该变量也没有通过显著性检验。这说明外资企业中外资股东持股比例和第一股东性质对外资企业慈善捐赠支出影响不大。

### 5. 总资产净利润率（ROA）的影响

从回归模型（7-2）的实证结果来看，企业的总资产净利润率（ROA）的系数为负,并且在 1% 的水平上显著,这表明企业资产赢利能力与企业慈善捐赠支出水平显著负相关。ROA 越高,企业慈善捐赠支出增长越少。ROA 是用来衡量每单位资产创造多少净利润的指标,说明企业 ROA 越高,资产赢利能力越强,企业会倾向把更多资本投入到创造净利润的经营活动中而不是投入到慈善捐赠中。企业追求利润最大化的动机仍然是排在第一位的。

## 六、政策建议

(1) 严格落实企业所得税改革的一系列措施,加强税收征管。为了使 2008 年"两税合一"改革发挥其应有的作用,让企业所得税负担维持在一个合理的法定水平,要加大税收征管力度,依法征税,严查企业税收违法行为。加强宣传,引导外资企业熟悉新的企业所得税法律法规,掌握慈善捐赠的税收优惠政策,提高外资企业的慈善捐赠水平。

(2) 加强国际税收管理,防范外资企业转移定价避税。为了降低税负水平,许多外资企业会利用其国际税收网络,通过转移定价、减少利润进行避税。企业转移利润的结果,除了导致我国税收流失外,也会使得其慈善捐赠减少。因此,税务机关应该加大反避税力度,加强国际税收合作,对外资企业的转移定价进行税收调整,增加其净利润,促进外资企业增加慈善捐赠支出。

(3) 进一步完善外资企业慈善捐赠的税收优惠政策。外资企业由于文化差异和开拓中国市场的需要,往往在慈善捐赠时倾向于产品捐赠和投入人力、技术等。但是,目前我国对于企业捐赠物品行为视同销售货物征税,对于企业投入人力、时间、技术、智力等慈善服务行为,我国税法尚未做出正式规定,更没有税收优惠方面的激励政策。国家应该在严格界定企业慈善捐赠物资和服务的基础上,进一步在增值税、消费税等方面对外资企业的非现金捐赠给予税收优惠,减轻企业的税收负担,提高企业慈善捐赠和服务的积极性。

在实物捐赠中,如何评估其价值是首要问题。具体可结合国外经验和我国现状,短期内可以考虑将公允价值较明显的实物纳入税收优惠范围,根据市场价值或资产评估价格来确定商品的价值。同时,捐赠者必须凭借具有法律效力的估价证明才能申请税收优惠。另外,我国慈善捐赠的税前扣除规定 12% 的扣除限额,这就导致了企业捐赠的数额无法得到全额的扣除,同样打击了企业慈善捐赠的积极性。在目前税法的框架下,可以允许超出扣除限额的部分向后递延 5 年扣除。

(4) 针对外资企业的捐赠习惯,对其开展的慈善项目给予鼓励。出于企业发展战略的考虑,外资企业在华的慈善捐赠行为更注重开展、参与慈善活动,投入人力、物力、时间、技术和智力援助,而非仅仅现金捐赠,而且慈善项目还带有比较长的时间周期,一般是 3 年以上。因此,要尊重外资企业的捐赠习惯,表彰为慈善事业做出重大贡献的企业,树立榜样,并带动其他外资企业履行社会责任。

(5) 发挥民间慈善组织的作用,促进外资企业与慈善组织的合作。很多外资企业开展慈善项目,都会选择与慈善组织合作,以达到效率最大化。比如,"欧莱雅中国"针对西部贫困儿童无法负担学费的问题开展的"西部助学"计划,就是与慈善组织合作,对西部学子进行资助。慈善组织要发挥其积极作用,公开信息,为外资企业开展慈善项目提供机会和帮助,同时完善内部治理结构,加强财务制度,做到公正透明,提高公信力,吸引更多外资企业与其合作。

## 第四节　我国外资企业慈善捐赠的税收成本
## ——广汽丰田案例

广州丰田汽车有限公司(简称为"广汽丰田")成立于 2004 年 9 月 1 日,由广州汽车集团股份有限公司与日本丰田汽车公司各出资 50% 组建,合作期限为 30 年,注册资本 16.92 亿元。该公司位于中国极具活力的珠三角的几何中心——广州南沙区,目前共有员工 10800 人,其中,大专及其上学历者达 24.9%。

2006 年,广汽丰田投产,当年产销双双超过 61000 辆,完成工业总产值近 120 亿元,上缴各项税金 23 亿元;2007 年,公司以"凯美瑞"单一车型实现产销 170000 辆,工业总产值近 320 亿元,上缴各项税金近 60 亿元;2013 年 3 月,"凯美瑞"国内销量突破 100 万辆。截至 2014 年 6 月,该公司累计实现工业总产值 3386.90 亿元,占南沙区工业产值的 20.90%,上缴各项税金 717.4 亿元,成为本地区主要税收来源。该公司产品国产化率在 72% 以上,其中,广东地区零部件供应商占 50% 以上。广汽丰田对地方经济的发展起到巨大的拉动作用。

广汽丰田自公司成立初期就把企业慈善上升到发展战略高度,对我国赈灾、扶贫和建设希望小学等进行慈善捐赠,近年来连续发布"企业社会责任报告"。2007—2013 年,广汽丰田与中国红十字会及广东省慈善总会合作,选择地处偏远、极度缺乏社会援助的乡村,在安徽、重庆、广东等 15 省(自治区、直辖市)的贫困山区共捐建 18 所小学,惠及 7000 多名师生,历年投入共约 520 万元。2007 年,广汽丰田启动"阳光博爱"助学金项目,5 年共捐资 512 万元,帮助了全国 23 个省(自治区、直辖市)、25 所高校的 512 名学生。广汽丰田还积极参与救灾济困和定点帮扶,截至 2013 年年底,该部分慈善捐赠逾 2300 万元。2008

年，该公司为年初雪灾捐赠 20 万元，为汶川地震捐赠 450 万元；2009 年，该公司为广州市慈善会捐赠 200 万元；2010 年，该公司为玉树地震捐赠 450 万元，为"广东省扶贫济困日"捐赠 100 万元；2011 年，该公司再为"广东省扶贫济困日"捐赠 100 万元；2010—2012 年，该公司定点对广东省梅州市兴宁市黄陂镇径中村进行帮扶，累计投入 286 万元。

为了促进国内汽车专业人才的培养，从 2007 年起，广汽丰田设立了试制车捐赠项目，每年向重点汽车院校捐赠试制车，用于高校师生的试验课程。截至 2013 年，该公司共捐赠 57 辆试制车和 12 台白身车，惠及全国 35 所高校和 3 所技校。2013 年，该项目的第二个"五年计划"开始，试制车项目正式升级为"阳光博爱"联合教育项目。2013 年 4 月，该公司在西安交通大学举行联合教育基地揭牌仪式，基地占地面积 1800 平方米，设置材料实验、成形设备、发动机撤解、整车撤解、车身结构和混合动力技术等实践教学区域，提供给学生一个全方位的实践平台。

2008 年，笔者对广汽丰田的慈善捐赠进行实地调研，并针对其存在的问题，提出了慈善行为多元化战略和全方位履行企业社会责任的对策建议。从其在 2014 年发布的《广汽丰田 2013 年企业社会责任报告》来看，广汽丰田已经在全面履行社会责任方面取得很大进步。2013 年，广汽丰田销售量为 303088 辆，实现销售额 522.89 亿元，缴税 67.85 亿元，税收负担率为 13%，高于广东上市公司的税费负担率 11.62%，净利润额为 49.68 亿元，利润率为 9.5%。2013 年，该公司的公益投入（含慈善捐赠）为 1600 余万元，占销售收入比率的 0.031%，远低于广东上市公司的慈善捐赠比例 0.42%；占利润总额 0.3%，远低于我国慈善捐赠额占利润总额 12% 的所得税前可扣除比率，也低于发达国家大公司 1% 左右的水平。可见，广汽丰田的税收负担偏重，而捐赠水平偏低。

追求利润最大化是企业的主要目标。因此，企业在进行慈善捐赠决策的时候，往往要先对成本与收益进行衡量与分析，税收也是其必须要考虑的一种成本。如何通过慈善捐赠在实现企业社会经济目的的情况下减少税收成本？利用好税收优惠政策是一个行之有效的方法。企业的慈善捐赠在年终结算企业所得税时，其捐赠支出在年度利润总额 12% 以内的部分可以在税前扣除，这种扣除可以减轻企业的所得税负担，可以视为企业捐赠成本的减少。广汽丰田的慈善捐赠支出额只占其利润总额的 0.3%，且大部分捐赠是通过具有税前扣除资格的中国红十字会、广东省慈善总会和广州市慈善会来进行的，因此，应该都是可以税前扣除的。但相比 12% 的扣除限额而言，广汽丰田的慈善捐赠支出额还是很小的。笔者认为，为了更好地利用税收优惠政策促进企业经营，广汽丰田可以考虑设立冠名基金会，并申请税前扣除资格，通过加大捐赠力度，来加强品牌推广。在企业参加政府主导的慈善活动中,如与中国红十字会合作在贫困山区捐建小学、在"广东省扶贫济困日"向广东省慈善总会捐款,媒体宣传基本以政府为主角,企业往往很难得到单独宣传的机会。而企业设立冠名基金会,在媒体宣传时便可以该企业为主要宣传对象,达到推广企业品牌和企业形象的目的。

另外,在教育慈善方面,广汽丰田设立了试制车捐赠项目,共捐赠57辆试制车和12台白身车,以自身产品作为教学实验资源,促进高校科研发展。校企联合是人才培养的一种非常有效的模式,可以为汽车专业人才的成长做出贡献,并带动更多的机构参与到汽车人才培养的行动中来。但按照《中华人民共和国增值税暂行条例》及其实施细则规定,单位或个体经营者将自产、委托加工或购买的货物无偿赠送他人的,视同销售货物;《中华人民共和国消费税暂行条例》及其实施细则规定,纳税人生产的应税消费品用于馈赠的,列入"用于其他方面"的应税范围;而《中华人民共和国营业税税目注释(试行稿)》则规定,将不动产无偿赠送他人,视同销售不动产;《中华人民共和国进出口关税条例》规定,除外国政府、国际组织无偿赠送的物资,以及其他文件规定可以免征关税外,其他捐赠均属应税范围。因此,企业将自产、委托加工和外购的原材料、固定资产、无形资产和有价证券(商业企业包括外购商品)用于捐赠,应分解为按公允价值视同对外销售和捐赠2项业务进行所得税处理。企业对外捐赠,除符合税收法律法规规定的公益救济性捐赠外,一律不得在所得税税前扣除。即使学校能够与有扣除资格的慈善机构合作,拿到了慈善捐赠的证明,在企业所得税汇算清缴的时候可以抵扣,但企业对外捐赠物品时视同销售要交纳17%的增值税,捐赠额超过年度利润12%的部分还要在年终缴纳企业所得税。具体来看,广汽丰田捐赠试制车,以平均每辆车25万元的售价计算,69辆车的销售金额超过1700万元。按17%的增值税来计算,69辆捐赠车辆共计要交纳增值税293万元。另外,还要缴纳消费税,所以,企业感到税收负担过重,这可能是制约其慈善捐赠的重要原因。

笔者在广东省各地区进行调研时,许多外资企业反映在慈善捐赠时,作为慈善战略和营销手段,企业一般都乐于捐赠自身产品。但是,由于实物捐赠时税收负担过重,"捐产品却交不起税"。除了捐赠本公司的产品外,在捐赠人直接援助受捐人时,外资企业往往还会捐赠非本公司的产品,这些产品也往往是慈善受众最急需、最基本的物品,还可在一定程度上避免现金、非必需品捐赠被挪为他用的可能。但是,外资企业捐赠非本公司的产品同样会面临视同销售税收负担重的问题。2006年,中国企业家调查系统进行的问卷调查发现,90%以上的被调查企业历史上有过慈善捐赠,物资捐赠等非货币性资产捐赠是企业捐赠的重要形式,但同时,税收负担重也是企业物资捐赠时反映较多的问题。

# 第八章　我国企业慈善捐赠提高了企业价值和绩效吗

古语有云"赠人玫瑰，手有余香"，帮助他人的同时也能惠及自己。企业的生存和发展与社会息息相关，现代企业也被称作"企业公民"，因此，企业要自觉地承担起社会责任，增强回报社会的意识。在传统竞争手段对企业竞争力提升凸显瓶颈制约之时，企业把对外慈善捐赠纳入经营管理战略之中，以此提高企业声誉和品牌认知水平、员工和顾客的忠诚度，改善企业业绩，提升企业价值已经成为必然选择。随着媒体、公民和社会监督意识的提高，基金会、社工等慈善组织接收企业捐赠的方式也越来越透明，资金管理水平也随之提高，慈善组织从业人员的素质也不断提升，企业慈善捐赠的积极效应也越发明显。

企业履行社会责任的慈善捐赠，包括了扶贫救济、科学教育、文化艺术、医疗卫生、社区服务等领域，捐赠的资源包括现金、产品、设备和人员服务等。企业慈善捐赠会获得社会的认同，提高品牌知名度，增加利益相关者的忠诚度，提高企业的整体绩效，获得超过捐赠成本的必要报酬。波特的战略慈善理论已为西方一系列实证研究所证实，但中国企业的慈善行为具有自身特色，捐赠的中国式问题使得国外的结论可能并不能解释中国企业的实际。本章将分析捐赠支出对企业财务绩效和企业价值是否存在显著的影响和滞后性，研究我国企业慈善捐赠是否提高了企业价值和绩效。

## 第一节　企业价值、绩效理论与国内外研究综述

亚当·斯密认为，人应该做"理性经济人"，"如此一来，他就好像被一只无形之手引领，在不自觉中对社会的改进尽力而为。在一般的情形下，一个人为求私利而无心对社会做出贡献，其对社会的贡献远比有意图做出的大"。作为经济决策的主体都是充满理性的，消费者追求效用最大化，厂商追求利润最大化，要素所有者追求收入最大化，政府追求目标决策最优化。企业经营的目标是追求自己的利益最大化，企业慈善捐赠给与其在经营或财务方面没有直接关系的单位

或个人，是否会影响企业财务绩效和价值最大化？下面将对企业价值和财务绩效的相关理论和研究进行综述。

一、企业价值、绩效理论

（一）企业价值最大化理论

企业的价值是该企业预期自由现金流量以其加权平均资本成本为贴现率折现的现值，它与企业的财务决策密切相关，体现了企业资金的时间价值、风险以及持续发展能力。扩大到管理学领域，企业价值可定义为企业遵循价值规律，通过以价值为核心的管理，使所有与企业利益相关者（包括股东、债权人、管理者、普通员工、政府等）均能获得满意回报的能力。显然，企业的价值越高，企业给予其利益相关者回报的能力就越强。

陆庆平指出："企业价值最大化目标是指企业通过合法经营，采取最优的财务策略和政策，充分考虑货币的时间价值、风险及效益等因素，正确处理企业的各种利益关系，在保证企业长期稳定发展的基础上使企业价值达到最大。"[1]企业价值最大化将企业长期稳定发展摆在首位，强调企业价值增长中满足各方面的利益，弥补了股东财富最大化目标的缺陷，又吸收了股东财务最大化观念，成为现代企业财务管理目标的理想选择。

企业价值最大化目标的特点是：充分尊重和满足企业各相关利益主体的利益要求；更好地体现了财务管理的本质要求，企业价值的大小不仅与企业当前和未来的赢利能力相关，还与企业的产品开发能力、市场开拓能力、各种资源的运用能力、偿债能力、防范与控制风险能力、社会贡献能力等密切相关；企业价值增加有利于其更好地履行企业的社会责任，也对完善企业的资本投入机制具有积极作用。事实上，企业经营目标与社会目标是紧紧联系在一起的。

（二）股东权益收益率（ROE）理论

净资产收益率又称股东权益收益率，是税后利润与净资产的百分比，是公司税后利润除以净资产得到的百分比。该指标反映股东权益的收益水平，用以衡量公司运用自有资本的效率。指标值越高，说明投资带来的收益越高。企业作为"理性经济人"，肯定会追逐高投资回报率的项目。对于企业的捐赠支出，本来

---

[1] 陆庆平：《以企业价值最大化为导向的企业绩效评价体系——基于利益相关者理论》，载《会计研究》2006年第3期。

企业可以用于其他项目的投资，为它带来收益，但用于慈善捐赠意味着短期内企业收益下降。

### （三）经济增加值（EVA）理论

EVA（economic value added）是"经济增加值"的英文缩写，指从税后净营业利润中扣除包括股权和债务的全部投入资本成本后的所得。其理论核心是资本投入是有成本的，企业的盈利只有高于其资本成本（包括股权成本和债务成本）时才会为股东创造价值。EVA 是一种全面评价企业经营者有效使用资本和为股东创造价值的能力、体现企业最终经营目标的经营业绩考核工具，也是企业价值管理体系的基础和核心。

乔华、张双全指出，EVA 作为企业业绩评价指标，它考虑了资本成本因素，能较好地反映公司资本成本以及经济价值变化的特点，而且与公司的市场价值或股票价格密切相关，比传统的会计业绩评价指标优越得多。[①] 公司的管理者为公司的股东做的投资决策的净现值为正值时才会创造财富。简而言之，在经济增加值这一理论中，企业必须考虑到资本成本，因为任何资本都是有代价的。

### （四）企业慈善捐赠与企业经营目标

企业慈善捐赠与企业经营目标的关系，国外存在两种主要争议：

#### 1. 目标不相容说

对于企业履行社会责任的慈善捐赠，国外学者对此一直有不同争论。美国著名经济学家米尔顿·弗里德曼（Milton Friedman）在 1970 年的《纽约时代杂志》（*New York Times Magazine*）中写道：企业社会责任就是"在法律与制度规定的框架内从事增加企业利润的经营活动，其他与企业经济利益的无关活动都是在浪费企业的资源"。在《资本主义和自由》（*Capitalism and Freedom*）一书中，他写道："毋庸置疑，企业就是投资用来赚钱的工具。如果企业进行捐赠，它就是在摧毁投资者自行处置其资金的权利。"他认为，慈善捐赠是个人的事，与企业无关，个人不要搭企业的便车，企业可以不为此买单。可以看出，他认为企业经营目标是与社会目标不相容的，也就是说，要实现一个目标，就要放弃或以牺牲另外一个目标为代价。事实上，这样的观点隐含着两个观点：其一，要造福社会就必须以牺牲企业的经济利润为代价，因为企业的经营目标与社会目标实际是相互

---

① 乔华、张双全：《公司价值与经济附加值的相关性：中国上市公司的经验研究》，载《世界经济》2001 年第 1 期。

独立、分离的；其二，个人的捐赠作用或效益要比以企业作为捐赠主体的作用大。

### 2. 目标一致说

著名的战略管理学家迈克尔·波特和马克·克雷默认为，基于企业长远利益考虑，企业经营目标与社会目标并不矛盾，事实上，这两个目标是紧紧联系在一起的。从企业长远的发展来看，企业可以通过慈善捐赠来改善企业社会环境和市场竞争环境。企业将经营目标与社会目标很好融合，业务前景就能得到有效改善。企业除了进行现金和实物捐赠之外，还可以利用其关系网络等社会能力来进行慈善活动，从而产生良好的社会效益。

## 二、文献综述

### （一）国外文献研究综述

企业捐赠会带来怎么样的经济效果，对企业财务绩效和价值产生怎么样的影响，多年来对此尚未形成统一的结论。具体到企业慈善捐赠与绩效的关系也形成了以下3种观点：一是慈善捐赠降低了企业财务绩效；二是慈善捐赠提高了企业财务绩效；三是慈善捐赠与企业财务绩效无关。

有的学者认为企业慈善和财务绩效有正相关关系。企业慈善活动促进了利益相关者的合作，为关系型资产提供保护，有利于企业从利益相关者手中获取资源（Godfrey，2005）。Amit 和 Schoemaker（1993）认为，企业捐赠能够产生两种重要的无形资产——品牌和声誉，这2种资源是异质的，能够形成差异化优势，并通过提高消费者忠诚度提高收益。Clarkson（1995）指出，公司的首席执行官（chief executive officer，CEO）应该平衡多个利益相关者之间的利益，尤其是雇员、消费者、供应商，还有股东以及当地社区。有效的利益相关者管理能够创造有效的社会资源，这种资源能够增强公司在长期价值创造中的竞争优势。Orlitzky（2003）运用元分析法（meta-analysis），发现企业慈善和财务绩效之间的正相关关系。

有些学者从委托代理理论出发，认为企业慈善捐赠会降低企业的财务绩效。如 Barnett（2007）认为，企业慈善活动转移了企业有价值的资源并且会抑制企业财务绩效。公司捐赠不会增加企业财富或股东财富，而是提高管理人员的社会声誉、促进他们的政治或职业前途的一种手段。Atkinson 和 Galaskiewicz（1988）认为，公司的 CEO 会利用自身的管理职权和信息优势，通过捐赠为自己谋取个人私利，即企业慈善支出能为 CEO 带来利益，但未必能实现股东财富最大化。

还有学者认为两者并没有明确的关系，因为企业参与慈善事业没有明显的财务方面的原因（Marquis，2007）。比如，某一企业参与慈善可能是因为企业高层管理者是某慈善团体成员，或者是该企业的联营企业参与慈善，或者是纯粹的善心之举。此外，还有可能是因为同行业的企业都那么做，在这种情况下，行业或社会层面公共组织的压力在很大程度上决定了企业的慈善行为，这个因素的作用有时会大大超过"利润最大化"动机对慈善行为的作用。现有的实证研究中也并没有提供决定性证据来证明慈善捐赠与财务绩效之间的关系。Berman（1999）的研究发现，企业参与社会关系，其中包括慈善活动，对企业财务绩效有较小的影响。而 Griffin 和 Mahon（1997）的研究发现，以会计指标计量的财务绩效和社会责任或企业慈善之间都不存在相关关系。此外，根据战略性慈善行为的观点，企业慈善支出和财务绩效是正相关的；而根据委托代理理论，两者是负相关的。他们通过对捐赠多和捐赠少 2 类公司的分析，研究公司捐赠与财务绩效之间的关系。结果发现，无论企业的捐赠是用付出的现金还是用慈善机构实际获得的整体利益来衡量，无论使用财务绩效还是市场评价方法来衡量，都无法给出一个明确的结论。但是，公司可用资源与慈善支出之间存在明显的正相关关系。Seifert（2004）以财富排行榜上的 1000 家企业为研究对象，通过结构方程模型研究企业慈善和财务绩效之间的关系。与早期大多数研究不同的是，该研究同时考虑了企业资源和支出的关系（即企业慈善是否依赖于可用的闲散资源）、企业慈善支出和回报的关系（即企业慈善对企业利润是否有影响）。因为这 2 种关系从概念上来说是内生的，所以利用结构方程模型同时进行检测。他们在模型中控制了企业规模因素，并通过市场指标来计量财务绩效。研究发现，企业货币捐赠对企业财务绩效没有显著性影响。Wang（2008）等提出用"倒 U 形"曲线来解释企业慈善捐赠和财务绩效之间的关系，并指出"倒 U 形"曲线关系会随着企业经营环境的动态变化而变化。Patten（2008）为了检验市场价值是否反映了慈善捐赠、公司捐赠是真诚的还是迎合人心的，是否影响市场反应，调查了 79 家公司公开披露的对"海啸事件"的捐赠数据，通过计算累计超额收益率（CAR），测量了慈善捐赠的时间和规模对市场反应的影响。结论表明，慈善捐赠的宣布时间没有导致市场反应的不同，捐赠规模对市场反应有显著影响。

（二）国内文献研究综述

国内学者对企业慈善的研究仍处于起步阶段，目前的研究主要集中于社会学和法学领域，且大都为理论研究。也有部分国内管理学者研究企业慈善问题，但他们主要关注的是企业社会责任与财务绩效的关系，较少单独将慈善剥离出来进行研究，导致慈善捐赠在企业战略中的地位被低估。一些实证研究试图从慈善捐赠与财务绩效关系的角度为捐赠行为寻找合理性的证据，但结果却不一致。

钟宏武（2007）的研究认为，通过增值类捐赠可以增加企业的关系资产，改善企业经营环境，巩固企业资源基础或减少资源约束，形成核心能力，增强竞争优势，直接或间接地改善企业绩效。山立威、甘犁（2008）等人基于中国上市公司的实证研究表明，公司捐赠行为存在提高声誉以获取广告效用的经济动机，特别是那些产品直接接触消费者的企业会比其他企业捐赠得更多。陈勇（2010）的研究分析了企业慈善捐赠与其财务绩效的关系，结果发现企业慈善捐赠对其财务绩效有着正向影响。

朱金凤、赵红建（2010）以 ROA、ROE 及 Tobin Q 值来衡量企业财务绩效，利用这些被解释变量在对慈善捐赠与企业财务绩效的关系进行实证分析，结果表明：公司的捐赠支出、捐赠收入之比与财务绩效、公司价值之间的关系为不存在显著的正相关。整体上说，公司对外的慈善捐赠对于改善、提升企业绩效和公司价值并没有显著作用。

国外学者大多从利益相关者、捐赠动机和捐赠影响因素等方面着手，进行定性与定量的规范性研究。而我国学者多利用资产回报率、营利性等财务与会计指标进行研究，较少分析持续捐赠行为对企业财务绩效和价值的影响。另外，从国内外学者的研究结果看，企业慈善捐赠的行为与绩效相关性的研究结果也并不一致。

## 第二节　企业捐赠与企业价值和财务绩效相关性的实证分析

### 一、研究假设

著名管理大师迈克尔·波特提出的战略性企业慈善行为理论认为，企业慈善可以改善企业竞争环境，企业的社会目标和财务目标不是相互冲突的，而是相互兼容的。企业不仅是管理团队的企业，还是利益相关者的企业，利益相关者关注企业的慈善捐赠行为。如果企业能在满足利益相关者期望的前提下，拿出一部分资金进行慈善活动，将在更高层次上给他们带来满足感。如此一来，企业与利益相关者便形成了良好的互动，有助于企业得到利益相关者的支持，提高企业慈善捐赠带来的收益，弥补慈善捐赠的成本，最终提高企业的价值和财务绩效，而这种捐赠行为是长期的过程。

假设 8-1：持续性的企业慈善捐赠能提高企业价值。

假设 8-2：持续性的企业慈善捐赠能提高企业财务绩效。

## 二、数据来源及处理

笔者选取 2010—2012 年国内上市公司披露的企业捐赠样本，剔除 ST 类、PT 类、金融类（会计处理方法不同）企业及其他奇异样本，得到有过 3 年连续捐赠支出的 335 家企业的有效样本。本章的样本数据来自于国泰安的 CSMAR 数据库。

## 三、变量选取

被解释的变量有 2 个，包括企业价值和企业财务绩效。其中，企业价值用 Tobin Q 值来衡量，即 Tobin Q =（流通股价值+非流通股价值+债务价值）/期末总资产。企业财务绩效使用杜邦分析法的净资产收益率（ROE）和总资产收益率（ROA）来表示。用企业财务会计报表里"营业外支出"中披露的"对外慈善捐赠支出额"作为解释变量。进行实证计量时，为了减少误差，进行了对数化处理。企业对外慈善捐赠支出额又分为企业当期捐赠支出 $\ln Don_{2012}$、前一期捐赠支出 $\ln Don_{2011}$、前两期捐赠支出 $\ln Don_{2010}$。控制变量则包括公司规模 $\ln SIZE$（采用公司年末总资产的自然对数）、股权集中程度 SHRCR（前五大股东持股比例）、财务杠杆 LEV（资产负债率）。具体变量设计如表 8-1 所示。

表 8-1　各变量定义

| 变量类型 | 变量名称 | 变量标识 | 变量计量 |
| --- | --- | --- | --- |
| 被解释变量 | 企业价值 | Tobin Q | Tobin Q =（流通股价值+非流通股价值+债务价值）/期末总资产 |
| | 企业财务绩效 | ROE | 税后利润/所有者权益 |
| | | ROA | 净利润/总资产 |
| 解释变量 | 当期捐赠支出 | $\ln Don_{2012}$ | 2012 年捐赠支出的自然对数 |
| | 前一期捐赠支出 | $\ln Don_{2011}$ | 2011 年捐赠支出的自然对数 |
| | 前两期捐赠支出 | $\ln Don_{2010}$ | 2010 年捐赠支出的自然对数 |
| 控制变量 | 公司规模 | $\ln SIZE$ | 公司年末总资产的自然对数 |
| | 股权集中程度 | SHRCR | 前五大股东持股比例 |
| | 财务杠杆 | LEV | 资产负债率 |

## 四、模型设计

根据前面的理论分析与研究假设,建立下面的模型来研究企业慈善捐赠与企业价值、企业财务绩效之间的关系。

$$Tobin\ Q = \beta_0 + \beta_1 \ln Don_{2012} + \beta_2 \ln Don_{2011} + \beta_3 \ln Don_{2010} + \beta_4 \ln SIZE + \beta_5 SHRCR + \beta_6 LEV + \varepsilon$$

$$ROE = \beta_0 + \beta_1 \ln Don_{2012} + \beta_2 \ln Don_{2011} + \beta_3 \ln Don_{2010} + \beta_4 \ln SIZE + \beta_5 SHRCR + \beta_6 LEV + \varepsilon$$

$$ROA = \beta_0 + \beta_1 \ln Don_{2012} + \beta_2 \ln Don_{2011} + \beta_3 \ln Don_{2010} + \beta_4 \ln SIZE + \beta_5 SHRCR + \beta_6 LEV + \varepsilon$$

## 五、描述性统计分析

表 8-2 对研究样本进行了描述性统计。其中,被解释变量中,企业的 $Tobin\ Q$ 值差异较大,极大值为 6.8195,极小值为 0.7052;$ROE$ 差异也较大,极大值为 0.4360,极小值为 -0.4481。解释变量中,样本中的企业捐赠支出从相对数的均值看基本持平:2012 年为 13.001731、2011 年为 13.472030、2010 年为 13.137284,3 年的标准差大小接近,分别为 1.8793393、1.8563099、1.9275674。控制变量中,公司规模差异较大,极大值为 27.8520,极小值为 19.8627;财务杠杆差异也较大,极大值为 0.9342,极小值为 0.0445;股权集中度差异极大,极大值为 92.2200,极小值为 9.9200。

表 8-2 描述性统计分析

|  | N | 极小值 | 极大值 | 均值 | 标准差 |
| --- | --- | --- | --- | --- | --- |
| $Tobin\ Q$ | 335 | 0.7052 | 6.8195 | 1.693229 | 0.8350458 |
| $ROE$ | 335 | -0.4481 | 0.4360 | 0.082795 | 0.0913584 |
| $ROA$ | 335 | -0.1416 | 0.2423 | 0.042449 | 0.04469 |
| $\ln Don_{2012}$ | 335 | 7.6000 | 17.8100 | 13.001731 | 1.8793393 |
| $\ln Don_{2011}$ | 335 | 7.8600 | 19.4000 | 13.472030 | 1.8563099 |

续表 8-2

|  | N | 极小值 | 极大值 | 均值 | 标准差 |
|---|---|---|---|---|---|
| $lnDon_{2010}$ | 335 | 6.9100 | 19.6800 | 13.137284 | 1.9275674 |
| $lnSIZE$ | 335 | 19.8627 | 27.8520 | 22.100484 | 1.2370649 |
| $SHRCR$ | 335 | 0.0445 | 0.9342 | 0.451888 | 0.2081069 |
| $LEV$ | 335 | 9.9200 | 92.2200 | 49.07 | 4.892052 |

## 六、相关性分析

从表 8-3 来看，当期的企业慈善捐赠与企业价值存在很弱的负相关关系，且不显著；滞后两期的企业慈善捐赠对企业价值也是很弱的负相关，但是显著。公司规模与公司价值的关系为显著的中度正相关关系，表明公司规模越大，趋向于企业价值越大。资产负债率与企业价值也存在显著的中度负相关关系，说明企业要想提升价值，就应该保持合理的资产负债结构。股权集中程度与公司价值之间为很弱负相关关系，也不显著。总体上看，在我国特殊时期的背景下，当前企业的慈善捐赠未能提高企业价值，企业滞后两期的慈善捐赠甚至可能降低企业价值，本章提出的假设 8-1 并未得到证实。

表 8-3 企业捐赠与企业价值的相关性检验结果

|  | Tobin Q | $lnDON_{2012}$ | $lnDON_{2011}$ | $lnDON_{2010}$ | $lnSIZE$ | LEV | SHRCR |
|---|---|---|---|---|---|---|---|
| Tobin Q | 1 | -0.105 (0.056) | -0.157** (0.004) | -0.197** (0.000) | 0.337** (0.000) | -0.390** (0.000) | -0.023 (0.675) |
| $lnDON_{2012}$ | -0.105 (0.056) | 1 | 0.110* (0.044) | 0.129* (0.018) | 0.161** (0.003) | 0.157** (0.004) | 0.096 (0.079) |
| $lnDON_{2011}$ | -0.157** (0.004) | 0.110* (0.044) | 1 | 0.826* (0.000) | 0.553** (0.000) | 0.253** (0.000) | 0.068 (0.218) |
| $lnDON_{2010}$ | -0.197** (0.000) | 0.129* (0.018) | 0.826* (0.000) | 1 | 0.512* (0.000) | 0.248** (0.000) | 0.026 (0.641) |
| $lnSIZE$ | 0.337** (0.000) | 0.161** (0.003) | 0.553* (0.000) | 0.512* (0.000) | 1 | 0.248** (0.000) | 0.229** (0.000) |

续表 8-3

| | $Tobin\ Q$ | $\ln DON_{2012}$ | $\ln DON_{2011}$ | $\ln DON_{2010}$ | $\ln SIZE$ | $LEV$ | $SHRCR$ |
|---|---|---|---|---|---|---|---|
| $LEV$ | -0.390** (0.000) | 0.157** (0.004) | 0.253** (0.000) | 0.248** (0.000) | 0.248** (0.000) | 1 | 0.176** (0.001) |
| $SHRCR$ | -0.023 (0.675) | 0.096 (0.079) | 0.068 (0.218) | 0.026 (0.641) | 0.229** (0.000) | 0.176** (0.001) | 1 |

注：①相关性用 Pearson 相关系数衡量；②系数下括号中是 $t$ 统计值；"*""**"分别表示在 5% 和 1% 水平上显著。

从表 8-4 来看，当期的企业慈善捐赠与 ROE 为很弱的负相关，几乎可以忽略不计，且不显著；滞后两期的企业慈善捐赠与企业 ROE 为显著正相关，但相关性较弱。当期和前两期企业慈善捐赠与 ROA 也几乎没有相关性，并不显著。公司规模与公司财务绩效 ROE 为显著正相关，但相关性较弱，表明公司盈利有微弱规模效应。公司资产负债率与公司财务绩效 ROA 为显著的中度负相关，表明企业要盈利，需要控制好资产负债比率。而股权集中程度与公司财务绩效 ROE 和 ROA 分别为极弱的正相关和负相关，且均不显著。总体上看，在我国特殊时期的背景下，当前企业的慈善捐赠未能提高企业财务绩效，企业滞后两期的慈善捐赠能较小程度地提高企业的财务绩效，本章提出的假设 8-2 未得到完全证实。

表 8-4 企业捐赠与企业业绩的相关性检验结果

| | $ROE$ | $ROA$ | $\ln DON_{2012}$ | $\ln DON_{2011}$ | $\ln DON_{2010}$ | $\ln SIZE$ | $LEV$ | $SHRCR$ |
|---|---|---|---|---|---|---|---|---|
| $ROE$ | 1 | 0.828** (0.000) | -0.022 (0.692) | 0.178** (0.001) | 0.229** (0.000) | 0.171** (0.002) | -0.031 (0.576) | 0.044 (0.418) |
| $ROA$ | 0.828** (0.000) | 1 | -0.038 (0.488) | 0.066 (0.230) | 0.085 (0.121) | -0.033 (0.541) | -0.413** (0.000) | -0.029 (0.600) |
| $\ln DON_{2012}$ | -0.022 (0.692) | -0.038 (0.488) | 1 | 0.110* (0.044) | 0.129* (0.018) | 0.161** (0.003) | 0.157** (0.004) | 0.096 (0.079) |
| $\ln DON_{2011}$ | 0.178** (0.001) | 0.066 (0.230) | 0.110* (0.044) | 1 | 0.826* (0.000) | 0.553** (0.000) | 0.253** (0.000) | 0.068 (0.218) |
| $\ln DON_{2010}$ | 0.229** (0.000) | 0.085 (0.121) | 0.129* (0.018) | 0.826* (0.000) | 1 | 0.512* (0.000) | 0.248** (0.000) | 0.026 (0.641) |

续表 8-4

| | ROE | ROA | $\ln DON_{2012}$ | $\ln DON_{2011}$ | $\ln DON_{2010}$ | $\ln SIZE$ | LEV | SHRCR |
|---|---|---|---|---|---|---|---|---|
| $\ln SIZE$ | 0.171** (0.002) | -0.033 (0.541) | 0.161** (0.003) | 0.553** (0.000) | 0.512* (0.000) | 1 | 0.529** (0.000) | 0.229** (0.000) |
| LEV | -0.031 (0.576) | -0.41** (0.000) | 0.157** (0.004) | 0.253** (0.000) | 0.248** (0.000) | 0.529** (0.000) | 1 | 0.176** (0.001) |
| SHRCR | 0.044 (0.418) | -0.029 (0.600) | 0.096 (0.079) | 0.068 (0.218) | 0.026 (0.641) | 0.229** (0.000) | 0.176** (0.001) | 1 |

注：①相关性用 Pearson 相关系数衡量；②括号中的数值是 $t$ 统计值，"\*""\*\*"分别表示在 5% 和 1% 水平上显著。

## 七、面板数据估计结果

从表 8-5 来看，F 值均高度显著，说明模型较为理想。但是，无论是以 ROE、ROA 还是以 Tobin Q 值来衡量企业财务绩效，模型调整后的 $R^2$ 均较小，说明现有变量的解释程度不高。从回归系数来看，捐赠金额与财务绩效之间的关系符号有正有负，除 2010 年捐赠支出与 2012 年 ROE 显著正相关外（系数也仅为 0.012），其他均不显著。当期捐赠支出和滞后两期捐赠支出与 Tobin Q 值之间分别为很弱的负相关、正相关和负相关关系，但均不显著。从总体回归结果来看，近年来企业的持续性慈善捐赠并没有起到提升企业财务绩效和价值的作用，本章提出的假设 8-1 和假设 8-2 均未得到证实。

表 8-5 面板数据估计结果

| 自变量\因变量 | | Tobin Q | ROE | ROA |
|---|---|---|---|---|
| 常数项 | 系数 T值 | 5.121** (5.918) | -0.244* (-2.421) | -0.094* (-2.090) |
| $\ln DON_{2012}$ | 系数 T值 | -0.014 (-0.624) | -0.002 (-0.943) | -7.947 (-0.007) |
| $\ln DON_{2011}$ | 系数 T值 | 0.058 (1.420) | -0.004 (-0.833) | 0.000 (-0.069) |

续表 8-5

| 自变量 | | Tobin Q | ROE | ROA |
|---|---|---|---|---|
| $\ln DON_{2010}$ | 系数<br>T值 | -0.054<br>(-1.391) | 0.012**<br>(2.663) | 0.003<br>(1.454) |
| $\ln SIZE$ | 系数<br>T值 | -0.135**<br>(-2.863) | 0.012*<br>(2.263) | 0.007**<br>(2.757) |
| SHRCR | 系数<br>T值 | 0.004<br>(1.391) | 0.000<br>(0.693) | 5.785<br>(0.428) |
| LEV | 系数<br>T值 | -1.177**<br>(-4.967) | -0.071*<br>(-2.561) | -0.117**<br>(-9.495) |
| 调整后的 $R^2$ | | 0.173 | 0.064 | 0.215 |
| F值<br>(P值) | | 12.629<br>(0.000) | 4.778<br>(0.000) | 16.253<br>(0.000) |

注："*""**"分别表示在 5% 和 1% 水平上显著。

## 第三节 启示与建议

研究结果显示，我国企业慈善捐赠支出并没有提高企业的财务绩效和企业价值。

首先，企业慈善捐赠战略定位存在问题。企业战略性慈善方兴未艾，但尚未形成成熟的捐赠模式，未能对财务绩效和企业价值产生积极作用。很多企业对其慈善行为缺乏长远规划，没有建立慈善捐赠机制，捐赠带有被迫性或者是盲目性。笔者认为，企业应通过建立符合自身实际的捐赠决策机制，设置专门的部门或机构进行管理，经过有计划的、良好的组织，才能产生较好的"捐赠收益"。

其次，企业慈善捐赠缺乏自愿性和独立性。长期以来，我国的慈善事业工作形成民政部门牵头、有关部门配合、社会各界参与的运行机制，慈善理念大多仍停留于帮困式的捐款捐物或是点对点的非持续捐赠上。政府和社会对企业慈善捐赠的战略缺乏合理预期，公益摊派现状扭曲了企业的捐赠行为，许多企业不是自愿进行慈善捐赠的，而是"任务式"地被迫进行捐赠。笔者认为，企业慈善捐赠要摆脱依附于政府机关运作的现状，不受政府部门的直接干预，还企业慈善自愿性、独立性和自发性的本来面目。

再次，慈善组织公信度不高，善款管理不够透明。2012年，中国红十字会受"郭美美事件"的负面影响，捐赠收入大幅下降，人们对捐赠疑虑重重。政府部门应该加强对慈善组织的法定监督，并引入社会监督，除捐赠人有权监督外，一般公众也要有知情权。官办慈善组织要逐渐去行政化，借鉴国际先进的管理方法，引入科学的管理机制和可持续性的运作模式，提高自身的运营能力和社会公信度。

最后，税收激励和税务监管有待进一步加强。目前，我国企业慈善捐赠的税收激励作用有限，慈善税收制度有待进一步改革。在给予慈善捐赠税收优惠的基础上，作为政府监管最重要部门之一，税务机关应加强对企业和慈善组织的税务监管，防止假借慈善名义偷税漏税，提高捐赠企业和慈善组织的公信力。

# 第九章 我国个人慈善捐赠的税收政策研究

2006年1月18日，民政部救灾救济司司长王振耀发起了对中国慈善事业改革的500元捐赠"实验"。王振耀在民政部减灾中心接受记者专访时说："谁会想到，为了减50元的税竟花了2个月的时间，走了10道程序！"2012年，北京师范大学社会工作与志愿服务研究中心的张网成通过多阶段抽样的方式对大陆地区18周岁以上的常住居民进行调查，发现对2010年有发生捐赠行为的个人问及是否得到过税收优惠证明时，超过半数的调查对象表示从未索要过，加之"不知该项政策"的个人，共有91%的个体未曾得到过税收优惠证明。① 2013年5—7月，人民网就公众对我国慈善事业的认知和态度展开调查，结果显示，受访者中七成认为中国慈善事业发展水平总体低于发达国家，超九成受访者不了解我国的慈善捐赠税前扣除政策。

近年来，中国慈善事业的发展迅猛。2008年发生汶川地震，更是极大地激发了社会的慈善意识，当年便募集到约700亿元的捐款支援汶川灾区，许多企业慷慨大额捐助。② 可是，我国个人慈善捐赠情况如何？现行个税政策对个人慈善捐赠有哪些优惠？个税优惠政策对个人慈善捐赠的激励情况又如何？个税管理程序是否影响了个人慈善捐赠？这些就是本章要探讨的问题。

## 第一节 研究背景、目的和方法

### 一、近年来我国个人慈善捐赠情况

根据民政部中民慈善捐助信息中心发布的中国慈善捐助年度报告，2007—2012年，我国个人慈善捐赠的情况如表9-1所示。除2008年（发生汶川地震）

---

① 张网成：《我国公民个人慈善捐赠流向问题研究》，载《中国软科学》2013年第8期。
② 数据来源：中国公益慈善网《2008年度中国慈善捐助报告》。

外，2007—2010年我国个人慈善捐赠也稳步发展。2011年，由于受到"郭美美事件"的影响，捐赠额有所回落。

表9-1 2007—2012年社会捐赠总额、个人境内捐赠额及所占比重

（单位：亿元）

| 年份 | 2007 | 2008 | 2009 | 2010 | 2011 | 2012 |
|---|---|---|---|---|---|---|
| 社会总捐赠 | 309 | 1070 | 630 | 1032 | 845 | 817 |
| 境内个人捐赠 | 32 | 458 | 68.27 | 96.47 | 250 | 267.16 |
| 所占比重 | 10.35% | 42.80% | 10.84% | 9.34% | 29.59% | 32.70% |

2007—2012年，境外捐赠额占社会总捐赠额比重不超过10%，我国的社会捐赠以境内捐赠为主。2012年，社会捐赠总额为817亿元，境内捐赠约747.81亿元，境外捐赠约69.52亿元。①就境内的捐赠款而言，我国企业捐赠仍为主要力量，但个人捐赠也逐年增加。从表9-1可以看出，境内个人慈善捐赠占社会总捐赠的比重在2007年只有10.35%，而到发生汶川地震的2008年突增至42.80%，虽在2009年和2010年又回落至10.84%和9.34%，但2011年和2012年又上升到29.59%和32%。从图9-1中则可以直观看到，个人捐赠与总捐赠之间的差距从2010年开始逐渐减小，个人慈善捐赠在我国社会捐赠中正发挥着越来越重要的作用。

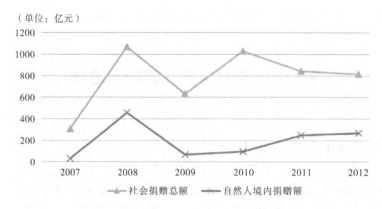

图9-1 2007—2012年我国社会捐赠总额和个人境内捐赠额

---

① 数据来源：中国公益慈善网《2007—2012年度中国慈善捐助报告》。

## 二、我国个人慈善捐赠的税前扣除政策

由于个人慈善捐赠具有缩小贫富差距、救助灵活、运行成本低和有利于增强彼此信任等特点，政府也大力支持，其中主要的政策手段是个人慈善捐赠在个人所得税的税前扣除政策。最早出台的财税〔2007〕6号文规定，经民政部门批准成立的非营利的公益性社会团体和基金会，凡符合有关规定条件，并经财政税务部门确认后，纳税人通过其用于公益救济性的捐赠，可按现行税收法律法规及相关政策规定，准予在计算缴纳个人所得税时在所得税税前扣除。财税〔2008〕160号文则进一步明确，个人除通过财政部、国家税务总局规定的准予全额扣除等机构的捐赠，在计征个人所得税时准予在当期应纳税所得额中全额扣除之外，个人将其所得通过中国境内的非营利性社会团体和国家机关进行的捐赠，捐赠额未超过应纳税所得额30%的部分，准予在当期应纳税所得额中扣除，超过部分不予扣除，也不得结转抵扣。这项政策一直延续至今。财税〔2010〕59号文和财税〔2010〕107号文又专门针对玉树地震和舟曲泥石流灾害进行了特别规定，在一定条件内，只要能够取得相应的捐赠票据，不但可以在个人所得税税前全额扣除，而且当月不够扣除的部分可以在捐赠当年年内剩余月份所得税税前全额扣除。

对于可获得公益性捐赠税前扣除资格的基金会和社会团体的认定，则根据不同省份出台的一系列规定，认定条件和名单的文件每一年度有所不同。由此可以看出，税前扣除政策是国家激励个人慈善捐赠的重要政策，并根据实际情况进行调整。

## 三、本章的研究目的和方法

多位学者（曲顺兰，2011；丁美东，2008）的研究认为，目前我国个人慈善捐赠30%的扣除比例偏低，应适当提高税前扣除比例来鼓励个人进行捐赠。张楠、张超（2008）在研究中用受教育程度描述慈善意识，但由于其与收入水平具有明显的线性关系而剔除了该变量。笔者认为，加大税前扣除力度的政策固然重要，但更重要的是要研究慈善捐赠的个人自身情况与其捐赠的关系，并分析如何让公众了解和运用这一政策。笔者认为，受教育程度在一定程度上还能反映纳税人对税法的理解能力和执行力，以及利用税前扣除的优惠政策的能力；纳税人恩格尔系数则能够反应纳税人的税负水平，对税前扣除政策有重要影响；而纳税人的政治面貌、邻里关系、对未来经济状况的预期和收入差距等因素，也会影响到

他们对于慈善捐赠的决策。借鉴国内外研究（Feldstein & Taylor，1976；曹贺，2007）通过价格弹性来分析个税税率对个人慈善捐赠的影响，笔者也将个税税率对于个人慈善捐赠行为的影响看成是价格效应和收入效应两者作用的结果。本研究中，笔者依据收入水平对样本进行分组，以此来判定不同情况下税率作用的变化。

本章首先对前人的研究文献进行梳理，再提出本章的理论假设和研究假设，并进行数据处理和变量描述，通过计量实证分析，研究各种情况下个人所得税对个人慈善捐赠行为的影响，并提出政策建议。

## 第二节　国内外学者研究综述

### 一、国外文献综述

国外的研究基本上都是实证分析。Feldstein 和 Taylor（1976），Auten、Sieg 和 Clotfelter（2002）对个人慈善捐赠的收入弹性和税收的价格弹性建立一个模型进行研究，根据收入水平对样本进行分组，实证不同收入水平群体的价格弹性对捐赠行为的影响，发现无论哪个收入阶层，价格弹性都相对较高。Boskin 和 Feldstein（1977）则主要关注中低收入群体的慈善捐赠，在对没有捐赠数额的个人数据进行了处理之后纳入数据组中一起研究，计算税收的价格弹性。而 Dunbar 和 Phillips（1997）则运用 probit 模型回归和普通 ols 方法回归，分两步求出税收分别对于个人是否参加捐赠以及捐赠数额都有显著的影响。这些文献的研究方法值得借鉴，但数据过于陈旧，并且在我国不具有代表性。

### 二、国内文献综述

国内学者对于个人慈善捐赠与个人所得税的研究文献中，既有理论层面的研究，也有建立模型的实证研究。从理论方面的研究来看，胡俊坤、杨刚（2004）研究在当前的个税制度下，纳税人应如何捐赠才能既最大限度保障自身利益，又能达到慈善目的。丁美东（2008）分析个人慈善捐赠的税收激励，通过建立经济学模型，求出税收扣除与税收抵免之间达到平衡的条件，认为中国当前情况下税收扣除才是适用的税收政策。曲顺兰、张莉（2011）研究个人慈善捐赠税收激励存在的问题，认为税收激励政策较分散、激励作用有限等，并提出相应的政策建议。李节（2011）通过对比中国与美国、日本、英国等国的慈善捐赠税收激励政策，提出完善我国慈善捐赠税收政策的建议。

国内实证研究的文献尚不多见，张进美等（2013）通过对辽宁省14市及农村的811名居民的调查，分析各种人口统计学因素（年龄、收入、职业、政治面貌、文化程度、宗教信仰和婚姻状况7个要素）对个人日常和特殊捐赠行为的影响，发现无论是城市居民还是农村居民，文化程度、职业、收入和政治面貌等因素都会对其捐赠行为有显著影响，并得出了"因地制宜、因人而异"的政策建议。张楠、张超（2008）则通过对成都市九城区进行问卷调查，根据调查结果设置个人收入、捐赠成本、税收优惠（即税前扣除政策使得捐赠者得到的个税补偿额）、政府支出、媒体宣传和在校学生比例与最低保障人口比例等解释变量，来分析影响个人捐赠行为的各个因素。研究发现，个人捐赠支出与个人收入、税收优惠有明显的正相关关系，与捐赠成本、最低保障人口比重有显著的负相关关系，与政府支出的相关性不明显。

### 三、本章的研究贡献及意义

本章将研究个人慈善捐赠的税收制度所产生的价格效应与收入效应，实证这两种效应的强弱，并提出政策建议。同时，重点研究税前抵扣制度的激励效果。本章的研究贡献包括：第一，运用2012年进行的关于中国2011年劳动力调查数据进行实证研究，弥补原有研究中数据的区域性短板；第二，运用中国2011年劳动力调查数据进行研究，虽在个人所得税改革之前，但可以根据研究结果，对改革进行评价；第三，本章研究个税中的工薪所得税与个人慈善捐赠行为的关系，并将个体的收入水平与外部的收入差距两大部分分组进行回归分析，并通过交互项的形式进行深入研究，从而明确其政策含义。因此，本章的研究具有十分重要的现实意义。

## 第三节 理论分析与研究假设

### 一、税前扣除政策与捐赠行为

从2007年开始，个人符合规定的公益救济性捐赠中不超过其应纳税所得额30%的部分，可在个人所得税税前扣除。税前扣除能降低个人慈善捐赠的货币成本，有效刺激捐赠行为。基于全国性的调查数据与分析，笔者提出假设9-1。

假设9-1：慈善捐赠的个人所得税税前扣除力度越大，对个体慈善捐赠行为的刺激性将越强。

受教育程度可以在一定程度上衡量2个指标：慈善捐赠意识和对法律规定的接受能力。慈善捐赠意识不会影响到税收优惠与捐赠行为的关系，它是一种本能的利他主义的内在动机。而是否能准确理解法律的规定性文件，并按程序进行税前扣除，便会严重影响到税前扣除与捐赠行为的关系。因此，笔者提出假设9-2。

假设9-2：较高的受教育程度将会放大税前扣除政策对捐赠行为的影响力度。

税收负担只能在一定程度上反映家庭的经济压力水平和捐赠价格，它并没有充分考虑纳税人享受相同数量所得的能力差别，应引入恩格尔系数这一指标衡量家庭的实际负担。一般情况下，当家庭负担较重时，个人没有时间、精力去了解捐赠税前扣除的相关政策，支持慈善的经济能力也更弱。而对于低收入人群而言，这种抑制作用将会更强。因此，笔者提出假设9-3。

假设9-3：恩格尔系数的提高会抑制税前扣除政策对慈善捐赠刺激作用的发挥。

## 二、个人有效税率与捐赠行为

以前学者们主要是通过边际税率来研究个人慈善捐赠的税收价格效应，即个人边际税率为 $t$，其捐赠价格即为 $1-t$。当税率上升时，捐赠的价格（货币成本＋机会成本）将会下降，会刺激个体进行捐赠，边际税率与捐赠是正相关关系。本章运用有效税率来研究这一效应，有效税率为个人所承担的税收与个人的扣税基础之间的比率。一方面，有效税率上升，说明个人的边际税率和税收负担加重，因收入效应而减少捐赠；另一方面，有效税率越高，也说明捐赠价格下降，又会促进个人的慈善捐赠。

笔者认为，个人收入与有效税率正相关，有效税率提高意味着个人收入更高，捐赠能力更强，尽管存在收入效应和价格效应，但总捐赠量是增加的。因此，笔者提出假设9-4。

假设9-4：个人工薪有效税率将会与个人的捐赠行为呈正相关关系。

## 三、收入因素与捐赠行为

不同的收入阶层，由于其捐赠的能力和动机不同，税前扣除制度和有效税率对其捐赠行为的影响程度也会有差异。由于累进税制的影响，有效税率的提高对于高收入人群而言，意味着税负增加得更为显著，总体上收入效应占主导，价格效应会弱一些。因此，税前扣除制度所带来的税收减免对于高收入人群将会更加有效。反之，低收入人群有效税率的提高所带来的税负增加程度低一些，价格效应可能超过收入效应。而由于低收入人群本身个税缴纳较少，税前扣除制度对其慈善捐赠的影响也会小一些。基于以上的分析，笔者提出假设9-5。

假设9-5：对于高收入人群，有效税率对个人捐赠行为的正向影响将变弱，而税前扣除制度的作用力将会更强。低收入人群反之。

在收入差距较高的社会中，社会将更需要高收入人群对低收入的弱势群体进行力所能及的救助，慈善捐赠的需求也会增加。累进税制也会让高收入人群更倾向于通过慈善捐赠等形式进行个税的筹划，税前抵扣制度的优势将会更加明显。而对于低收入差距的社会，公众的个税税负差别较小，对于税前扣除政策的重视程度将会降低，其激励作用也会因此减弱。基于此，笔者提出假设9-6。

假设9-6：高收入差距的社会，税前扣除制度对个人慈善捐赠行为的影响将会更加明显。

## 第四节　研究样本选择、模型设定与变量描述

### 一、样本选择

本章进行实证研究的数据，均来自中山大学社会科学中心在2012年进行的中国2011年劳动力问卷调查，调查范围包括除了海南、西藏、台湾、香港和澳门以外的全国29个省（自治区、直辖市）。笔者从调查的数据中选出了劳动力慈善捐赠、年度总税后收入、被访者的受教育程度、家庭食品支出、家庭总体消费支出、政治面貌、邻里关系等与本章研究有关的信息，并只保留工资薪金收入与总收入相等的劳动力个人数据，方便进行税负计算。在剔除无法确定个别信息的数据后，得到877个在2011年进行过慈善捐赠并且其他信息都能完全匹配的劳动力数据，其中有207个人是通过各省慈善总会进行慈善捐赠，其余670个人是通过其他慈善机构进行慈善捐赠。

为了更好地进行研究，笔者对有关数据进行了计算。首先，通过个人年度税后收入推算出个人的月应缴个人所得税（工薪税）和税前收入，再算出个人的有效税率和税前扣除额；其次，运用家庭食品支出和家庭总消费支出算出家庭的

恩格尔系数，以反映个人的实际税负；再次，通过个人的政治面貌来研究其信仰对于慈善捐赠的影响；然后，通过个人对邻里关系的自我评价来研究生活环境对其慈善捐赠的影响；最后，研究被调查者的受教育程度对其慈善捐赠的影响，并将其作为理解税收优惠政策和取得税前扣除优惠的代理变量。

## 二、假设条件

**1. 样本个体对各省慈善总会的捐赠额进行了税前扣除，给其他领域的捐赠额则未进行税前扣除**

作为省民政厅创办的官办慈善组织，各省慈善总会均获得2011年度公益性捐赠税前扣除资格。2006年，王振耀500元捐赠"实验"后，各省慈善总会还担负个人慈善捐赠税前扣除政策的宣传任务，对于个人通过各省慈善总会进行的慈善捐赠，各省慈善总会都会给其开具用于税前扣除的专用发票，使得个人可以进行税前抵扣。因此，笔者合理假定，207个人向各省慈善总会进行的慈善捐赠行为，都按规定和程序进行了税前扣除。而对于向其他慈善机构的捐赠，由于许多慈善机构并未获得税前扣除资格，而且随机调查显示，大部分捐赠者不了解税收优惠政策或如何进行个税抵扣。因此，笔者设定670个人向其他慈善机构的捐赠，一律未进行税前扣除。

**2. 样本个人的所有收入均是工薪收入**

由于在选取样本时，笔者只选取了工薪收入与总收入相等的个人，因此，本章只研究工薪阶层的慈善捐赠，只考虑他们的工薪收入、工薪所得税及其有效税率。

**3. 除标准应纳税所得额费用扣除水平之外，无其他费用扣除**

由于个人收入全是工薪收入，并且调查数据来源于个人所得税税制改革之前，因此费用扣除标准统一是2000元，无其他的费用扣除。

**4. 捐赠行为与税前扣除流程设定**

由于工薪所得税由单位代扣代缴，个人向慈善总会慈善捐赠后，将取得的抵扣发票交给单位财务部进行统一的个税抵扣，经过一系列程序后获得退税。因此，个人慈善捐赠的决策过程如下：

首先，个人根据尚未捐赠时的税后收入、工薪有效税率与其预期慈善捐赠后享受税前扣除能得到的退税额，决定捐赠与否和捐赠金额。然后，个人在慈善捐赠后，再将取得的抵扣发票交单位财务部进行税前扣除。因此，本章税后收入所推出的个税是在未进行慈善捐赠税收扣除之前所扣缴的，而笔者所运用的有效税率与税前扣除额度的确定则统一按以下步骤与公式计算得出。

（1）运用原工薪所得税税率表与速算扣除数，计算出个人慈善捐赠前扣缴的个税1与税前收入。

（2）比较个人的慈善捐赠额与应纳税所得额（税前收入－2000）的30%，得出税前可扣除额。

（3）个人慈善捐赠后实际应缴个税2＝（税前收入－2000－可扣除金额）×适用税率－速算扣除数。

（4）个人收入的有效税率＝$\dfrac{个体代扣缴个税1}{税前收入}$。

个人所享受的税收优惠（或退税额）＝扣缴个税1－应缴个税2。

## 三、模型设定与变量说明

### （一）模型设定

为了研究我国个人慈善捐赠与个人工薪所得税之间的关系，笔者将个人慈善捐赠额作为被解释变量，选取一系列解释变量来衡量捐赠意识、捐赠成本、捐赠动力等指标，设定本研究的基本回归模型（9－1）如下：

$$\ln Charity = \alpha + \beta_1 Taxrate + \beta_2 Taxdiscount + \beta_3 Educ + \beta_4 Engel + \beta_5 Status + \beta_6 Relation + \beta_7 Expect + \beta_8 Idis + \varepsilon \qquad (9-1)$$

其中，$\ln Charity$ 代表个人慈善捐赠数额；$Taxrate$ 代表个人承担的工薪有效税率；$Taxdiscount$ 表示个人由于慈善捐赠税前扣除所享受的税收优惠；$Idis$ 是一个二值变量，代表个体能否进行税前抵扣，亦即是否捐给慈善总会；$Educ$ 代表被调查者的受教育程度；$Engel$ 表示个体所承受的税负之外的主要家庭负担；$Status$ 表示个体的政治面貌，分为2类，即群众、中共党员或民主党派；$Expect$ 代表个体对未来5年自身经济状况的预期；$Relation$ 代表个体与邻里之间关系的自我评价。经过检验，回归模型（9－1）不存在多重共线性和异方差问题，笔者将采用该模型实证研究个人收入的有效税率和其慈善捐赠的税收优惠额与慈善捐赠额之间的关系。模型中，有效税率是个人捐赠前的纳税额与其税前收入的比重，为防止多重共线性，笔者不再将收入水平作为解释变量。

## (二) 主要解释变量说明

本章主要研究的是我国个人慈善捐赠所享受的税收优惠、个人工薪有效税率对其慈善捐赠的影响,具体选取的指标说明如下。

*Taxdiscount*:税收优惠数额。用"未进行税前抵扣所缴纳的税收 - 该捐赠数额在进行税前抵扣后应缴的税收"衡量。这一指标衡量税前扣除政策对于慈善捐赠的激励作用。

*Idis*:个人是否进行税前扣除的二值变量。207 个对各省慈善总会进行捐赠个人的值为1,而对670 个对其他慈善组织捐赠的个人,其值为0。这一个二值变量的设置主要反映出捐赠数额与捐赠对象是否有税前扣除资格的关系。由于税收优惠额只有在慈善捐赠个人可以进行税前抵扣的情况下才能成立,为防止方程内生性,笔者将其剥离到这个二值变量对捐赠数额的影响中来,以期能准确反映税收优惠额对于捐赠数额的影响程度。

*Taxrate*:个人工薪税有效税率。由于 2011 年全国劳动力问卷调查的是税后工资收入数据,笔者通过公式计算出其扣缴的工薪税和税前收入。由于现实中纳税人更倾向于在捐赠之前直观地关注在自身所扣缴的个税占自身收入水平的比重,笔者认为选择有效税率能更清晰地反映个人捐赠时的决策安排,而非边际税率。

*Educ*:被调查者的受教育程度。笔者将其设置为 6 种,小学以下学历为 1,小学(包含私塾)学历为 2,初中学历为 3,高中、职高与中专学历为 4,大专学历为 5,本科与研究生以上学历为 6。笔者认为,受教育程度代表个人素质对其捐赠意识的影响,同时也代表个人对于税收政策法律文件的理解能力。一般而言,个人受教育程度越高,其对税收政策理解能力和执行力越强,也越能最终获得税收优惠。

*Engel*:恩格尔系数。用"家庭食品消费支出/家庭消费总支出"来衡量。我国计划生育政策使得家中劳动力的数量下降,个人的家庭负担也会直接影响到个人捐赠行为,笔者将恩格尔系数作为家庭负担的代理变量。

*Status*:个人的政治面貌。设置为二值变量。中共党员或民主党派人士的值为 1,群众的值为 0。笔者认为,在中国,政治面貌在一定程度上能够反映出个人内心的信念和价值观取向,会影响其捐赠行为。

*Relation*:个人与邻里关系的自我评价。调查问卷中设置有 1~10 的等级区分,10 为"最和谐",1 为"最不和谐"。个人是在社区中生活的居民,与邻里之间关系的好坏会影响其慈善意识。邻里关系处理得好的人,其帮助他人的意识会更强,慈善捐赠的可能性也更大一些。

*Expect*：个人对于未来 5 年自身经济状况的预期。认为自身未来的经济状况会更好的为 1，反之则为 0。个人慈善捐赠也会受到对其未来经济状况预期的影响，一般来说，对未来的良好预期会激励其进行慈善捐赠。变量描述概要如表 9-2 所示。

表 9-2 变量描述

| 变量 | 名称 | 说明 |
| --- | --- | --- |
| ln*Charity* | 个人捐赠数额 | 个人进行慈善捐赠总额 |
| *Taxdiscount* | 税收优惠额 | 衡量税前扣除政策的激励作用 |
| *Idis* | 有无税前抵扣 | 有 =1，无 =0 |
| *Taxrate* | 工薪有效税率 | 个人工薪税/工薪所得（百分比） |
| *Engel* | 恩格尔系数 | 衡量个人家庭负担 |
| *Educ* | 个体受教育程度 | 6 种 |
| *Status* | 个体政治面貌 | 群众为 0，中共党员、民主党派为 1 |
| *Relation* | 邻里关系自评 | 10 种 |
| *Expect* | 未来 5 年经济状况预期 | 更好 =1，更差 =0 |

## 第五节 实证研究

### 一、描述性统计分析

为消除异端值对结果的影响，笔者对连续变量进行了 winsorize 处理，将 1% 以下与 99% 以上的数据利用相应的分位数进行替代，并对 877 个人的总体样本和可抵扣的 207 个人样本的变量分别进行描述性统计，结果如表 9-3 和表 9-4 所示。

表 9-3　总体样本的变量描述统计结果

| 变量 | 样本数（Obs） | Mean | Std. Dev. | Min | Max |
|---|---|---|---|---|---|
| Charity | 877 | 454.51 | 743.81 | 10.00 | 5000.00 |
| Taxrate | 877 | 0.06 | 0.04 | 0.00 | 0.19 |
| Taxdiscount | 877 | 5.66 | 17.30 | 0.00 | 103.43 |
| Engel | 877 | 0.47 | 0.19 | 0.09 | 0.91 |
| Educ | 877 | 3.86 | 1.52 | 1.00 | 6.00 |
| Expect | 877 | 0.68 | 0.47 | 0.00 | 1.00 |
| Relation | 877 | 6.88 | 2.00 | 1.00 | 10.00 |
| Idis | 877 | 0.24 | 0.42 | 0.00 | 1.00 |
| Status | 877 | 0.24 | 0.43 | 0.00 | 1.00 |

表 9-4　可抵扣样本的变量描述统计结果

| 变量 | 样本数（Obs） | Mean | Std. Dev. | Min | Max |
|---|---|---|---|---|---|
| Charity | 207 | 1038.96 | 1920.24 | 10.00 | 10000.00 |
| Taxrate | 207 | 0.06 | 0.05 | 0.00 | 0.21 |
| Taxdiscount | 207 | 28.84 | 47.83 | 0.08 | 266.67 |
| Engel | 207 | 0.47 | 0.18 | 0.10 | 0.87 |
| Educ | 207 | 4.03 | 1.51 | 1.00 | 6.00 |
| Expect | 207 | 0.89 | 0.32 | 0.00 | 1.00 |
| Relation | 207 | 6.97 | 2.12 | 1.00 | 10.00 |
| Status | 207 | 0.27 | 0.45 | 0.00 | 1.00 |

从总体样本统计结果来看，877个人的慈善捐赠额平均在450元左右，并且波动的幅度很大，最高为5000元，最低只有10元。而对于捐给可税前抵扣的慈善总会的207个人，人均捐赠额达1038元，是总体平均水平的2.3倍。从总体样本统计结果来看，平均有效税率为6%，接近个税改革前5%的最低税率，最高只有19%。可见，样本中工薪阶层的总体税负较低，捐赠给可享有税收优惠

的慈善总会的金额远远超过没有税收优惠的其他慈善机构。

恩格尔系数的统计结果表明，877个人的家庭负担因人而异，并且差别明显，最低的只有9%，最高的却达到91%，其平均值在41%左右，说明总体上处于小康水平，这与我国当前的总体发展形势一致。① 从877人工薪阶层的其他个体特征来看，其受教育程度处于中等水平，普遍处于初中到高中学历，而捐给可税前抵扣的慈善总会的207个人的受教育程度要高一些。877位工薪阶层人士的邻里之间关系较为融洽，但中共党员和民主党派人士的比例较小。877人总体对自己未来5年的经济状况持乐观态度，捐给慈善总会的207个人有更好的经济预期。

笔者还对各变量进行了相关性分析，结果如表9-5所示。可以看到，解释变量与被解释变量之间的相关关系大都是在1%的统计水平上显著的，变量之间不存在明显的多重共线性问题。从相关性矩阵来看，恩格尔系数与个体捐赠数额呈显著负相关关系，有效税率、税收优惠等其余变量与其呈显著正相关关系，均符合我们的预期。

表9-5　相关性系数矩阵

|  | lncharity | Taxrate | Taxdiscount | Engel | Educ | Expect | Relation | Status | Idis |
| --- | --- | --- | --- | --- | --- | --- | --- | --- | --- |
| lncharity | 1.000 | | | | | | | | |
| Taxrate | 0.337*** | 1.000 | | | | | | | |
| Taxdiscount | 0.290*** | 0.142*** | 1.000 | | | | | | |
| Engel | -0.336*** | -0.250*** | -0.141*** | 1.000 | | | | | |
| Educ | 0.565*** | 0.413*** | 0.145*** | -0.218*** | 1.000 | | | | |
| Expect | 0.164*** | 0.089*** | -0.012 | -0.137*** | 0.063* | 1.000 | | | |
| Relation | 0.381*** | 0.224*** | 0.095*** | -0.122*** | 0.318*** | 0.115*** | 1.000 | | |
| Status | 0.280*** | 0.104*** | 0.081** | -0.0310 | 0.282*** | 0.084** | 0.095*** | 1.000 | |
| Idis | 0.150*** | -0.010 | 0.589*** | 0.0160 | 0.060* | -0.362*** | 0.0260 | 0.0370 | 1.000 |

注：①相关性用Pearson相关系数衡量；②括号中的数值是$t$统计值，"*""**""***"分别表示在10%、5%和1%水平上显著。

---

① 根据联合国粮农组织提出的标准，恩格尔系数在59%以上为贫困，50%～59%为温饱，40%～50%为小康，30%～40%为富裕，低于30%为最富裕。

## 二、税收政策与捐赠行为实证分析

税收政策对慈善捐赠行为的影响结果如表 9-6 所示,从 877 人的总体情况来看,捐赠对象有无税前扣除资格、个体能否进行税前抵扣,与其捐赠额高度正相关,这说明能否享有税前扣除政策对于个人慈善捐赠决策十分重要。从捐给可税前抵扣的慈善总会的 207 人的统计结果中可以看到,个人享有税收优惠金额与其捐赠额在 10% 的水平上显著为正。可见,税前扣除政策对个人是否参与捐赠和具体捐赠金额都有十分显著的激励作用。

表 9-6 税收政策与捐赠行为回归结果

| 变量 | 总体 | 可税前抵扣个体 | 无税前抵扣个体 |
| --- | --- | --- | --- |
| $Taxdiscount$ | 0.0091*** <br> (0.0024) | 0.0017* <br> (0.0016) | — |
| $Taxrate$ | 1.5566* <br> (0.8114) | 1.6402* <br> (1.5835) | 1.3522** <br> (0.9297) |
| $Educ$ | 0.3208*** <br> (0.0249) | 0.2763*** <br> (0.0570) | 0.3260*** <br> (0.0270) |
| $Engel$ | -1.2569*** <br> (0.1810) | -3.0932*** <br> (0.4520) | -0.8606*** <br> (0.1922) |
| $Expect$ | 0.4592*** <br> (0.1136) | 1.0238*** <br> (0.1689) | 0.2533 <br> (0.1620) |
| $Relation$ | 0.1207*** <br> (0.0170) | 0.0777** <br> (0.0368) | 0.1216*** <br> (0.1879) |
| $Status$ | 0.3629*** <br> (0.0780) | 0.1837 <br> (0.1690) | 0.3120*** <br> (0.0870) |
| $Idis$ | 0.2714*** <br> (0.1041) | — | — |
| $N$ | 877 | 207 | 670 |
| $Robust$ | Y | Y | Y |

注:括号中的数值是 $t$ 统计值,"*""**""***"分别表示在 10%、5% 和 1% 水平上显著。

从总体上看，877 个人的有效税率与捐赠数额在 10% 水平上显著正相关，说明收入越高的个人，尽管税负越重，但慈善捐赠越多。这验证了假设 9-4，即个人工薪有效税率将会与个人的捐赠行为呈正相关关系。

而对比有无税收抵扣的个人情况可以发现，捐给无税前抵扣的其他慈善组织的个人，其有效税率对于捐赠数额的影响较小，但是其显著性会更强。原因在于，由于无法税前抵扣，有效税率对个人捐赠的影响会降低，但有效税率作为唯一税收影响因素，其显著性会更强。同时，当个人捐赠不能享有税收优惠时，其捐赠动机则更多在于其自身的慈善意识、个人偏好等，这可以从其政治面貌、与邻里之间的关系和受教育程度与捐赠数额之间的回归结果中看出，这些因素的显著性水平和系数对于无税前抵扣个人的影响力度更大。

## 三、收入要素影响分析

### （一）内部因素——按收入高低分组

笔者根据个体收入水平的中位数将样本总体进行分组，分别进行回归分析，统计结果如表 9-7 所示。可以看出，有效税率的影响在低收入人群中显得更为突出，但税收优惠额对于低收入人群捐赠的影响较小，并十分不显著。而高收入人群捐赠受税收优惠额影响较大，受有效税率的影响要小一些。原因在于，对于低收入人群来说，他们的慈善捐赠受可支配收入和税收负担的影响更大一些，有效税率的提高，也意味着个体收入水平的提高，会促进其慈善捐赠。高收入人群则税收筹划意识要强一些，税前扣除政策是其进行捐赠的重要动力，在累进税制下，有效税率的提高更多地代表着税负上升，税收的收入效应使得其对慈善捐赠的促进要小一些。这同假设 9-5 预期一致，即对于高收入人群，有效税率对个人捐赠行为的正向影响将变弱，而税前扣除制度的作用力将会更强；低收入人群反之。

表 9-7 依据收入水平进行分组的回归结果

| 变量 | 总体 | 高收入人群 | 低收入人群 |
| --- | --- | --- | --- |
| $Taxdiscount$ | 0.0091*** <br> (0.0024) | 0.0078*** <br> (0.0023) | 0.0006 <br> (0.0044) |
| $Taxrate$ | 1.5566* <br> (0.8114) | 2.1266* <br> (1.5222) | 5.8084** <br> (2.4822) |

续表 9-7

| 变量 | 总体 | 高收入人群 | 低收入人群 |
|---|---|---|---|
| $Educ$ | 0.3208*** (0.0249) | 0.3049*** (0.0348) | 0.3404*** (0.0351) |
| $Engel$ | -1.2569*** (0.1810) | -1.3216*** (0.2710) | -1.1984*** (0.2443) |
| $Expect$ | 0.4592*** (0.1136) | 0.3674*** (0.1696) | 0.5557*** (0.1627) |
| $Relation$ | 0.1207*** (0.0170) | 0.0687** (0.0267) | 0.1470*** (0.0266) |
| $Status$ | 0.3629*** (0.0780) | 0.3570*** (0.1027) | 0.3564*** (0.1193) |
| $Idis$ | 0.2714*** (0.1041) | 0.3988*** (0.1348) | 0.3950* (0.1581) |
| $N$ | 877 | 406 | 471 |
| Robust | Y | Y | Y |

注：括号中的数值是 $t$ 统计值，"\*""\*\*""\*\*\*"分别表示在10%、5%和1%水平上显著。

## （二）外部因素——按地区收入差距分组

为了更好地研究外部环境因素对个人慈善捐赠的影响，笔者计算个人所在地区的收入差距，再实证其对慈善捐赠的影响。为了尽可能模拟出真实的收入差距，笔者基于877人收入的数据，以省份为单位计算出各省的收入差距程度，具体计算公式为：各省的收入差距程度 = $\dfrac{\text{省内最高个体收入额} - \text{省内最低个体收入额}}{\text{省内最高个体收入额}}$。1为绝对不平均，0为绝对平均。再依据收入差距程度的中位数对877人进行分组，分别进行回归分析，统计结果如表9-8所示。

表 9-8 依据各省收入差距进行分组的回归结果

| 变量 | 总体 | 高收入差距 | 低收入差距 |
|---|---|---|---|
| $Taxdiscount$ | 0.0091*** (0.0024) | 0.0271*** (0.0044) | 0.0021 (0.0018) |

续表 9-8

| 变量 | 总体 | 高收入差距 | 低收入差距 |
| --- | --- | --- | --- |
| $Taxrate$ | 1.5566* <br> (0.8114) | 1.3610** <br> (0.9483) | 1.6333 <br> (1.5034) |
| $Educ$ | 0.3208*** <br> (0.0249) | 0.3231*** <br> (0.0288) | 0.2984*** <br> (0.0488) |
| $Engel$ | -1.2569*** <br> (0.1810) | -1.069*** <br> (0.2174) | -1.5743*** <br> (0.3236) |
| $Expect$ | 0.4592*** <br> (0.1136) | 0.5200*** <br> (0.1340) | 0.3336 <br> (0.2164) |
| $Relation$ | 0.1207*** <br> (0.0170) | 0.1287*** <br> (0.0196) | 0.1121*** <br> (0.0332) |
| $Status$ | 0.3629*** <br> (0.0780) | 0.2850*** <br> (0.0958) | 0.5387*** <br> (0.1324) |
| $Idis$ | 0.2714*** <br> (0.1041) | 0.2502* <br> (0.1337) | 0.1900 <br> (0.1520) |
| $N$ | 877 | 241 | 636 |
| $Robust$ | Y | Y | Y |

注：括号中的数值是 $t$ 统计值，"*""**""***"分别表示在 10%、5% 和 1% 水平上显著。

结果表明，在收入差距大的地区，税前扣除政策和税收优惠额作用表现得十分明显，有效税率的影响同样明显；而对于收入差距小的地区，税前扣除政策、税收优惠额和有效税率对于捐赠数额都没有显著影响。这验证了假设 9-6，即在高收入差距的社会，税前扣除制度对个人慈善捐赠行为的影响将会更加明显。

在收入差距较小的地区，由于贫富差别不大，慈善捐赠的需求较小。而个人收入差距不大时，个人之间个税税负差别也较小，慈善捐赠更多是受慈善意识等非税因素的影响，税收政策的激励作用因此减弱。而在收入差距较大的地区，由于贫富差距悬殊，慈善需求较大，且目前我国的慈善捐赠优先满足本地区的慈善需要，税收政策的激励作用就会产生较大的影响。

## 四、影响因素交互项回归分析

下面,笔者将进一步研究个人受教育程度、恩格尔系数、税收优惠与慈善捐赠的关系,具体为在原有的模型上加入受教育程度、恩格尔系数与税收优惠的交互项,并将样本分成高低收入 2 组人群进行对比分析。为了降低共线性,笔者对恩格尔系数与税收优惠进行了中心化处理。$Educ\_dis$ 与 $Eng\_dis$ 分别代表受教育程度、恩格尔系数与税收优惠的交互项,$X$ 代表原方程中其余的解释变量。

$$\ln Charity = \alpha + \beta_1 Taxdiscount + \beta_2 Educ + \beta_3 Educ\_dis + \beta_4 X + \varepsilon \quad (9-2)$$

$$\ln Charity = \alpha + \beta_1 Taxdiscount + \beta_2 Engel + \beta_3 Eng\_dis + \beta_4 X + \varepsilon \quad (9-3)$$

从这 2 组结果中我们可以看到,就总体而言,税收优惠政策对于慈善行为的刺激作用是毋庸置疑的,这也与笔者之前的假设一致,但外部因素对于它们的影响却有着不一样的政策意义。

### (一)受教育程度对于税收优惠和慈善捐赠行为关系的影响

受教育程度与税收优惠的交互项分析,结果统计如表 9-9 所示。受教育程度可以通过税收优惠来影响慈善捐赠行为,主要在于个人对税法文件的接受能力和执行力方面。从总体计量结果来看,较高的受教育程度有利于提高税收优惠政策对于个人慈善捐赠的促进作用,在 1% 的水平上显著为正,这与假设 9-2 一致。而通过高低收入人群的结果对比可以发现,对于低收入人群而言,交互项的系数更大,并且更显著,这说明如果低收入者的受教育程度高,在其慈善捐赠决策时,会更加重视税收优惠政策的激励作用。

表 9-9 受教育程度与税收优惠交互项的回归结果

| 变量 | 总体 | 高收入人群 | 低收入人群 |
| --- | --- | --- | --- |
| $Taxdiscount$ | 0.0067** | 0.0066*** | 0.0013 |
|  | (0.0027) | (0.0024) | (0.0049) |
| $Educ$ | 0.3239*** | 0.3092*** | 0.3407*** |
|  | (0.0249) | (0.0348) | (0.0352) |
| $Educ\_dis$ | 0.0027** | 0.0020 | 0.0080** |
|  | (0.0013) | (0.0013) | (0.0023) |

续表9-9

| 变量 | 总体 | 高收入人群 | 低收入人群 |
|---|---|---|---|
| $Taxrate$ | 1.5397*** <br> (0.7985) | 2.0220 <br> (1.4800) | 5.7522*** <br> (2.4898) |
| $Engel$ | -1.2225*** <br> (0.1813) | -1.2918*** <br> (0.2714) | -1.1907*** <br> (0.2455) |
| $Expect$ | 0.4752*** <br> (0.1136) | 0.3822*** <br> (0.1696) | 0.5577*** <br> (0.1630) |
| $Relation$ | 0.1189*** <br> (0.0170) | 0.0668** <br> (0.0267) | 0.1465*** <br> (0.0227) |
| $Status$ | 0.3619*** <br> (0.07786) | 0.3355*** <br> (0.1026) | 0.3594*** <br> (0.1197) |
| $Idis$ | 0.2919*** <br> (0.1043) | 0.4127*** <br> (0.1349) | 0.4008** <br> 0.1592 |
| $N$ | 877 | 406 | 560 |
| Robust | Y | Y | Y |

注：括号中的数值是 $t$ 统计值，"*""**""***"分别表示在10%、5%和1%水平上显著。

随着我国税法深化改革，税前扣除政策和管理方式也在不断变革，税收政策专业性较强，税前扣除的要求和程序较为烦琐，而个人受教育程度越高，越能够帮助其去了解最新的优惠措施、申报方法和流程，按法定要求取得税收抵扣的优惠。

（二）恩格尔系数对于税收优惠和慈善捐赠行为关系的影响

恩格尔系数与税收优惠的交互项分析，结果统计如表9-10所示。从总体计量结果来看，较高的恩格尔系数会阻碍税收优惠政策对于捐赠行为的激励作用，统计上在1%水平上显著。但对收入分组后的计量结果显示，高收入人群的恩格尔系数对二者关系的影响并不显著，而低收入人群的恩格尔系数在5%水平上有显著影响。

表 9-10　恩格尔系数与税收优惠交互项的回归结果

| 变量 | 总体 | 高收入人群 | 低收入人群 |
| --- | --- | --- | --- |
| Taxdiscount | 0.0051** <br> (0.0026) | 0.0060** <br> (0.0029) | 0.0019 <br> (0.0044) |
| Engel | -1.3011*** <br> (0.1801) | -1.3576*** <br> (0.2737) | -1.2130*** <br> (0.2430) |
| Eng_dis | -0.0363*** <br> (0.0099) | -0.0109 <br> (0.0110) | -0.0412** <br> (0.0167) |
| Taxrate | 1.4257* <br> (0.8064) | 1.9936 <br> (1.4848) | 5.8470** <br> (2.4687) |
| Educ | 0.3182*** <br> (0.0247) | 0.3038*** <br> (0.0348) | 0.3327*** <br> (0.0351) |
| Expect | 0.4690*** <br> (0.1129) | 0.3644** <br> (0.1696) | 0.5408*** <br> (0.1620) |
| Relation | 0.1172*** <br> (0.0169) | 0.0665** <br> (0.0268) | 0.1432*** <br> (0.0225) |
| Status | 0.3448*** <br> (0.0776) | 0.3551*** <br> (0.1028) | 0.3540*** <br> (0.1186) |
| Idis | 0.3026*** <br> (0.1037) | 0.4263*** <br> (0.1376) | 0.3821** <br> (0.1574) |
| N | 877 | 406 | 471 |
| Robust | Y | Y | Y |

注：括号中的数值是 $t$ 统计值，"*""**""***"分别表示在10%、5%和1%水平上显著。

恩格尔系数是衡量一个人的家庭支出负担的指标。个人的家庭负担越重，一方面其慈善捐赠的能力越弱，另一方面其了解和执行捐赠税前扣除政策的时间和精力越少。对于低收入者来说，这两方面的影响会更强烈一些。而对于高收入者来说，尽管恩格尔系数高使得其家庭负担加重，但高收入使得他们仍有能力去进行慈善捐赠和落实相关的优惠政策，故此影响不大。这证实了假设9-3。

## 五、结论与讨论

本章利用中山大学社会科学调查中心在 2012 年进行的中国 29 个省（自治区、直辖市）2011 年劳动力调查数据，对个人所得税及其优惠政策对个人慈善捐赠的影响进行研究，重点研究税前扣除制度、税收优惠额和工薪所得的有效税率 3 个因素的影响。研究发现，从总体上来看，税收优惠政策能够激发个人的慈善捐赠行为。同时，按收入水平和收入差距分组后发现，在高收入人群中和收入差距较大的社会环境中，税收优惠政策的激励作用更明显。另外，通过对税收优惠政策与受教育程度和个体的恩格尔系数交互项分析，发现它们对政策的作用均会产生显著影响。受教育程度的提高，可以通过更深入地了解税法知识、更严格地执行抵扣程序，来放大税前扣除制度对个人慈善捐赠的效果，而且这对于本身受教育水平较低的低收入者的慈善捐赠行为显得更为重要。恩格尔系数的提高反映个人家庭负担的加重，会抑制税前扣除政策发挥作用，这在低收入人群中也体现得尤为突出。

不同于过去学者们常采用的边际税率指标，笔者计算个人的工薪有效税率，研究其对个人慈善捐赠的影响。工薪有效税率对个人慈善捐赠的影响同样包括税收的收入效应和价格效应，只不过与边际税率的含义有所不同。研究发现，个人慈善捐赠额与其有效税率一直呈现正相关关系，且对低收入人群影响更加明显。而高收入人群由于累进税制所造成的税负的增加，有效税率与慈善捐赠之间的正相关关系减弱，这也是造成税前扣除政策对于高收入人群的影响更大的原因之一。另外，在收入差距大的外部环境中，由于慈善需求大，个人有效税率对于慈善捐赠的影响便更加显著。

通过以上的实证研究可知，在当前收入差距呈扩大趋势的中国社会，个人所得税制度和慈善捐赠税前扣除制度对于慈善捐赠的影响是很大的。因此，笔者认为，首先，对于慈善捐赠的个税优惠而言，需要适当提高税前扣除的比重，或允许超过限额的部分在以后年度递延抵扣，增加具有捐赠扣除资格的基金会等慈善机构的数量，同时简化税收抵扣流程，方便捐赠者抵扣退税，激励纳税人进行慈善捐赠。其次，要充分贯彻累进税制的个税改革。一方面，提高低收入人群的收入水平，降低其家庭负担，增强其慈善捐赠能力；另一方面，要加强高收入群体的个税管理，防止偷税、漏税，提高其税负，激励其利用税收优惠政策进行慈善捐赠。最后，要加大税法宣传力度，普及慈善捐赠的税收优惠和办税指引，让纳税人充分了解慈善捐赠的税前扣除制度，激励其捐赠。

# 第十章　我国基金会的税收政策研究

2004年，我国颁布的《基金会管理条例》将基金会定义为：利用自然人、法人或者其他组织捐赠的财产，以从事公益事业为目的，按照本条例的规定成立的非营利法人。基金会的公益活动涉及的领域非常广泛，按照民政部对基金会业务范围的划分标准，目前共有31类。但由于每家基金会往往不只服务于单一的领域，因此要按单个领域来划分比较困难。《中华人民共和国公益事业捐赠法》把公益捐赠支出的范围分为4类：①救助灾害、救济贫困、扶助残疾人等困难社会群体和个人的活动，即前面所说的"小慈善"；②环境保护、社会公共设施建设；③教育、科学、文化、卫生、体育事业；④促进社会发展和进步的其他社会公共和福利事业。我国基金会也大致可以按照上述4个大类来进行分类。

近年来，我国基金会的发展速度很快。但由于起步较晚，我国基金会与我国整体经济社会发展水平相比，无论是数量上还是规模上，仍然明显滞后。至今为止，我国基金会尚不能全靠自我发展，仍然需要政府的扶持以实现自我培育和有序健康成长。政府的扶持方式有很多种，其中税收政策是最重要的方式之一。基金会的捐赠收入是基金会成长发展的基础，如何通过税收政策使得基金会能够增加捐赠收入、增强自身的实力，是政府有待研究的重大课题。在本章，笔者将选取全国性基金会作为样本，对其捐赠收入的税收政策效应进行实证研究。基金会的公益支出是其发挥第三部门作用、参与社会治理效率的体现，基于目前我国建设生态文明、加大环保治理工作的迫切需要，笔者将对我国环保基金会公益支出的税收政策效应进行实证研究。笔者将根据实证研究的结果，提出相应的政策建议措施，为建立有中国特色的慈善税收制度提供参考。

## 第一节 国内外文献综述

### 一、国外文献综述

#### （一）基金会的税收效应研究

Schwartz（1968）研究表明，由于税前扣除政策可以有效降低捐赠价格，因此税收政策可以激励社会捐赠，基金会则有更多的资金用于公益活动，提高其公益效果。Raimondo（1986）认为，捐赠行为与税收变化是不同步的，存在一定的滞后性，捐赠支出税前扣除的缺失会显著降低捐赠水平；税收通过影响劳动力供给和捐赠额两方面影响志愿者的工作及服务质量。Randolph（1995）采用美国联邦纳税申报的面板数据进行实证研究，发现收入的持久弹性要大于短期弹性，而税收价格的短期弹性大于持久弹性。即在税收政策和收入发生长期性改变的条件下，捐赠额对税收政策缺乏弹性，而对收入具有充分弹性，即长期中捐赠对税收政策不敏感；而在税收政策和收入发生短期改变的条件下，捐赠额对收入缺乏弹性，对税收政策具有充分弹性，即短期中捐赠对收入不敏感，但对税收政策敏感。

#### （二）关于环境治理的研究

国外研究学者对环保基金会参与环境治理进行了大量的研究。Jens等（2009）认为，较多部门和政府层级的高质量、多中心体系在治理环境方面具有多元化优势，比单一政府治理环境更有利于环境的改善。Michael（2009）研究认为，多元化主体相互合作的环境治理模式能够充分发挥各主体的优势和弥补各自的缺陷，在整体上能够达到一种均衡，这种均衡更有利于环境、经济和社会的协调可持续发展。还有学者认为，单一依靠政府治理环境显现出很多问题，环境保护的主体应该包括企业、环保非政府组织和公众等。环境主体越多元化，越有利于环境治理。国外对于环境治理过程中的主体、研究对我国的环境治理带来了一定的启示。

### 二、国内文献综述

国内对环境治理的相关研究主要集中于环境治理的经济学分析和环保基金会

治理环境的税收效应两个方面。

(一) 我国基金会的税收效应研究

樊丽明（2005）利用经济学的方法，系统分析了公共品自愿供给中的社会捐赠行为及其税收激励。她认为，理性选择只能解释捐赠的部分动机，部分利他主义与混合利他主义能更好地解释捐赠行为。财政部石英华（2003）认为，基金会能够向社会提供公共物品或准公共物品，减轻政府提供公共物品的负担，能够有效弥补政府失灵和市场失灵，这是政府支持基金会的理论依据。基金会在政府资助下，向社会提供充足的公共物品，保障特殊人群主体的相关利益。王名和徐宇珊（2008）认为，应从政策上不断鼓励大型基金会的发展，通过基金会运作资产增值部分给予所得税减免等优惠政策，以引导大基金会做大做强；对于中小型基金会，应鼓励其进行资源整合、合作共赢，建设发展成大基金会；提倡在短时间内出台遗产税法。

中国人民大学刘鹏等（2010）认为，非营利组织的资金不能过多来源于财政。非营利组织的资金来源多样化，能减少非营利组织与政府部门的关联，增强其独立性，使其更有效地实施公益活动。葛道顺（2009）认为，应该学习和借鉴发达国家的经验，不断健全基金会的相关税制，落实税收优惠政策。第一，要明确众多税种的减免征收的规定。第二，要整合对捐赠者的税收政策。第三，要充分发挥税收对基金会的监督管理功能。吴应南等（2008）指出，我国能够提供捐赠税收减免资格凭证的公益慈善机构越来越多，但社区大数量的经常性捐赠却很难获得税收减免凭证，而且在实际活动中，大量的实物捐赠由于缺乏配套的资产评估仍旧很难享受到实在的税收优惠政策。

(二) 环境治理的主体研究

聂国卿（2001）认为，市场失灵和政府失灵是环境问题产生的经济根源，同时，体制转型和现代化进程的加快也给我国的环境治理带来巨大的压力，并提出在治理中应重视产权的作用。宋文献等（2004）认为，环境这种公共物品的外部性在很大程度上决定了政府的财税政策对环境保护和治理的极大影响，提出我国应建立生态税系和绿色基金制度等措施来发挥我国财税政策在环境治理过程中作用的建议。侯小伏（2004）认为，在中国经济发展的当前阶段，如果仅仅依靠政府管理环境，想要达到理想目标还有很大距离，因为仅仅依靠政府的环境保护机制还无法解决严重地方保护主义和跨界污染问题，因此，必须要引入第三方力量一起治理环境。李勇（2007）认为，由于市场失灵，市场经济本身不能解决由市场失灵造成的环境问题，这就需要政府和民间环保组织的介入。环保基金会作为非营利组织，有利于联系政府和公众，并促进公民社会的形成。

魏文彪（2011）认为，环保基金会的环境治理工作走在政府前面。一方面原因是政府环保部门承担着环境治理法定职责而部分地方政府环保部门不作为，不利于环境的治理和改善。另一方面，一些地方政府过分追求经济利益增长，不惜以污染环境为代价。王彦志（2012）认为，非政府组织能够帮助克服政府、企业的激励不足和信息不对称，以此增强环境私人规制的有效性。蒋辉（2012）通过对湘、渝、黔"锰三角"环境治理经验的制度分析，认为多元治理主体只有兼顾各方的利益，激励各方参与环境治理的积极性，才能有效地处理跨域环境问题。

### 三、对现有文献的评价

从我国基金会捐赠收入的税收政策效应方面的研究来看，文献数量非常有限，大体上还停留在宏观性或微观的个别描述，对于基金会的实证研究不多，关于国内基金会捐赠收入税收政策效应方面的实证研究更是非常少。另外，税收和财政政策会从不同角度对基金会产生影响。基金会要保持独立性，不能过分依赖财政，重点要研究我国基金会的税收政策。

从国内外有关基金会环境治理与财税效应方面的研究来看，首先，政府是环境治理的主要主体，由于存在市场失灵和政府失灵等问题，环保基金会等环保组织的参与能够更有效地治理环境。例如，环保基金会在环境治理方面具有独特的优势，能够有效弥补政府和市场的不足。其次，我国基金会自身发展还存在一些问题，如从业人员和行政方面存在资金花费高和低效率问题，这会在很大程度上影响基金会的公益支出和环境治理水平，我们应该分析能够影响环保基金会环境公益支出的税收因素并提出政策建议，使基金会更好履行环境保护的责任。

本章在总结国内外研究成果的基础上，选取全国性基金会和环保基金会近年来的数据，实证检验税前扣除资格对基金会收入和环境基金会公益支出的影响，最终从财税政策配适的角度提出促进我国基金会发展的税收政策建议。

## 第二节 我国现行的基金会税收政策

目前，我国尚未对包括基金会在内的非营利组织设立专门的税收法律制度。有关基金会的税收政策规定，散见于各税种的法律法规、部门规章和规范性文件中，其中包括：①《中华人民共和国慈善法》《中华人民共和国公益事业捐赠法》和《基金会管理条例》；②《中华人民共和国企业所得税法》《中华人民共和国个人所得税法》和《中华人民共和国税收征收管理法》，以及它们的实施细则；③由财政部、国家税务总局、民政部联合下发的一系列通知。总体上说，上述法律法规和政策相互之间的衔接不够，有些地方甚至是相互矛盾和冲突的。按照目前我国慈善税收法律体系的框架，我们也可以把对基金会的税收优惠分为三类：对基金会本身的税收优惠、对基金会捐赠者的优惠、对基金会受益者的优惠。

## 一、对基金会本身的税收优惠

对基金会本身的税收优惠涉及的税种比较广泛，主要包括所得税、关税、增值税。具体优惠内容如下：

（1）所得税。按照《企业所得税法》及其实施细则的规定，对于符合条件的非营利组织的收入免税。之后的规范性文件则明确了基金会的捐赠收入、财政拨款以外的政府补助收入（政府购买服务取得的收入除外）、银行利息收入免征所得税，但是基金会的营利性收入（如投资收入）则要征税，除非是国务院财政、税务主管部门另有规定的。

（2）关税和增值税。《扶贫、慈善性捐赠物资免征进口税收暂行办法》也规定，对境外捐赠人无偿向受赠人捐赠的直接用于扶贫、慈善事业的物资，免征进口关税和进口环节增值税。《中华人民共和国海关法》和《中华人民共和国进出口关税条例》规定，外国政府、国际组织无偿赠送的物资，免征关税。《中华人民共和国增值税暂行条例》规定，外国政府、国际组织无偿援助的进口物资和设备，免征增值税。

## 二、对基金会捐赠者的税收优惠

对于基金会的捐赠者（法人或者自然人），在向基金会捐赠过程中，符合条件的捐赠支出可以从税基中扣除。

（1）企业所得税。《企业所得税法》规定，企业发生的公益性捐赠支出，在年度利润总额12%以内的部分，准予在计算应纳税所得额时扣除。年度利润总额，是指企业依照国家统一会计制度的规定计算的年度会计利润。公益捐赠支出，是指企业通过公益性社会团体或者县级以上人民政府及其部门，用于《公益事业捐赠法》规定的公益事业的捐赠。

(2) 个人所得税。《个人所得税法》规定，个人将其所得对教育事业和其他公益事业捐赠的部分，按照国务院有关规定从应纳税所得额中扣除。《个人所得税法实施条例》规定，个人将其所得对教育事业和其他公益事业的捐赠，是指个人将其所得通过中国境内的社会团体、国家机关向教育和其他社会公益事业以及遭受严重自然灾害地区、贫困地区的捐赠。捐赠额未超过纳税义务人申报的应纳税所得额30%的部分，可以从其应纳税所得额中扣除。

《财政部、国家税务总局、民政部关于公益性捐赠税前扣除有关问题的通知》（财税〔2008〕160号）规定，新设立的基金会在申请获得捐赠税前扣除资格后，原始基金的捐赠人可凭捐赠票据依法享受税前扣除。税前扣除资格是政府授予基金会的一种税收优惠资格，捐赠者向拥有税前扣除资格的基金会捐赠，可以依法获得所得税的税前扣除，有效降低捐赠者的捐赠价格。

### 三、对基金会受益者的税收优惠

《个人所得税法》及其实施条例规定，福利费、抚恤金、救济金属于个人所得税的免税项目。因此，基金会的受益者在接受资助时，可以免征个人所得税。但受益者在接受来自基金会的因评奖产生的奖金时，则要具体辨明评奖是否具有公益性质，属于公益性质的，奖金免征个人所得税，其他性质的则照常征税。

在基金会所有税收优惠政策中，对基金会最重要的政策是税前扣除资格，它能够给基金会的捐赠者带来激励效应，使捐赠者增加其捐赠额，从而使得基金会有更多的捐赠收入去从事慈善活动。税前扣除优惠政策对基金会捐赠者的影响，主要分为对企业捐赠的影响和对个人捐赠的影响。下面从经济学的角度，分别分析基金会在具有税前扣除资格的情况下，所得税对企业和个人捐赠水平的影响机理。

### 四、基金会税前扣除资格对企业捐赠的影响

Clotfelter（1985）通过利润最大化模型和效用最大化模型，分别对税收影响捐赠支出的短期效应和持久效应进行了分析。

#### （一）利润最大化模型

假设企业的生产函数为$Q(X, G)$，$G$表示捐赠额，$X$为其他投入。令$t$表示边际税率，$r$表示销售价格，$s$表示$X$的价格。假设捐赠可在税前完全扣除，则净利润为：

$$N = [rQ(X, G) - sX - G](1-t)$$

因此,决定捐赠额 $G$ 的一阶条件为 $rQ'(G) = 1$,所得税 $t$ 对最优捐赠额完全无影响。假如 $s$ 也是捐赠额 $G$ 的函数,即 $s(G)$,所得税对捐赠额也完全无影响。此时最优捐赠额的一阶条件变为:

$$rQ'(G) - s'(G)X = 1$$

假设捐赠对产出具有跨时期的影响,即捐赠可以给企业带来好的声誉,并且持续数年。为了简单起见,只考虑一个只含有 2 个时期的模型,此时企业的收入取决于 2 年捐赠的总额。取 $h$ 为贴现率,2 年的捐赠额 $G_0 = G_1 + G_2$,则 2 年的净利润现值为:

$$Vn = [rQ(X_1, G_0) - sX_1 - G_1](1-t_1) + h[rQ(X_2, G_0) - sX_2 - (G_0 - G_1)](1-t_2)$$

因此,第一年的净捐赠支出为 $(1-t_1)G_1$,第二年为 $h(1-t_2)G_2$,捐赠的净价格为 $P = 1 - t$。假如 $hP_2 < P_1$,即 $h(1-t_2) < (1-t_1)$,那么就应该选择第二年的捐赠额为最优捐赠额。因此,Clotfelter 得出的结论是,如果捐赠对企业利润的影响是跨时期的,那么利润最大化的实现取决于不同时期边际税率的大小,税收政策对企业捐赠只具有短期效应。

### (二)效用最大化模型

假设企业的管理者(实际控制者)追求自身效用最大化,并且管理者的效用只取决于 2 种商品:企业的捐赠额 $G$ 和税后利润 $N$。管理者的效用函数为 $U(G, N)$,$G$、$N$ 越大,管理者的效用也越大。企业的捐赠只有控制在一定额度内才会带来利润,超过后企业边际利润为负。图 10-1 为捐赠函数的利润曲线和管理者的无差异曲线。此时,由于捐赠的存在,公司捐赠者选择的利润最大化点由 $G_1$ 移动至 $G_2$。

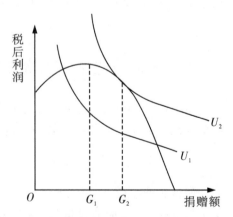

图 10-1　企业管理者对捐赠的偏好

假设企业的生产函数为 $Q(G, X)$，$G$ 为捐赠额，$X$ 为其他投入。用 $r$ 表示产品价格，$t$ 表示边际税率，$s$ 表示 $X$ 的价格。在捐赠可在税前完全扣除的情况下，企业的净利润为：

$$N = (1-t)[rQ(X,G) - sX - G]$$

把 $N$ 代入管理者的效用函数 $U(G, N)$，得 $U[G, (1-t)(rQ(X, G) - sX - G)]$，用 $Ug$、$Un$ 分别表示捐赠和税后利润的边际效用，则管理者效用最大化的一阶条件为：

$$Ug + Un(1-t)[rQ'(G) - 1] = 0 \text{ 或 } Ug/Un = (1-t)[1 - rQ'(G)]$$

因此，从上式可知，税前扣除政策会对企业的捐赠产生影响。假设产出是捐赠的二次函数，即 $Q(G) = a + bG - cG^2$，则 $Q'(G) = b - 2cG$，为简化计算，令 $r=1$，代入上式得：

$$Ug/Un = (1-t)(1 - b + 2cG) \text{ 或 } G = Ug/[2cUn(1-t)] + (b-1)/2c$$

所以，税率 $t$ 变化对捐赠 $G$ 的影响为：

$$G'(t) = Ug/[2cUn(1-t)^2]$$

由此可知，在上述假设下，$G'(t) > 0$，即当管理者有捐赠偏好时，企业所得税税率的上升会增加公司的捐赠。企业所得税对公司的长期捐赠水平产生的影响具有持久效应。

### 五、基金会税前扣除资格对个人捐赠的影响

Schwartz（1970）把社会捐赠看作一种商品，通过捐赠的需求函数来分析税收政策对捐赠额的影响效应。他将捐赠的税收价格设为 $(1-t)$，即消费者每单位捐赠的成本为 $(1-t)$。Schwartz 证实了税收影响捐赠的价格效应和收入效应。假设个人的收入既定，个人在捐赠与消费（或储蓄）之间做出选择，在不存在税收的情况下，捐赠与消费（或储蓄）的价格相等。在累进税制下，如图 10-2 所示，高收入消费者的预算约束线是一条曲线而不是直线，其消费的捐赠额越低，适用的税率就越高，从而税后净收入也就越少，进而消费支出也就越低。ABCDEFG 代表高收入者的预算约束线，随捐赠额的降低而逐渐向内倾斜，它的

斜率为 $[-1/(1-t)]$，$t$ 表示边际税率。当捐赠额降至 $F$ 点时，边际税率降至 0，所以 $FG$ 是斜率为 $-1$ 的直线。低收入者预算约束线 $A''B''C''$ 也是一条直线，因为低收入者通常采用不分项扣除的方式纳税，即他从收入中扣除的项目为一常数，因此预算约束线斜率为 $-1$。这里主要考察税收政策对高收入者捐赠的激励效应。

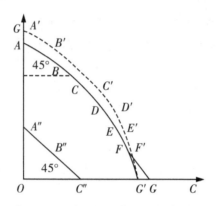

图 10-2　个人捐赠的税收政策效应

由于捐赠和消费都会给消费者带来一定的效用，因此，消费者效用最大化的条件为 $\max U = U(C, G)$，假设 $\partial U/\partial C > 0$，$\partial U/\partial G > 0$，该条件满足 $Y - t(Y - G - X) - C - G = 0$。其中，$X$ 表示其他可扣除项目，$t$ 表示税收函数，且假设捐赠可全额扣除。若捐赠税前可扣除比例由 100% 提高至 $a$，$a > 1$，则上式变为：

$$Y - t(Y - aG - X) - C - G = 0$$

捐赠扣除比例的提高使捐赠价格降低了，消费者的捐赠额增加了，在图 10-2 中表示为预算约束由 $ABCDEFG$ 向外旋转至 $A'B'C'D'E'F'G'$。所以，允许捐赠额在税前扣除，既可以使消费者的预算约束线与更高的无差异曲线相交，增加消费者的福利，又能激励消费者多捐赠。这种激励效应可以进一步分解成价格效应和收入效应。

（1）价格效应。假设捐赠是一种正常商品，则捐赠的价格 $P$ 与捐赠额 $G$ 负相关。虽然税前扣除降低个人的捐赠价格 $(1-t)$，$t$ 为边际税率，但捐赠额的大小还取决于捐赠者对捐赠价格变化的反应，这就是税前扣除的价格效应。价格效应的衡量指标是价格弹性，其表达式为 $(\Delta G/G)/(\Delta P/P)$。价格弹性为负，则表示捐赠额会随着捐赠价格的提高而下降，反之亦然。

（2）收入效应。税前扣除使纳税人的可支配收入 $Y$ 增加了，由于捐赠额与可支配收入正相关，因此捐赠额也增加了，这就是税前扣除的收入效应。衡量收入效应的指标是收入弹性，其表达式为 $(\Delta G/G)/(\Delta Y/Y)$。收入弹性为正，表示捐赠额随可支配收入的提高而提高，反之亦然。

## 第三节 我国基金会捐赠收入的税收政策效应

截至 2016 年，我国基金会数量已达 5545 家，其中公募基金会占 35%，非公募基金会所占比例高达 65%。截至 2015 年年底，捐赠收入约 370 亿元，公益支出约 310 亿元。从资产规模来看，2015 年全国基金会的总资产超过 1100 亿元，但平均每家资产只有 1984 万元。除了少数全国性的大规模基金会外，绝大多数的基金会资产规模只有几百万元，基金会的规模普遍较小。基金会的公益支出主要集中于扶贫救灾、社会福利、教育和医疗 4 个领域，占到其公益总支出的 70%，受益对象主要是贫困的妇女、儿童、学生、失业者、残疾人、精神病患者等。就从业人员来看，目前全国基金会专职从业人员总数只有 17200 人，平均每个基金会仅有专职从业人员 4 人，大多数基金会主要靠大量使用志愿者或兼职人员开展活动。

### 一、研究样本选择

2011 年后，由于受到"郭美美事件"的影响，全国包括基金会在内的公益慈善组织接收的捐赠数额连续大幅下降。为更好地反映我国基金会捐赠收入的税收政策效应，剔除不正常因素的影响，笔者以在我国民政部登记的 163 家全国性基金会为研究对象，选取基金会中心网[①]所公布的 2010 年数据进行实证研究，样本初始数量为 163 家，按以下规则剔除样本：①2010 年之后才注册成立的；②没有提供 2010 年财务数据的；③出现明显异常数字的。经过以上筛选，最后剩下 123 家基金会样本数据。

另外，笔者选择全国性的基金会，主要有以下 3 个原因：①数据的完整性。相对于地方性基金会而言，全国性基金会向登记管理机关上报的年度检查数据比较系统全面。②样本的代表性。全国性基金会规模较大，捐赠收入和公益支出都

---

① 基金会中心网是中国基金会行业信息服务平台，成立于 2010 年 7 月。

远高于地区性基金会,几乎超过了全国基金会的一半。此外,它们覆盖的行业较广,几乎涵盖了基金会涉及的所有领域。③研究的可操作性。由于民政部登记的全国性基金会的税前扣除资格由财政部、国家税务总局、民政部联合发布,地区性基金会的税前扣除资格则由各地区自己认定和公布,它们获得税前扣除资格的时间并不是同步的,而以所有基金会为研究样本难以操作。

## 二、研究假设

我国企业所得税税前扣除新规定从2008年1月1日起执行,并且规定发布前已经取得和未取得捐赠税前扣除资格的公益性社会团体均应按新规定提出申请。税前扣除资格每年都要重新申请审核,不合格不授予。第一批具有税前扣除资格的基金会名单直到2009年8月20日才公布。第二批税前扣除资格名单则到2010年9月30日才公布。因此,截至2010年年底,可以将基金会分为3类:第一类是在第一批就获得资格且在第二批也获得资格的,第二类是在第二批新增获得资格的,第三类是两次都未获得该资格的。

由于基金会税前扣除资格的获得跟捐赠者发生捐赠的时间具有不一致性,并且基本上是滞后于捐赠行为,所以捐赠者在捐赠时往往不知道哪家基金会具有税前扣除资格,他们只能从基金会过去的情况来推测未来的情况。按照适应性预期理论,捐赠者更倾向于捐给上一年度就具有税前扣除资格的基金会,因为他们很可能在下一年度也还具有这个资格。基于以上分析,笔者提出了假设10-1。

假设10-1:与其他基金会相比,拥有过税前扣除资格的基金会捐赠收入明显增加。

2010年,163家全国性基金会中,有16家基金会获得政府补助收入,其中15家是公募基金会,另外1家是非公募基金会,政府补助收入总共达到12亿元。由此可见,我国政府对基金会给予财政支持是促进公募基金会发展的重要手段,但是统计结果也显示,目前我国政府对基金会的财政支持多集中在有政府背景且规模较大的基金会上。

政府的补助收入对基金会的捐赠收入可能同时存在着排挤和互补两种效应:在政府补助水平较低时,尽管基金会需要资金扶持,但政府行为可能给企业和个人传递这样一个信号,即该基金会已经拥有政府的支持,因此不大需要过多的私人捐赠,其捐赠收入可能减少,产生排挤效应;当政府补助收入超过一定程度时,企业和个人可能会认为这些基金会的服务领域是政府重点关注的领域,具有比较重大的意义,因此能够吸引企业和个人的捐赠,此时会产生互补效应。为了检验财税政策的效果,笔者提出假设10-2。

假设10-2：政府补助收入可能存在两种效应，补助较低时，对捐赠收入具有显著的排挤效应；补助较高时，对捐赠收入具有显著的互补效应。

目前，我国基金会尚处于初级发展阶段，但扶老济困、助残救孤、赈灾救荒等传统慈善（即前述"小慈善"）领域仍应该是公益事业的工作重点，许多基金会也或多或少地参与相关慈善领域。2008年的汶川地震在一定程度上激发了民众的慈善意识，越来越多的人关注需要救助的社会弱势群体。因此，笔者认为，如果一个基金会参与传统慈善领域，应该能够获得更多的捐赠收入。笔者提出假设10-3。

假设10-3：与其他基金会相比，参与传统慈善领域的基金会捐赠收入有显著的增加。

## 三、我国基金会税收政策效应的实证研究

### （一）变量设计

#### 1. 因变量

笔者以捐赠收入的对数作为因变量。捐赠收入包括4个部分，即来自国内自然人的捐赠收入、来自国内机构和组织的捐赠收入、来自国外自然人的捐赠收入与来自国外机构和组织的捐赠收入，笔者把它们全部加总到捐赠收入当中。

#### 2. 解释变量

笔者以税前扣除资格、政府补助收入、是否传统慈善类基金作为3个解释变量。其中，税前扣除资格是政府授予基金会的一种税收优惠资格，捐赠者向拥有税前扣除资格的基金会捐赠，可以依法获得所得税的税前扣除资格；政府补助收入是基金会从政府无偿获得的免税资金收入；是否传统慈善类基金是指基金会是否参与传统慈善领域活动。

#### 3. 控制变量

另外，笔者以总资产、投资收入、公益支出、限定性净资产的比例作为4个控制变量，实证研究这4个变量对捐赠收入的影响。

（1）总资产。笔者选择总资产的对数作为基金会组织规模的控制变量，一般情况下，基金会的规模越大，获得的捐赠收入也越多。因此，笔者认为，控制基金会规模对捐赠收入的影响非常重要。

(2) 投资收入。Posnett 和 Sandler (1989) 的研究发现，投资收入与捐赠收入呈显著的正相关关系，因此两者之间会产生互补效应。Weisbrod (1997) 却认为，投资收入与捐赠收入之间会产生排挤效应，因为非营利组织从事营利性活动，可能会使组织忽略社会使命或降低对募款的投入，造成组织捐赠收入减少。因此，笔者认为，投资收入对基金会的捐赠收入会产生影响。

(3) 公益支出。我国将基金会总支出细分为公益事业的支出、工作人员工资福利支出和行政办公支出，其中，我国的公益支出相当于美国的计划功能费用。Kingma (1995) 认为，当非营利组织将所获的捐赠多数用于其所被赋予的社会公益使命（计划功能）时，更能受到捐赠者的青睐。

(4) 限定性净资产的比例。限定性净资产的比例越高，表明基金会能够自主选择支出项目的自由越少。捐赠者对捐赠资产的使用加以限定，能够降低捐赠者与基金会之间信息不对称的程度，因此限定性净资产比例越高，越有可能增加捐赠者的捐赠意愿。但如果比例过高，则可能出现基金会项目固定程度高，从而影响其他项目偏好捐赠者的捐赠。

对于这些变量的定义及说明如表 10-1 所示。

表 10-1 研究变量及其定义

| 变量类型 | 变量名称 | 变量符号 | 变量定义 |
| --- | --- | --- | --- |
| 因变量 | 捐赠收入 | $\log DR$ | 基金会全年捐赠收入的自然对数 |
| 自变量 | 税前扣除资格 | $TAXPRE$ | 2010 年年底前拥有过税前扣除资格的基金会，是则取 1，否则取 0 |
| | | $TAXPRE_1$ | 第一批拥有税前扣除资格的基金会，是则取 1，否则取 0 |
| | | $TAXPRE_2$ | 第二批才拥有税前扣除资格的基金会，是则取 1，否则取 0 |
| | 政府补助收入 | $GR$ | 政府的补助收入 |
| | 传统慈善类基金会 | $CHARITY$ | 涉足传统慈善类服务领域，是则取 1，否则取 0 |
| 控制变量 | 总资产 | $\log TA$ | 基金会总资产的自然对数 |
| | 投资收入 | $IR$ | 基金会的投资收入 |
| | 公益支出 | $CHEX$ | 基金会公益捐赠支出 |
| | 限定性净资产比例 | $DFR$ | 限定性净资产占净资产的比例 |

## (二) 模型设计

基于以上分析,笔者设定如下回归模型来检验以上 3 个假设。

$$\log DR = \beta_0 + \beta_1 TAXPRE + \beta_2 GR + \beta_3 GR^2 + \beta_4 CHARITY + \beta_5 \log TA + \beta_6 IR + \beta_7 CHEX + \beta_8 DFR + \beta_9 DFR^2 + \varepsilon \quad (10-1)$$

其中,$\log DR$ 表示捐赠收入的自然对数,$\log TA$ 表示总资产的自然对数。$GR^2$ 表示政府补助收入的平方,$DFR^2$ 表示限定性净资产比例的平方。预计 $\beta_1$、$\beta_3$、$\beta_4$ 的系数显著为正,$\beta_2$ 的系数显著为负。

## (三) 实证研究结果分析

笔者通过控制基金会的组织特性、收入特性、费用特性的影响后,分析税前扣除资格对基金会捐赠收入的影响效应。内容包括变量的描述性统计、相关系数分析、回归结果分析和稳健性分析。

### 1. 描述性统计

根据各变量的统计结果,123 家基金会中捐赠收入平均值约为 6700 万元,收入最高的达到约 6.9 亿元,也有少部分基金会完全没有任何捐赠收入。2010 年年底前,获得过税前扣除资格的基金会一共有 90 家,其中 2009 年 8 月 20 日公布的第一批就获得该资格的有 67 家,2010 年 9 月 30 日公布的第二批名单新增 23 家,其余 33 家完全没有获得过税前扣除资格。获得政府补助收入的基金会较少,总共只有 16 家,仅占 13%,政府平均补助收入约为 1000 万元,最大的达 6.3 亿元。123 家基金会中参与传统慈善领域的基金会大概占了 33%,相对于众多其他领域来说,该比例算是比较大的。基金会总资产差异比较大,规模最大和规模最小的相差超过 1000 倍。投资收入平均值约为 239 万元,其中最高的约达 1 亿元,最低的则亏损 128 万元左右。公益支出金额上,各基金会差异也很大,最大的超过 10 亿元,最小的不到 3 万元。限定性净资产比例平均约为 39%,其中最高达 107%,最小为 0。

### 2. 相关性分析

为了检验变量之间是否存在高度相关的现象,需要对变量进行相关性分析,以初步确定后面的回归模型不存在严重的多重共线性。如表 10-2 所示,除了政府补助收入和公益支出之间的相关系数略高于 0.7 之外,大多数变量的相关系数都在 0.5 以下。因此，变量之间并不存在严重的多重共线性。

表 10 - 2　变量的相关性分析

|  | logDR | TAXPRE | GR | CHARITY | logTA | IR | CHEX | DFR |
|---|---|---|---|---|---|---|---|---|
| logDR | 1 | 0.479 | -0.129 | 0.318 | 0.605 | 0.27 | 0.364 | 0.364 |
| TAXPRE | 0.479 | 1 | -0.035 | 0.209 | 0.531 | 0.131 | 0.149 | 0.125 |
| GR | -0.129 | -0.035 | 1 | 0.081 | 0.21 | -0.033 | 0.717 | 0.05 |
| CHARITY | 0.318 | 0.209 | 0.081 | 1 | 0.337 | 0.02 | 0.269 | -0.096 |
| logTA | 0.605 | 0.531 | 0.21 | 0.337 | 1 | 0.435 | 0.558 | 0.245 |
| IR | 0.27 | 0.131 | -0.033 | 0.02 | 0.435 | 1 | 0.243 | 0.167 |
| CHEX | 0.364 | 0.149 | 0.717 | 0.269 | 0.558 | 0.243 | 1 | 0.226 |
| DFR | 0.364 | 0.125 | 0.05 | -0.096 | 0.245 | 0.167 | 0.226 | 1 |

3. 回归分析

使用 EVIEWS 软件对样本进行回归，回归模型（10 - 1）的回归分析结果如表 10 - 3 所示。

表 10 - 3　基金会捐赠收入的财税效应回归分析结果

| 变量 | 变量名称 | 预期方向 | 系数与显著性 |
|---|---|---|---|
| C | 截距项 |  | -1.3743*** <br> (-3.0941) |
| TAXPRE | 税前扣除资格 | + | 0.8292** <br> (2.5327) |
| GR | 政府补助收入 | - | -0.0638*** <br> (-7.2018) |
| $GR^2$ | 政府补助收入的平方 | + | 0.0001*** <br> (5.3057) |
| CHARITY | 慈善类基金会 | + | 0.3932 <br> (1.4634) |

续表10-3

| 变量 | 变量名称 | 预期方向 | 系数与显著性 |
| --- | --- | --- | --- |
| log$TA$ | 总资产的对数 | + | 0.6004*** <br> (4.1734) |
| $IR$ | 投资收入 | - | -0.0178 <br> (-1.3975) |
| $CHEX$ | 公益支出 | + | 0.0071*** <br> (4.8305) |
| $DFR$ | 限定性净资产的比例 | + | 6.0563*** <br> (4.7568) |
| $DFR^2$ | 限定性净资产比例的平方 | - | -5.5765*** <br> (-4.0835) |
| Adj $R^2$ | 0.7106 | | |
| $F$ | 32.3806*** | | |

注：括号中的报告值是 $t$ 统计值，"*""**""***"分别表示10%、5%、1%的显著性水平。

（1）税前扣除资格、政府补助与传统慈善类对捐赠收入影响的实证结果。

从表10-3中可以看出，在5%的显著性水平下，税前扣除资格与捐赠收入呈显著的正相关关系，因此假设10-1可以得到支持。由于曾经获得过税前扣除资格的基金会会给捐赠者带来将来也很有可能获得税前扣除资格的预期，因此捐赠者更愿意把捐款捐给这类基金会，以期能够获得所得税扣除优惠。从系数上看，具有税前扣除资格的基金会跟没有税前扣除资格的基金会相比，捐赠收入能够增加 e 的 0.8292 次方即 2.3 倍左右，影响较大。

此外，在1%的显著性水平下，政府补助收入 $GR$ 与捐赠收入呈现负相关关系，政府补助收入增加1倍，捐赠收入会减少6.38%。这说明基金会有政府补助时，社会公众会认为该基金会已有稳定的资金来源而减少捐赠，出现较为明显的排挤效应。另外，虽然 $GR^2$ 在1%的显著性水平下与捐赠收入呈现正相关关系，但是系数仅为0.0001，影响不大，说明当政府补助超过某一水平时，虽然排挤效应可能会转为互补效应，但互补的效果不明显。

传统慈善类的回归系数虽然为正，但是即使在10%的显著性水平下，依然无法通过检验。因此，假设10-3没有获得支持。传统慈善类基金会没有因为其所服务的领域具有救助性和迫切性而受到过多的关注。导致结果跟预期不同可能是因为对基金会捐赠的企业、组织和个人并没有形成传统慈善捐赠偏好。但是，在 2008 年发生汶川地震后，2010 年又发生了玉树地震，助残救孤、抗震赈灾的慈善需求较大，传统慈善类基金会的发展应该予以重点关注。

（2）相关控制变量对捐赠收入影响的实证结果。

从表 10-3 中可以看出，在 1% 的显著性水平下，总资产与捐赠收入正相关。基金会的规模越大，某种程度上代表了它的项目运作能力和筹款能力越强，因此能够获得更多的捐赠收入。

投资收入与捐赠收入负相关，但是并不显著。因为投资收入是营利性收入，部分捐赠者担心基金会从事投资活动会背离其非营利性的特点，或者担心投资活动风险太大，很有可能使基金会的财产遭受损失。

在 1% 显著性水平下，公益支出与捐赠收入呈现显著的正相关关系。公益支出越大，代表基金会投入公益事业的资源就越多，从而传达给捐赠者的正面信息就越强烈，因此能够获得更多的捐赠收入。

在 1% 的显著性水平下，限定性净资产比例与捐赠收入呈倒 U 形的关系。当比例较低时，增加限定性净资产的比例能够显著增加捐赠收入。因为对净资产加以限定，能够减少捐赠者与基金会之间的信息不对称造成的代理成本，使捐赠者对捐款的使用更加放心。但是，这一比例超过一定限度（约 54%）之后，表示基金会现有的项目过于固定，又影响其他项目偏好捐赠者的捐赠，反而会使总的捐赠收入减少。

### 4. 稳健性检验

对模型进行 White 异方差检验的结果显示，在 10% 的显著性水平下无法拒绝同方差假定。为了进一步确保确实存在异方差的情况下，模型（10-1）的实证结果仍然是强韧的，笔者又用 White 异方差一致协方差估计检验模型（10-1），回归结果如表 10-4 所示。

表 10-4　White 异方差一致协方差估计

| 变量 | 变量名称 | 预期方向 | 系数与显著性 |
| --- | --- | --- | --- |
| C | 截距项 |  | -1.3743\*\*\*<br>（-3.0107） |
| TAXPRE | 税前扣除资格 | + | 0.8292\*\*<br>（2.5023） |
| GR | 政府补助收入 | - | -0.0638\*\*\*<br>（-6.4177） |

续表 10－4

| 变量 | 变量名称 | 预期方向 | 系数与显著性 |
|---|---|---|---|
| $GR^2$ | 政府补助收入的平方 | ＋ | 0.0001*** <br> (5.2448) |
| CHARITY | 慈善类基金会 | ＋ | 0.3932 <br> (1.5853) |
| $\log TA$ | 总资产的对数 | ＋ | 0.6004*** <br> (4.4104) |
| IR | 投资收入 | － | －0.0178*** <br> (－2.6699) |
| CHEX | 公益支出 | ＋ | 0.0071*** <br> (5.3405) |
| DFR | 限定性净资产的比例 | ＋ | 6.0563*** <br> (4.9972) |
| $DFR^2$ | 限定性净资产比例的平方 | ？ | －5.5765*** <br> (－4.4369) |
| Adj $R^2$ | | 0.7106 | |
| F | | 32.3806*** | |

注：①括号中的报告值是 $t$ 统计值；②"*""**""***"分别表示10％、5％、1％的显著性水平。

比较表10－3和表10－4可以发现，两次回归的结果基本上是一致的。除了投资收入由原来的不显著变得非常显著外，其他所有变量的显著性水平都没有发生改变。因此，再次证实了用OLS方法来检验上述3个假设所得的结果是稳健可信的。

（3）变量替换。

回归模型（10－1）中的税前扣除资格指标包括2010年年底前获得过这一资格的所有基金会，数量上等于第一批获得资格的加上第二批获得资格的基金会之和，即：$TAXPRE = TAXPRE_1 + TAXPRE_2$。因此，为了考察基金会获得税前扣除资格的时间差异是否会对捐赠收入造成不同的影响，可以同时用2个虚拟变量$TAXPRE_1$和$TAXPRE_2$来替代模型中的$TAXPRE$。至此，笔者提出回归模型（10－2）来检验前述3个假设：

$$\log DR = \beta_0 + \beta_1 TAXPRE_1 + \beta_2 TAXPRE_2 + \beta_3 GR + \beta_4 GR^2 + \beta_5 CHARITY +$$
$$\beta_6 \log TA + \beta_7 IR + \beta_8 CHEX + \beta_9 DFR + \beta_{10} DFR^2 + \varepsilon \quad (10-2)$$

从表 10-5 中可以看出，回归模型（10-2）和回归模型（10-1）的结果基本一致，除了 2 个虚拟变量略有不同外，其他变量的系数与 $t$ 统计量均无明显改变。虚拟变量 $TAXPRE_1$ 的系数大于回归模型（10-1）中 $TAXPRE$ 的系数，虽未达到 1% 的显著性水平，但变得更加显著。另一个虚拟变量 $TAXPRE_2$ 的系数则小于回归模型（10-1）中 $TAXPRE$ 的系数，显著性水平也由原来的 5% 降低到 10%。$TAXPRE_1$ 的系数大于 $TAXPRE_2$ 的系数，也正说明了 2009 年公布的获得 2008 年和 2009 年税前扣除资格的基金会更能获得捐赠者的青睐，在 2010 年得到更多的捐赠收入。

表 10-5　变量替换后基金会捐赠收入的财税效应

| 变量 | 变量名称 | 预期方向 | 系数与显著性 |
| --- | --- | --- | --- |
| C | 截距项 |  | -1.3807*** <br> (-3.0988) |
| $TAXPRE_1$ | 第一批拥有税前扣除资格 | + | 0.8857** <br> (2.6042) |
| $TAXPRE_2$ | 第二批才拥有税前扣除资格 | + | 0.6847* <br> (1.7159) |
| GR | 政府补助收入 | - | -0.0639*** <br> (-7.1936) |
| $GR^2$ | 政府补助收入的平方 | + | 0.0001*** <br> (5.3189) |
| CHARITY | 传统慈善类基金会 | + | 0.3812 <br> (1.4113) |
| logTA | 总资产的对数 | + | 0.6041*** <br> (4.1839) |
| IR | 投资收入 | - | -0.0180 <br> (-1.4140) |
| CHEX | 公益支出 | + | 0.0069*** <br> (4.5945) |

续表 10-5

| 变量 | 变量名称 | 预期方向 | 系数与显著性 |
|---|---|---|---|
| $DFR$ | 限定性净资产的比例 | + | 6.0273*** <br> (4.7177) |
| $DFR^2$ | 限定性净资产比例的平方 | ? | -5.5285*** <br> (-4.0309) |
| $Adj\ R^2$ | | | 0.7090 |
| $F$ | | | 29.0196*** |

注：①括号中的报告值是 $t$ 统计值；②"*""**""***"分别表示10%、5%、1%的显著性水平。

## 第四节 我国环保基金会公益支出的税收政策效应

改革开放以来，中国经济在"高能耗、高投入、高污染"的粗放式增长格局下，环境污染问题日益突出，主要体现为日益严重的大气污染及水资源危机。2013年年初，全国出现大范围雾霾天气，环境治理刻不容缓。环境不断恶化，资源日渐枯竭，不仅成为抑制我国经济可持续发展的主要问题，而且成了损害人类健康的重要因素，容易引发社会冲突，危害我国社会和谐稳定。近年来，中央政府开始认识到中国环境问题的严重性，并采取一系列积极措施。党的十八大把生态文明建设提升到与经济建设、政治建设、文化建设、社会建设并列的战略高度，纳入中国特色社会主义事业"五位一体"的总体布局。党的十八大报告指出，建设生态文明，是关系人民福祉、关乎民族未来的长远大计。面对环境治理的多样性与复杂性，政府治理的能力是有限的，需要"第三方"力量的支持，各方参与者充分发挥各自的优势和主观能动性，满足环境治理的需求。

慈善组织作为第三部门，在社会服务、扶贫开发、环境保护、行业协调以及政策倡导等领域发挥着越来越重要的作用。基金会作为慈善组织的一种高级组织形式，已经日益成为我国公益慈善事业的"引擎"，以基金会作为重要推动力的中国公益慈善事业新高潮正在迅速涌起。环保基金会，是指利用自然人、法人或者其他组织捐赠的财产，有志于从事公益性的生态环境保护事业的非营利性组织。环保基金会是指专门从事环境保护事业的基金会，属于前文所界定的大范围慈善组织。本研究定义的环保基金会是指根据基金会中心网分类方法所确定的环境基金会，不包括动物保护基金会。

环保基金会以环境保护为重点，在协调经济发展与环境治理方面发挥重要的作用。由于起步较晚，我国环保基金会面临着规模小、发展速度缓慢的困境，同时基金会自身面临监管机制不健全和资金使用不合理等问题，需要政府的支持以实现自我培育和有序发展。政府扶持环保基金会发展的方式有很多，其中税收政策是主要方式，通过理论论证和大量国际经验表明，税收优惠和财政补贴相配适的政策对于基金会的发展具有重要的促进作用。本节尝试将我国环保基金会作为主要研究对象，探讨中国环保基金会的发展现状、公益支出以及税收支持政策，以基金会中心网站上的环保基金会为样本，建立多元线性回归模型进行定量研究，详细分析税收因素对环保基金会公益支出的影响，得出结论并提出促进基金会发展的税收政策建议，为政府、社会、公众等提供参考。

## 一、我国环保基金会发展现状

### （一）我国环保基金会的数量

我国环保基金会近年来呈现出快速增长的趋势，但是在所有的基金会中所占比例仍不高。截至 2014 年 4 月 1 日，我国基金会总数达到 3717 家，其中环保基金会为 104 家，占比不到 3%。图 10-3 为我国环保基金会数量增长情况。

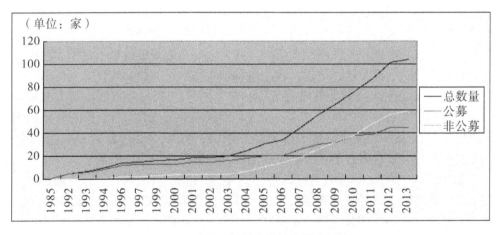

图 10-3　全国环保基金会的数量增长情况

2004 年 6 月 1 日，新的《基金会管理条例》实施，标志着停滞多年的基金会重新开闸放水，环保基金会也从 2004 年开始不断增长。新条例首次提出鼓励非公募基金会发展的意见，以公民个人或者企业名义创办的基金会开始出现，如图 10-3 所示，2010 年非公募基金会首次超过公募基金会的数量。

## （二）环保基金会的地区分布

截至 2014 年 4 月 1 日，国内的环保基金会共 104 家，其中公募基金会 45 家，非公基金会 59 家，分布于 25 个省、自治区和直辖市，图 10-4 显示了环保基金会在不同省（自治区、直辖市）的数量分布情况。

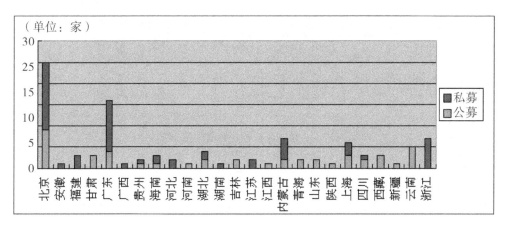

图 10-4 我国环保基金会的地区分布

从基金会在各省（自治区、直辖市）分布的数量来看，位于北京和广东的环保基金会较多，分别为 25 家和 16 家，两省合计占总数的近 40%，明显高于其他地区。此外，在剩下的 23 个省份中，有 13 个省份的数量均不足 3 家。可见，我国的环保基金会地区分布并不均匀。公募基金会与非公募基金会的数量也存在地区性差异。吉林、江西、云南等 9 省全部为公募基金会，浙江、安徽等 5 省全部为非公募基金会。环保基金会数量呈现地区性分布不均匀的状况，与各省（自治区、直辖市）的经济发展水平、社会发展程度、环境治理需求以及培育政策差异有关。北京和广东的经济发展水平位于全国前列，当地的自然人和法人等有较强的经济实力创办环保基金会。此外，北京和广东经济发展快，环境污染也严重，环保治理需求大，需要投入更大的力度来保护环境。

如图 10-5 所示，在公募型基金会中，全国性环保基金会和地方性环保基金会的分布存在很大的差异性，地方性基金会占比较高，达 71.1%。北京和河南的公募环保基金会全部为全国性的，广东和湖北两省全国性和地方性的环保基金会比例差不多，各占一半左右，而其他省（自治区、直辖市）全部为地方性的环保基金会。

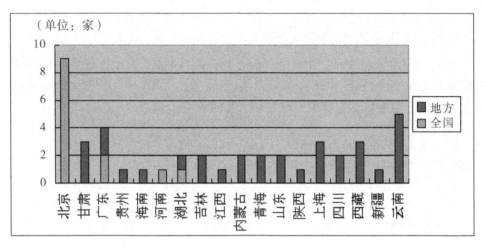

图 10-5　我国公募基金会的地区分布

### （三）我国环保基金会的收入构成

我国环保基金会的收入主要来源于捐赠收入、政府补助收入、投资收益、提供服务收入、其他收入。笔者根据可获准确财务数据的 61 家环保基金会在 2012 年的收入进行计算，结果如图 10-6 所示。总收入中，捐赠收入占绝对比重，达 76.52%。政府补助收入占 3.59%，这说明我国政府对基金会的购买服务较少。61 家环保基金会 2012 年的年度总收入的平均值为 1615 万元，比 2011 年下降 40.25%。

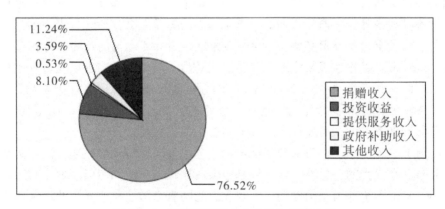

图 10-6　我国环保基金会的收入构成分析

如图 10-7 所示，尽管政府补助收入增加 174.85%，投资收益增加 18.09%，但环保基金会的年度总收入比去年下降 40.25%。究其原因，主要是基金会的捐赠收入下降了 43.82%。由于政府补助收入和投资收入占比小，仅为捐赠收入的 5% 左右，因此，基金会应该更加重视募集捐赠资金，为基金会的运营提供资金基础。

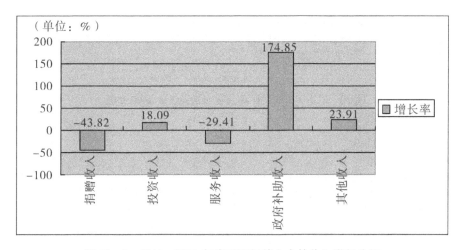

图 10-7　2011—2012 年我国环保基金会的收入增长分析

（四）环保基金会的支出结构

我国基金会的支出包括公益支出、工资福利支出和行政办公支出。其中公益支出为基金会用于项目运作方面的支出，环保基金会的公益支出是其用于环境治理方面的投入，是环保基金会最主要的支出。如图 10-8 所示，2012 年，环保基金会公益支出占年度总支出的比重高达 90.15%，而工资福利支出为 4.48%，行政办公支出为 4.82%，均不到 5%。大多数基金会的正式员工很少，大部分是通过采用招募志愿者的方式进行运作，这样能够提高环保基金会的资金使用效率。

2012 年，64 家环保基金会的年度平均总支出为 1367 万元，比去年下降了 2.5%。通过对年度总支出各个部分的分析（如图 10-9 所示）得出，造成年度总支出下降最主要的原因是基金会公益支出的减少，这一指标下降意味着环保基金会对于环保治理的投入减少，而工资福利和行政办公支出比例却大幅增加，这说明，与 2011 年相比，环保基金会 2012 年的运营效率和环保治理力度有所下降。

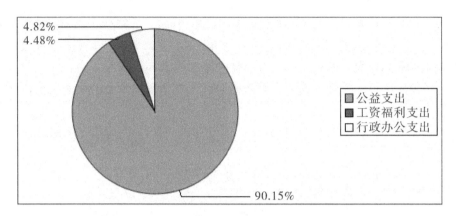

图 10-8  2012 年我国环保基金会的支出结构分析

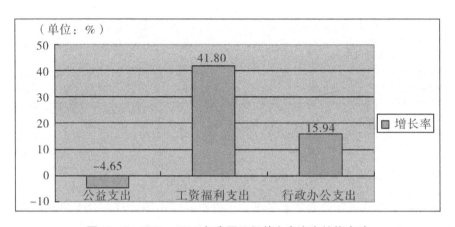

图 10-9  2011—2012 年我国环保基金会支出结构变动

### (五) 环保基金会的公益支出

新的《基金会管理条例》规定，公募基金会每年用于从事章程规定的公益事业支出，不得低于上一年总收入的 70%；非公募基金会每年用于从事章程规定的公益事业支出，不得低于上一年基金余额的 8%。如图 10-10 所示，2011 年，61 家环保基金会的公益支出比例为 82.69%；2012 年，61 家环保基金会的公益支出比例为 88.64%，增长 7.2%。这说明，与 2011 年相比，在 2012 年，环保基金会尽管收入和支出金额下降，但用于环境公益治理方面的公益支出比例提高了。

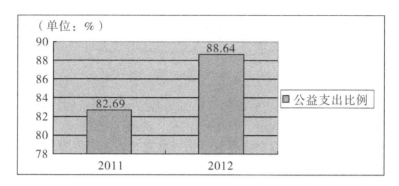

图 10-10　我国环保基金会的公益支出比例

## （六）环保基金会的政府补助收入

为了保持基金会的民办和独立性质，我国政府也在积极探索给予基金会财政支持的办法，推进扩大政府购买服务的进程。目前，政府对基金会的财政支持多集中在有政府背景且规模较大的基金会上。61家环保基金会获得政府补助收入的情况如下：有5家基金会在2011年和2012年都获得了政府补助收入，分别为湖北省青少年发展基金会、广东省环境保护基金会、老牛基金会、江西省绿化基金会（原名"江西省鄱阳湖绿色家园公益基金会"）、湖北省湿地保护基金会，其中只有老牛基金会为非公募基金会。

从获得政府补助的基金会的数量和政府补助金额来看，我国政府对环保基金会的支持力度还不够大，但2012年环保基金会获得的政府补助收入是2011年的2.7倍（如表10-6所示）。如果政府继续加大对环保基金会的支持力度，并且扩大政府补助的范围，则能在较大范围内改善环保基金会的总体收入情况。

表10-6　我国环保基金会获取政府补助情况

（单位：个）

| 年份 | 总数量 | 公募基金会 | 非公募 | 政府补助收入（万元） |
|------|--------|------------|--------|----------------------|
| 2011 | 9 | 7 | 2 | 878 |
| 2012 | 12 | 7 | 5 | 2413 |

从国际经验来看，基金会的发展离不开政府的扶持和资助。2005年，英国非营利组织的收入中，有37%来自政府的拨款。根据约翰·霍普金斯对非营利组织比较研究的结果，1995年22个国家的非营利组织来自政府的收入占40%，

尤其是卫生保健、教育和社会服务类组织，政府补助收入占其总收入的45%～55%。

（七）我国环保基金会的信息披露分析

当前，我国基金会信息披露制度主要由《基金会管理条例》和《基金会信息公布办法》2个法律文件规定。而在此以前，基金会一直被划入民间非营利组织或者事业单位作统一的信息披露要求。信息披露是基金会治理的重要手段，基金会通过信息披露，向社会公布基金会组织运转、资金流向等相关信息，接受政府部门和社会公众的监督。

根据2014年3月21日基金会中心网发布的中基透明指数FTI可以测度环保基金会的信息披露质量。在104家环保基金会中，有FTI数值的基金会共有85家，平均FTI为56.43分。其中有7家环保基金会的FTI为107.2分，排名第一，而最低环保基金会的FTI指数仅为3.2分，差异很大。如表10-7所示，在85家基金会中，公募环保基金会为39家，平均FTI为58.52分；而非公募基金会共有46家，平均FTI为54.66分。由此可见，公募基金会的信息披露优于非公募基金会。有47家公布FTI指数的环保基金会取得税前扣除资格，FTI平均值为64，说明取得税前扣除资格的环保基金会的FTI较高，信息披露较全面。各省份的环保基金会信息披露情况也参差不齐。其中，基金会信息披露比例最高的为浙江省，达到了90%，而最低的为安徽省和青海省，仅为0，即完全不公开信息，而大部分省份基金会的信息披露比例在50%左右。

表10-7 我国环保基金会的信息披露情况

| 类型 | 基金会数量（家） | 平均FTI |
| --- | --- | --- |
| 公募 | 39 | 58.52 |
| 非公募 | 46 | 54.66 |
| 取得税前扣除资格 | 47 | 64.00 |

二、环保基金会公益支出税收政策效应的实证研究

我国基金会的支出包括公益支出、工资福利支出和行政办公支出。公益支出包括公益支出绝对值和公益支出相对值。公益支出绝对值是指用于公益活动和服务方面支出额的大小，而公益支出相对值是指各支出构成中，用于公益活动和服

务方面的支出比重大小。从环保基金会的角度来看，公益支出是环保基金会实施公益活动的主要体现方式，运用于公益项目的支出比例则体现了环保基金会环境保护运作的效率。公益支出占年度总支出比例越高，环保基金会在公益环境治理方面的资金支出越多，环保基金会运行就越有效率。

从上述对基金会本身的税收优惠可知，基金会的征税收入很少。通过对 64 家环保基金会的应纳税费分析得知，2012 年环保基金会的应纳税费为 21188 元，是 2011 年的 3.3 倍。2011 年有 44 家环保基金会的应纳税费为 0，还有 2 家环保基金会的应纳税费为负数，占比 70%。2012 年应纳税费为 0 的基金会为 40 家，有 3 家环保基金会的应纳税费为负数。

笔者对 104 家环保基金会进行分析，其中取得税前扣除资格的环境基金会共有 47 家。环保基金会取得税前扣除资格的情况也具有地区性效应。具有税前扣除资格的环保基金会主要集中在北京、广东和上海，共有 34 家，占比 72.3%，广西、贵州、河南等 5 个省份的环保基金会为 100% 享有税前扣除资格，而安徽、福建、甘肃等 11 个省份的环保基金会均没有税前扣除资格。根据资金募集类型的不同，我国环保基金会的税前扣除资格取得情况也存在差异。非公募基金会取得税前扣除资格的数目较多，占比 60%，如图 10-11 所示。

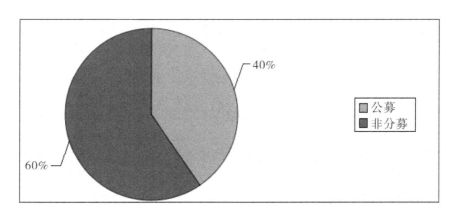

图 10-11　我国环保基金会税前扣除资格取得情况

（一）研究假设

获得税前扣除资格的环保基金会组织管理相对规范，规章制度比较健全，知名度和基金会形象较好，更能受到企业和个人捐赠者的青睐。同时，环保基金会的公益支出比例也是衡量其能否取得税前扣除资格的重要指标之一。取得税前扣除资格的基金会在享受到税收优惠政策后，为了在下一年度继续取得税前扣除资格，会更加合理运用基金会捐赠资金，减少行政和员工福利支出，增大公益支出，提高环境治理效率和质量。

假设10-4：具有税前扣除资格的环保基金会的公益支出较高。

发展经济和保护环境是地方政府的重要任务，政府也要支持环保基金会的发展，政府的补助收入是基金会的重要来源之一。首先，环保基金会获得政府的补助收入，资金实力增强，更有能力进行公益环境治理；其次，基金会获得政府政策支持，资金运用和组织管理会更加严格规范；最后，地方政府为了追求政绩，会提供更多的环境治理项目和机会，提高对基金会要求，使环保基金会增加公益支出。

假设10-5：政府补助收入能提高环保基金会的公益支出。

对于取得税前扣除资格的和没有取得税前扣除资格的环保基金会，其政府支持度、捐赠者对基金会的信任度以及基金会自身的名誉度都存在差异。"三度"的差异会使政府补助收入对其环境治理的促进作用有所不同。由于取得税前扣除资格的环保基金会在规模、公益支出比例等各方面都要达到一定的指标，体系建设相对健全，政府对其公益支出的促进作用会超过没有取得税前扣除资格的环保基金会，通过加大政府的补助收入，能够有效地提高环保基金会的环境治理效率和公益效率。

假设10-6：与没有取得税前扣除资格的环保基金会相比，政府补助收入对取得税前扣除资格的环保基金会的环境治理促进作用显著增强。

## （二）研究变量设计

笔者以在国务院民政部门和省（自治区、直辖市）人民政府民政部门登记注册的104家环保基金会为对象进行研究。环保基金会是指基金会中心网上按行业类型分类，专门从事环境治理公益活动的基金会。所有数据均为笔者根据基金会中心网上披露的数据收集汇总而成。样本初始数量为104家，按以下规则剔除样本：①2012年后才成立的；②缺乏财务数据的；③政府补助收入、年度总收入等指标为0的；④存在异常数值的。经过以上筛选，最终剩下20家基金会，95个样本数据。

### 1. 因变量

因变量为公益支出。本研究用公益支出额占年度总支出额的比例来衡量公益支出，表示环保基金会在环境治理方面的投入力度，公益支出占总支出的比例越大，公益支出效率越高。

## 2. 自变量

自变量包括政府补助收入比例、税前扣除资格。

(1) 政府补助收入指民间非营利组织接受政府拨款或者政府机构给予的补助而取得的收入。本研究将政府补助收入占年度总收入的比例作为自变量。

(2) 税前扣除资格是指符合一定条件的基金会获得给予捐赠者一些税收优惠的资格,能够促进基金会获得更多的捐赠收入,从而有更多的资金用于环境治理等公益支出。本研究假设获得过税前扣除资格的基金会取值为1,未获得的为0。

## 3. 控制变量

控制变量包括捐赠收入比例、限定性净资产比例、基金会年龄、中基透明指数。

(1) 捐赠收入比例。捐赠收入比例是指捐赠收入占年度总收入的比例。捐赠收入是基金会最主要的收入来源。捐赠收入比例越高,环保基金会用于环境治理方面的资金越充足。

(2) 限定性净资产比例。限定性净资产的使用有时间限制和用途限制。因此,限定性净资产比例越高,基金会可以自主支出的资产越少,越有能力减少信息不对称和加强对收入与资产的管理。因此,如果环保基金会较多的净资产被限于治理环境的话,那么环保基金会的公益支出就越高。

(3) 基金会的年龄。指基金会成立时间到数据会计年度之间的年数。

(4) 中基透明指数。指以基金会综合排名来评价基金会透明度的标准评级系统。基金会可以据此了解自身透明程度在全国范围内的位置,并根据标准增加自身透明度;公众可以该透明指数为捐赠参考,促进慈善行业透明度的增加和公信力的增强。中基透明指数越高,基金会的排名越靠前,获得的捐赠也就越多。

变量的名称和说明如表10-8所示。

表10-8 变量设计说明

| 变量类型 | 变量名称 | 变量符号 | 变量定义 |
|---|---|---|---|
| 因变量 | 环境治理效率 | $EF$ | 基金会公益支出占年度总收入的比例 |
| 自变量 | 税前扣除资格 | $TAXPRE$ | 2012年前拥有过税前扣除资格取值为1,否则为0 |
| | 政府补助收入比例 | $GRR$ | 政府的补助收入占年度总收入的比例 |

续表 10-8

| 变量类型 | 变量名称 | 变量符号 | 变量定义 |
|---|---|---|---|
| 控制变量 | 捐赠收入比例 | DRR | 基金会全年捐赠收入占总收入的比例 |
| | 限定性净资产比例 | DFR | 限定性净资产占净资产的比例 |
| | 年龄 | AGE | 基金会成立起到数据会计年度的时间 |
| | 信息披露 | FTI | 2012 年中基透明指数 |

## （三）计量模型的建立与分析方法

为了检验本研究提出的假设，构造了回归模型（10-3），采用基本线性回归分析方法来检验本节提出的假设。

$$EF = \beta_0 + \beta_1 GRR + \beta_2 TAXPRE + \beta_3 DIR + \beta_4 DFR + \beta_5 AGE + \beta_6 FTI + \varepsilon \quad (10-3)$$

### 1. 变量的描述性统计

对模型中各变量进行描述性统计，结果如表 10-9 所示。被测试的环保基金会中公益支出比例的平均值为 91.52%，最大的达到 1，也有少部分环保基金会的公益支出为 0。不同基金会之间的公益支出还是存在差异的。政府补助比例的平均值为 3.09%，说明政府给予环保基金会的补助水平不高。样本中有 64%（13 家）的环保基金会取得税前扣除资格，高于总体环保基金会的平均值。基金会的捐赠收入比例为 76.52%，限定性净资产比例的平均值为 41.19%，说明环保基金会有 41% 左右的资产要被限于特定的时间或用途上。环保基金会的平均年龄为 10 年，不同基金会的成立时间差异很大，最早成立的环保基金会已经运营了 27 年。

表 10-9 各变量描述性统计

| Variable | Obs | Mean | Std. Dev. | Min | Max |
|---|---|---|---|---|---|
| EF | 95 | 0.9152233 | 0.7312608 | 0 | 1 |
| GRR | 95 | 0.0308694 | 0.140208 | 0 | 0.9649623 |
| TAXPRE | 95 | 0.6393246 | 0.4650063 | 0 | 1 |

续表 10-9

| Variable | Obs | Mean | Std. Dev. | Min | Max |
|---|---|---|---|---|---|
| *DIR* | 95 | 0.7652498 | 0.3450828 | 0 | 1.292577 |
| *DFR* | 95 | 0.4119583 | 0.3387167 | 0 | 0.9720223 |
| *AGE* | 95 | 10.04054 | 7.930242 | 0 | 27 |
| *FTI* | 95 | 65.82295 | 23.97625 | 19.2 | 107.2 |

#### 2. 变量的相关性分析

为了检验各变量之间是否存在高度相关的现象，需要对变量进行相关性分析，以初步确定模型结果不存在严重的多重共线性。相关性分析结果如表10-10所示。从中可以看出，除了政府补助收入比例与捐赠收入比例的相关系数为-0.6951，$FTI$ 与限定性净资产的比例达到0.529，其他变量的相关系数都在0.5以下。因此，可初步判断，变量之间不存在严重的多重共线性。

表10-10  各变量相关系数

| corr. | *EF* | *GRR* | *TAXPRE* | *DIR* | *DFR* | *AGE* | *FTI* |
|---|---|---|---|---|---|---|---|
| *EF* | 1 | 0.0711 | 0.2034 | 0.1598 | 0.3615 | 0.3673 | 0.1541 |
| *GRR* | 0.0711 | 1 | -0.0543 | -0.6951 | -0.2327 | -0.0641 | -0.3642 |
| *TAXPRE* | 0.2034 | -0.0543 | 1 | 0.052 | 0.1668 | 0.4237 | 0.0478 |
| *DIR* | 0.1598 | -0.6951 | 0.052 | 1 | 0.2154 | -0.028 | 0.3074 |
| *DFR* | 0.3615 | -0.2327 | 0.1668 | 0.2154 | 1 | 0.2774 | 0.529 |
| *AGE* | 0.3673 | -0.0641 | 0.4237 | -0.028 | 0.2774 | 1 | 0.1932 |
| *FTI* | 0.1541 | -0.3642 | 0.0478 | 0.3074 | 0.529 | 0.1932 | 1 |

### （四）变量的回归结果和分析

#### 1. 税前扣除资格、政府补助收入对环保基金会公益支出的影响

计量结果如表10-11所示。从中可以看出，虽然税前扣除资格变量的系数

为正，但是即使在 10% 的显著性水平下，依然不能通过检验，说明具有税前扣除资格的环保基金会的公益支出并没有明显高于没有税前扣除资格的环保基金会。因此，假设 10-5 不能得到验证。

表 10-11 我国环保基金会公益支出的模型结果分析

| 变量 | (1)<br>EF | (2)<br>EF | (3)<br>EF |
| --- | --- | --- | --- |
| GRR | 0.611***<br>(0.131) | 0.380<br>(0.557) | 0.416***<br>(0.122) |
| TAXPRE | | | 0.00407<br>(0.0780) |
| DIR | 0.350***<br>(0.114) | 0.338<br>(0.325) | 0.270***<br>(0.0992) |
| DFR | 0.153*<br>(0.0809) | 0.360<br>(0.256) | 0.191**<br>(0.0784) |
| AGE | 0.00892***<br>(0.00285) | -0.0255<br>(0.0394) | 0.00926**<br>(0.00414) |
| FTI | -0.000891<br>(0.00136) | 0.0129<br>(0.00836) | -0.00006<br>(0.00174) |
| Constant | 0.438***<br>(0.133) | -0.485<br>(0.668) | 0.407***<br>(0.154) |
| Observations | 62 | 33 | 95 |
| Number of id | 13 | 7 | 20 |

注：第（1）列的回归结果是研究有税前扣除资格的环保基金会中政府补助收入对环境公益支出的影响。

第（2）列的回归结果是研究没有税前扣除资格的环保基金会中政府补助收入对环境公益支出的影响。

第（3）列的回归结果是研究 95 个总样本下，政府补助收入对环境公益支出的影响。

在 1% 的显著水平下，政府补助收入比例与环保基金会公益支出正相关，因此假设 10-4 得到支持。环保基金会获得政府补助收入会提高环境公益支出，首先，环保基金会有更多的资金用于环境治理；其次，环保基金会得到政府的支持，在资金的运用和环境治理方面将会受到政府有关部门的监督，资金运用更加合理，环境治理更加有效；最后，由于有政府及有关部门的支持，获得政府补助收入的基金会在实施环境治理的过程中将减少一些阻碍，成本减少。从系数上看，政府补助收入比例每增加1%，环保基金会的环境治理支出将提高0.416%。

可见，财政补助支持政策取得明显效果，但税收优惠政策效果不明显。

### 2. 分样本结果下，政府补助收入对环保基金会公益支出的影响

根据回归模型（10-1）和回归模型（10-2）的结果可以看出，获得税前扣除资格的环保基金会，其政府补助收入比例在1%的显著性水平下与环境公益支出正相关。然而，没有获得过税前扣除资格的环保基金会即使在10%的显著性水平下也无法得出政府补助收入影响环境治理支出的结果。这说明税前扣除资格能对政府补助收入的积极作用产生影响。具有税前扣除资格的环保基金会，其政府补助收入比例对环保基金会公益支出影响的系数为0.611，明显高于总样本下政府补助收入对公益支出的系数。

可见，政府补助收入对具有税前扣除资格的环保基金会的公益支出的促进作用高于没有获得过税前扣除资格的环保基金会的公益支出。

### 3. 控制变量对环保基金会环境公益支出的影响

（1）捐赠收入比例。根据回归模型（10-1）和回归模型（10-3）的回归结果可得：在1%的显著性水平下，捐赠收入对环保基金会环境公益支出具有促进作用。在总样本情况下，捐赠收入占环保基金会年度总收入的比例每提高1%，环保基金会的环境公益支出提高0.27%。而对于具有税前扣除资格的环保基金会，捐赠收入的比例每提高1%，环保基金会的环境公益支出则提高0.35%。具有税前扣除资格的环保基金会，其捐赠收入比例对环保基金会的影响也显著增强。

（2）限定性净资产比例。根据回归模型（10-1）和回归模型（10-3）的回归结果可知：在1%的显著性水平下，限定性净资产与环保基金会环境公益支出正相关。因为对净资产加以限定，能够对环保基金会的资产运用加以一定的限制，从而使得资金的运用更为有效。但是，具有税前扣除资格的环保基金会，其限定性净资产对环保基金会公益支出的促进作用小于总样本下的环保基金会。因为具有税前扣除资格的环保基金会，其组织管理更加严密、规章制度更加健全、资金运用更加规范，对部分资产加以限定，其产生的效果小于总样本下对环保基金会的促进作用。

（3）基金会年龄。根据回归模型（10-1）和回归模型（10-3）的回归结果可知：在1%的显著性水平下，基金会年龄越大，环保基金会公益支出越高。

基金会成立时间越早，运营时间越长，其在组织管理、资金运用及环境治理方面积累的经验越丰富，越有利于提高环境公益支出。

（4）环保基金会的中基透明指数与环保基金会公益支出负相关，但是并不显著。这可能是因为基金会的中基透明指数是 2012 才最先构建的，而样本采用了环保基金会 2005—2012 年的非平衡面板数据，中基透明指数对环境治理支出的影响很小且不显著。

从实证的结果可以看出，目前对我国环保基金会影响最大的税收优惠政策主要是税前扣除资格，其他税收政策影响不大。但是，税前扣除政策对于环保基金会的运营效率的直接影响并不显著，它是通过影响捐赠收入和财政补助收入，间接促进环保基金会的公益支出和运营效率，而且，近年我国环保基金会的捐赠收入还大幅减少。因此，应该进一步完善我国基金会的税收优惠制度和与其相配适的财政政策，促进环保基金会的发展，使其增加收入，完善治理，为我国生态文明建设贡献力量。

## 第五节　促进我国基金会发展的税收政策建议

1. 统一基金会等慈善组织税收立法

我国对包括基金会在内的慈善组织应该统一税收立法，建立具有中国特色的慈善税收制度。其中，基金会的税收法律应包括基金会、捐赠者和受益者 3 个纳税主体的权利与义务，适用范围则应该覆盖基金会的所有业务和收入。通过立法完善基金会的税收优惠制度，明确具体优惠政策，包括优惠的税种、幅度、条件和申请程序等。

2. 对基金会的购买服务收入免税

近年来，各地政府开始推进政府购买服务，并制订和公布购买服务的名录。政府购买服务是基金会的收入来源之一，收入不能免税将影响其社会服务职能，建议将其作为非经营收入列入增值税和所得税免税范围。

3. 对传统慈善和环保基金会营利性收入给予税收优惠

《基金会管理条例》规定，公募基金会每年公益支出不得低于上一年总收入的 70%，加上行政管理费支出则不得低于 77%。为了扶持传统慈善和环保基金会，笔者认为，可按照其投资收益占投资资产比例的大小给予税收优惠。当这一比例低于社会平均收益率时，给予免税或 15% 税率的优惠，超过部分则仍按 25% 征税。《基金会管理条例》规定，非公募基金会每年公益支出不得低于上一年基金余额的 8%，加上行政管理费支出则不得低于 8.8%。为了扶持传统慈善和环保非公募基金会保值增值，笔者认为，若其投资收益率小于支出比例，给予免税优惠，超过部分可以给予 15% 税率的优惠。同时，加强对传统慈善和环保基金会的认定和税务监管，及时公布相关信息。

#### 4. 对传统慈善和环保基金会的捐赠者实行递延抵扣制度

企业和个人对具有税前扣除资格的基金会捐赠时，仅能在当年的应纳税所得额中扣除，而超过捐赠限额比例部分只允许递延抵扣 3 年，这既限制了大额捐赠的积极性，也不能满足传统慈善和环保基金会的实际需要。借鉴国际经验，建议给予向传统慈善和环保基金会捐赠的企业和个人 5 年的递延抵扣资格。

#### 5. 科学制定基金会税前扣除资格的认定及审查标准，提前公布具有税前扣除资格的基金会名单

基金会税前扣除资格的审批应遵循统一的量化标准，避免认定的随意性。通过制定明确的标准、程序、审核及资格取消办法，促使基金会在竞争中加强信息披露，不断提高管理水平和项目质量。在量化标准中，建议增加对传统慈善和环保基金会相关指标的权重，使其更容易取得资格。目前，政府是在当年下半年才公布取得税前扣除资格的基金会名单，使捐赠者在上半年捐赠时不确定哪家基金会能获得资格，甚至导致意向捐赠最终流产。建议加快审核程序，将税前扣除资格名单提前到每年年初公布。

#### 6. 适当提高传统慈善和环保基金会的财政补助额度

扶贫助学、救残恤孤、抚老济困是中华民族的传统美德，也是弱势群体最需要的雪中送炭，环境保护是当前中国发展和谐社会的主要任务之一，政府作为公共管理的主体，要加大对传统慈善和环保基金会的支持力度。通过以上分析可以看到，我国传统慈善和环保基金会当前获得的政府补助水平很低，而且政府补助收入对基金会捐赠收入的影响呈倒 U 形，而对环保基金会公益支出具有显著的正效应。因此，在保证传统慈善和环保基金会民间性和独立性的基础上，要适度提高政府对传统慈善和环保基金会的财政补助额度，增强它们的资金实力，吸引更多的捐赠收入和民间资本的流入，从而增加传统慈善和环保基金会用于公益支出的资金和技术水平，提高慈善效率和效果。

### 7. 大幅度增加对传统慈善和环保基金会的政府购买服务

目前,在我国传统慈善和环保基金会的收入结构中,政府购买服务收入比重非常低。美国政府购买的 NGO 服务的数额是民间捐赠收入总额的 1.5 倍,远远高于我国目前的水平。增加对传统慈善和环保基金会的政府购买服务,可以把一部分传统慈善和环境公共服务交由专业的传统慈善和环保基金会来提供,这样既可以降低成本,又可以提高效率。建议政府把一部分公共服务投入,比如社区慈善服务、水污染治理、防风治沙等项目,逐步采取公开招标的方式,由符合条件的传统慈善和环保基金会来投标竞选。通过公开招标,促进基金会之间合理的竞争,从而迫使它们通过不断提高自身的管理水平和服务水平来获得政府购买服务。

# 第十一章 我国慈善信托的税收政策研究

## 第一节 我国慈善信托的法制建设与发展历程

### 一、《中华人民共和国信托法》对公益信托的规定

《中华人民共和国信托法》（简称为"《信托法》"）于2001年10月1日生效施行，至今已经16年了。《信托法》对公益信托和私益信托进行了划分，并规定了公益信托范围，将公益信托单独成章加以规范。尽管公益信托独立为一章，但仅有十五条原则性规定，实践中仍无法规范慈善信托的正常运行。16年来，由于信托在我国尚属新生事物，公益信托更是没有任何经验可以借鉴，所以信托公司在开展公益信托业务时遇到了很多问题，发展缓慢。

### 二、《中华人民共和国慈善法》对慈善信托的规定

2016年9月1日，《中华人民共和国慈善法》正式施行。《慈善法》界定了"大慈善"的概念，明确规定"慈善信托属于公益信托"，并把信托确立为从事慈善和公益事业的重要机制。《慈善法》规定，慈善组织或者信托公司可以担任慈善信托的受托人，从而为公益信托发展营造良好的政策氛围，并为信托公司业务发展带来新的契机。《慈善法》第四十九条规定："慈善信托的委托人根据需要，可以确定信托监察人。"因此，公益信托的监察人不再为必设机构，降低了设立慈善信托的成本。《慈善法》还明确信托机构可作为慈善信托的受益人，也为信托公司开展公益信托进一步清除了障碍。

在《信托法》关于公益信托规定的基础上，《慈善法》的立法思路是偏向于放松监管、促进慈善事业发展的。《慈善法》出台后，开展公益信托过程中遇到

的部分问题有望得到解决。

（1）在主体方面，信托公司可以通过设立《慈善法》规范的慈善信托，更为顺畅地开展此类业务。

（2）在设立方面，《慈善法》确立了慈善信托设立的备案制，较以前的审批制更为合理、便捷。

（3）在监管方面，《慈善法》明确了慈善信托的监管部门为民政部门，彻底解决了公益信托主管机构不明确的问题，将有力促进慈善信托业务的开展。

（4）在监察人方面，《慈善法》对原公益信托监察人的问题进行了调整，把原《信托法》中设立监察人作为必要性条件的规定，调整为选择性条件规定，这极大便利了慈善信托的设立。由于法定监管机构已经明确，监察人的可选择性设立，并没有降低慈善信托的监管效力。

（5）在操作方面，《慈善法》并没有对受益人的不特定做强制规定，这也给了慈善信托更多灵活的空间，提供了更多的施善机会。

## 三、我国慈善信托发展历程

从实践中看，2004 年，云南国际信托有限公司采用集合资金信托的商业模式发行了"爱心成就未来——稳健收益型"信托产品，开始具备了一定的公益信托理念。2005 年，中融国际信托有限公司推出了"中华慈善公益信托计划"，这是向公益信托迈进的一次有益尝试。2008 年 6 月，中国首个真正意义上的公益信托——"5·12 抗震救灾公益信托计划"由西安国际信托有限公司推出，共募集信托资金 1000 万元，用以支持陕西汉中、宝鸡等地震灾区的救灾和重建。此后，百瑞信托、重庆信托、紫金信托、万向信托、中原信托、国元信托、湖南信托、国民信托等近 10 家信托公司相继成立公益信托，中信信托、安信信托、华融信托等信托公司则成立了准公益信托。但大量"准公益信托"的诞生，给监管和经营带来了很多问题，也抑制了一些纯公益行为，不利于我国公益事业的健康发展和国民公益意识的培养。

随着《慈善法》颁布实施，多家信托公司公布慈善信托产品，实现破冰之旅，参与首批慈善信托产品筹备的有国投泰康信托、平安信托、中航信托、中诚信托、长安信托、四川信托、兴业信托、华能信托等。2016 年 8 月 31 日，由中诚信托有限责任公司担任受托人的"中诚信托 2016 年度博爱助学慈善信托"正式启航。该慈善信托采取慈善"信托＋基金会（慈善组织）"运作模式，信托本金及收益全部用于捐赠，促进贫困地区教育事业发展。除了中诚信托外，在首批慈善信托产品中，中航信托、国投泰康信托等宣布完成备案的慈善信托也采用了此运作模式。2016 年 9 月 1 日，"国投泰康信托 2016 年国投慈善 1 号慈善信托"和"国投泰康信托 2016 年真爱梦想 1 号教育慈善信托"也顺利签订相关合同，完成所有设立工作。其中，后者同样采取"信托＋基金会（慈善组织）"运作模式，致力于素质教育领域。9 月 5 日，"蓝天至爱 1 号"慈善信托在上海市慈善基金会正式设立，预设筹款规模 1 亿元，首期到位资金 3200 万元，该信托财产及其收益全部用于《慈善法》规定的慈善公益项目，是目前国内规模最大的慈善信托项目。

### 四、《慈善法》破除慈善信托障碍

《慈善法》刚实施生效，多家信托公司就实现了慈善信托破冰发展之势，原因在于《慈善法》的多项规定破除了信托公司从事慈善信托业务的障碍。

一是《慈善法》明确了慈善信托的监管部门为民政部门，解决了《信托法》一直没有解决的公益信托主管机构的问题。《信托法》规定，公益信托从设立到终止整个过程由公益事业管理机关监管，但是一直无法明确该管理机关是哪个机关，导致公益慈善信托因无法找到主管机关而无法设立。《慈善法》明确了民政部门的监管部门地位，避免了相互推诿或者争夺监管权的可能，是对慈善信托的一大利好。当然，民政部门还需要进一步制订慈善信托监管的管辖规则和监管细则，落实法律所确立的原则，使之具有可操作性。

二是《慈善法》确立了慈善信托设立的备案制，极大地便利了慈善信托的开展。根据《信托法》的规定，公益信托的设立采取的是审批制，这为公益信托的设立增加了很大难度，所以，《信托法》颁布实施近 15 年来，落地的、符合《信托法》要求的公益信托数目寥寥，慈善信托一直发展不起来。《慈善法》确立了备案制，同时确立了备案和税收优惠的联动关系（"未按照前款规定将相关文件报民政部门备案的，不享受税收优待"），体现了对行政审批权的削减和对慈善事业的支持，这无疑将对慈善信托的发展起到重要的促进作用。

三是《慈善法》规定慈善信托监察人的任意设立。在《信托法》中，公益信托的监察人为必设机构，当事人设立慈善信托的时候，往往犹豫于如何选择监察人、谁可以充任监察人等问题，拖延了慈善信托的设立，也增加了设立慈善信托的成本。而新出台的《慈善法》规定，"慈善信托的委托人根据需要，可以确定信托监察人"，把是否设置监察人作为委托人改为可以自愿选择的事项，这极大地便利了慈善信托的设立。

《慈善法》是我国创新型社会管理的基本法，对于规范慈善行为、管理慈善组织、促进慈善事业的发展都具有十分重要的意义。对于慈善信托，《慈善法》

明确了慈善信托的备案制度,明确了受托人的范围,明确了受托人、监察人的义务,要求监察人发现受托人违反信托义务或者难以履行职责的,有权以自己的名义向人民法院提起诉讼。这些规定说明了我国发展慈善信托的愿望和决心,将推动中国慈善信托在财富保护和传承方面的应用。

## 第二节 我国慈善信托涉及的税收制度和税收优惠

### 一、我国慈善信托涉及的税收制度

现阶段,我国慈善信托属于信托的一部分,主要涉及的税收制度同信托涉及的税收制度一样。2001年起实施的《信托法》为我国信托制度得以运行提供了法律基础,使我国信托公司回归信托本源业务,逐步迈向规范发展的轨道。2007年,为了加强对信托公司的监督管理,规范信托公司的经营行为,保护信托当事人的合法权益,促进信托业的健康发展,我国颁布了《信托投资公司管理办法》。在信托税收方面,财政部和国家税务总局相继出台了一些税收规范性文件。这些税收规范性文件主要针对证券投资基金和信贷资产证券化业务,涉及文件有:《关于证券投资基金税收问题的通知》(财税〔1998〕55号)、《关于开放式证券投资基金有关税收问题的通知》(财税〔2002〕1222号)、《关于证券投资基金税收政策的通知》(财税〔2004〕78号)、《关于信贷资产证券化有关税收政策问题的通知》(财税〔2006〕5号)、《关于企业所得税若干优惠政策的通知》(财税〔2008〕1号)。这些法律法规也为信托业的发展提供了法律规范与指导。但截至目前,我国仍然没有一套完善的与之配套的信托税收法律法规,并且在每个税种的实体法规中也基本都未涉及信托业务的税务处理。因此,我国税务机关只能用现行的一般性税收法律政策对信托业务活动进行税务监管。

根据我国现行的税收制度,信托当事人在信托设立、存续和终止环节都可能会涉及税务问题,主要可能涉及企业所得税、个人所得税、营业税、增值税、契税、印花税、房产税等税种。

慈善信托的全部流程如图 11-1 所示。

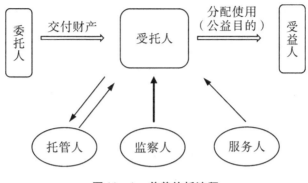

图 11-1 慈善信托流程

## （一）慈善信托设立环节涉及的税收

根据《信托法》第一章第二条的定义，信托是指委托人基于对受托人的信任，将其财产权委托给受托人，由受托人按委托人的意愿以自己的名义，为受益人的利益或者特定目的，进行管理或者处分的行为。在慈善信托设立环节，信托财产所有权发生名义上的转让，并发生纳税义务，委托人应缴纳营业税（"营改增"后缴纳增值税）。若涉及不动产，还需缴纳契税和印花税。涉及的税种具体如下：

（1）营业税。委托人将信托财产——不动产委托给受托人管理，此时，不动产的名义所有权在法律形式上已经发生了移转，委托人必须参照转让不动产的税法规定申报、缴纳营业税。2016年，"营改增"后改为缴纳增值税。

（2）增值税。在信托运作的过程中，特定类型的信托财产（如机器、设备等）的流转会涉及增值税问题。在信托设立环节，当委托人委托给受托人的信托财产属于增值税应税货物时，该项转移按视同销售处理，委托人需要计算增值税销项税额，依率缴纳增值税。

（3）所得税。当委托人是个人时，现阶段可能免征个税。当委托人是法人时，如果信托财产是非货币型资产，那么委托人需要在将信托财产委托给受托人时作视同销售处理，将获得的应税收入并入企业应税所得，按规定缴纳企业所得税。

（4）印花税。在信托设立过程中，委托人与受托人签订信托合同，将信托财产转移，这种信托合同可视为产权转移书据，委托人应缴纳印花税。中国信托业协会在《2014年信托业专题研究报告》中指出，受托人在设立信托时签订的信托合同因在《印花税暂行条例》中无相对应的税目，故暂不缴纳印花税。①

（5）契税。当信托财产是应税不动产时，委托人将应税不动产委托给受

---

① 中国信托业协会：《2014年信托业专题研究报告》，2014年。

人，作为信托财产名义承受人的受托人需要按其市场价格缴纳契税。

（二）慈善信托存续期间涉及的税收

（1）营业税。在信托存续环节，受托人运用、管理信托财产所发生的提供劳务、转让无形资产或者销售不动产等行为，需要按照规定申报、缴纳营业税。2016年，"营改增"后改为缴纳增值税。

（2）增值税。在信托存续环节，受托人为运用信托财产发生的提供增值税应税商品和服务，需要按照规定计算缴纳增值税。

（3）所得税。信托存续期间，所得税纳税义务主要由受托人和受益人承担。在信托业务中，受托人一般应就其自身从事信托经营活动而取得的信托业务报酬收入缴纳企业所得税。但对归属于信托财产的信托收益，是由委托人、受托人还是受益人缴纳（代扣代缴）企业所得税或个人所得税，目前仍未明确规定。

（4）印花税。受托人在其从事信托经营活动中书立、领受各种应税凭证，按规定承担印花税的纳税义务。

（5）契税。在信托存续环节，受托人在运作信托项目过程中购入其他应税不动产时，需要按照规定计算缴纳契税。

（三）慈善信托终止环节涉及的税收

（1）营业税。在信托终止环节，受托人将信托财产归还给受益人。如果信托财产是无形资产或不动产，财产名义所有权在法律形式上发生了移转，视为有偿转让，受托人需要参照转让财产相关税法规定申报、缴纳营业税。2016年，"营改增"后改为缴纳增值税。

（2）增值税。在信托终止环节，受托人将信托财产归还委托人或受益人，此时受托人可能被要求就名义所有权的转移作视同销售处理，并按照规定计算缴纳增值税。

（3）所得税。在信托终止环节，如果信托财产是非货币型资产，那么受托人在向受益人归还信托财产时按视同销售处理，视同销售产生的所得需要缴纳所得税。是由委托人还是由受托人缴纳（代扣代缴）企业所得税或个人所得税，目前仍未明确规定。此外，如果是他益信托，受益人取得信托财产时，还需要按接受捐赠缴纳企业所得税或个人所得税。

（4）印花税。受托人将信托财产交还给受益人，双方分别作为产权转移书据的立据人，依率缴纳印花税。

（5）契税。在信托终止环节，受托人将信托财产——不动产归还给受益人，视同不动产赠予行为，受益人需要就所取得的信托财产缴纳契税。

## 二、我国慈善信托涉及的税收优惠

目前,由于信托税制不健全,使得我国针对慈善信托业务的税收优惠基本上是套用针对公益事业的税收优惠规定。同时,我国尚未出台关于公益事业的专门税收法律制度,套用的税收优惠规定往往散见于各税种的法律法规、部门规章和规范性文件中,包括:①各种不同税种的税法以及它们的暂行条例;②由财政部、国家税务总局、民政部下发的一系列通知。缺乏成体系的慈善信托税收优惠,使得设立慈善信托的积极性不高,慈善信托难以在我国蓬勃发展。

下面根据税种具体阐述在慈善信托运行过程中可能涉及的税收优惠。

### 1. 企业所得税

在慈善信托运行过程中涉及的企业所得税优惠内容如表 11 - 1 所示。

表 11 - 1　在慈善信托运行过程中涉及的企业所得税优惠内容

| 法规来源 | 税收优惠内容 |
| --- | --- |
| 《中华人民共和国企业所得税暂行条例》(中华人民共和国国务院令〔1993〕第 137 号)第六条第二款第四项 | 纳税人用于公益性、救济性的捐赠,在年度应纳税所得额 3% 以内的部分,准予在计算应税所得额时予以扣除 |
| 《国家税务总局关于基金会应税收入问题的通知》(国税发〔1999〕24 号) | 凡是按照国务院颁布的《基金会管理办法》成立的,并按有关规定开展社会公益活动的非营利性基金会,包括促进科学研究的、文化教育事业的、社会福利性和其他公益性事业等基金会,因在金融机构基金存款而取得的利息收入,暂不作为企业所得税的应税收入 |
| 《国家税务总局关于中国福利彩票用作社会福利基金部分的发行收入免征所得税问题的通知》(国税函〔2001〕745 号) | 各级福利彩票发行机构的福利彩票发行收入中用作社会福利基金,并纳入财政预算或预算外资金专户,实行收支两条线管理的部分,暂不征收企业所得税 |
| 《国家税务总局关于外国企业常驻代表机构有关税收管理问题的通知》(国税发〔2003〕28 号) | 外国政府、国际组织、非营利性机构、民间团体等在我国设立的代表机构免税(营业税、企业所得税) |
| 《中华人民共和国企业所得税法》〔2007〕 | 企业发生的公益性捐赠支出,在年度利润总额 12% 以内的部分,准予在计算应纳税所得额时扣除 |

## 2. 个人所得税

在慈善信托运行过程中涉及的个人所得税优惠内容如表 11-2 所示。

表 11-2 在慈善信托运行过程中涉及的个人所得税优惠内容

| 法规来源 | 税收优惠内容 |
| --- | --- |
| 《中华人民共和国个人所得税法》（中华人民共和国主席令 2005 年第 44 号）第四条 | "福利费、抚恤金、救济金"可以免纳个人所得税 |
| 《中华人民共和国个人所得税法》（中华人民共和国主席令 2005 年第 44 号）第六条 | 个人将其所得对教育事业和其他公益事业捐赠的部分，按照国务院有关规定从应纳税所得中扣除 |
| 《中华人民共和国个人所得税法实施条例》（中华人民共和国国务院令 2005 年第 452 号）第二十四条 | 个人将其所得通过中国境内的社会团体、国家机关向教育和其他社会公益事业以及遭受严重自然灾害地区、贫困地区的捐赠，捐赠额未超过纳税义务人申报的应纳税所得额 30% 的部分，可以从其应纳税所得额中扣除 |
| 行政规章和规范性文件 | 个人资助科研机构和高等学校的研发费用，向红十字事业、青少年活动场所、教育事业、福利性老年服务机构的捐赠，以及向中华健康快车基金会、孙冶方经济科学基金会、中华慈善总会、中国法律援助基金会、见义勇为基金会、宋庆龄基金会等做出的捐赠同样可以享受在缴纳个人所得税前全额扣除的待遇 |

## 3. 进口关税和进口环节增值税

在慈善信托运行过程中涉及的进口关税和进口环节增值税的优惠内容如表 11-3 所示。

表 11-3 在慈善信托运行过程中涉及的进口关税和进口环节增值税优惠内容

| 法规来源 | 税收优惠内容 |
| --- | --- |
| 财政部、海关总署、国家税务总局发布的《慈善捐赠物资免征进口税收暂行办法》（财税〔2015〕102 号）第二条 | 对境外捐赠人无偿向受赠人捐赠的直接用于慈善事业的物资，免征进口关税和进口环节增值税 |

### 4. 增值税、营业税

在慈善信托运行过程中涉及的增值税、营业税的优惠内容如表 11-4 所示。

表 11-4 在慈善信托运行过程中涉及的增值税、营业税优惠内容

| 法规来源 | 税收优惠内容 |
| --- | --- |
| 《中华人民共和国营业税暂行条例》（中华人民共和国国务院令 2008 年第 540 号） | 对社会公益机构提供的有关应税劳务，给予减、免税 |
| "营改增"相关法规 | 平移原营业税的减、免税优惠 |

另外，在印花税、契税、房产税和城镇土地使用税这 4 个方面，税法中存在一些具有公益性质的规定，这些规定充分证明我国应在这 4 项税法中给予慈善信托一定的税收优惠，有关这 4 项税收的慈善信托税收优惠亟待出台。

### 5. 印花税

在慈善信托运行过程中涉及的印花税的优惠内容如表 11-5 所示。

表 11-5 在慈善信托运行过程中涉及的印花税优惠内容

| 法规来源 | 税收优惠内容 |
| --- | --- |
| 《中华人民共和国印花税暂行条例》（1988 年 8 月 6 日中华人民共和国国务院令第 11 号发布，根据 2011 年 1 月 8 日《国务院关于废止和修改部分行政法规的决定》修订） | 财产所有人将财产赠送给政府、社会福利单位、学校所立的书据免征印花税 |

### 6. 契税

在慈善信托运行过程中涉及的契税的优惠内容如表 11-6 所示。

表 11-6 在慈善信托运行过程中涉及的契税优惠内容

| 法规来源 | 税收优惠内容 |
| --- | --- |
| 《中华人民共和国契税暂行条例》（国务院令第 224 号，1997 年）第六条 | 国家机关、事业单位、社会团体、军事单位承受土地、房屋用于办公、教学、医疗、科研和军事设施的，免征契税 |

### 7. 房产税

在慈善信托运行过程中涉及的房产税的优惠内容如表 11-7 所示。

表 11-7 在慈善信托运行过程中涉及的房产税优惠内容

| 法规来源 | 税收优惠内容 |
| --- | --- |
| 《中华人民共和国房产税暂行条例》（国发〔1986〕90号） | "国家机关、人民团体、军队自用的房产"，"宗教寺庙、公园、名胜古迹自用的房产"免征房产税 |

### 8. 城镇土地使用税

在慈善信托运行过程中涉及的城镇土地使用税的优惠内容如表 11-8 所示。

表 11-8 在慈善信托运行过程中涉及的城镇土地使用税优惠内容

| 法规来源 | 税收优惠内容 |
| --- | --- |
| 《中华人民共和国城镇土地使用税暂行条例》（国务院令〔1988〕第17号） | "国家机关、人民团体、军队自用的土地"，"宗教寺庙、公园、名胜古迹自用的土地"，免缴城镇土地使用税 |

## 第三节 我国慈善信托税收问卷调查报告

### 一、调查背景及目的

《信托法》实施以来，我国信托业得到了突飞猛进的发展，慈善信托日益成为慈善事业的另一种重要的发展模式。税收问题在信托制度中有举足轻重的地位，也是影响慈善信托发展的重要因素。笔者受民政部委托，主持了2016年度慈善事业创新和发展理论研究部级课题"慈善信托的税收优惠研究"，本研究正是在该课题研究的基础上，通过对个人和企业在信托业务过程中遇到的税收情况进行问卷调查，分析调查结果，并提出有利于减轻慈善信托税收负担的建议。

## 二、问卷设计

**1. 调查对象**

本次问卷调查,根据随机抽样的原则,选取了信托企业或作为受托人的企业、从事过信托行业或者对信托有所了解的个人作为调查对象。问卷通过"问卷星"(https://sojump.com/jq/9125880.aspx)发布并收集数据70份,通过广州市社会组织联合会、广州市慈善组织社会监督委员会等机构下发纸质问卷110份。其中收回有效样本共92份,样本构成情况见表11-9。

表11-9 样本的描述性统计($N=46$)

| 类别 | | 样本数 | 百分比(%) | 累计百分比(%) |
|---|---|---|---|---|
| 身份 | 个人 | 80 | 87 | 87 |
| | 企业 | 12 | 13 | 13 |
| 性别 | 男 | 46 | 58.33 | 58.33 |
| | 女 | 34 | 41.67 | 41.67 |

在调查样本中,从在信托业务中的身份上来看,个人多于企业,占了87%。

**2. 调查方法**

本次调查以问卷调查为主,调查问卷在查阅相关文献并进行专家访谈后编写而成。

## 三、分析方法简介

本研究主要采用逻辑分析法。在对信托税收负担进行研究的过程中,运用归纳和演绎、分析与综合以及抽象与概括等方法,对收集的数据进行加工,进行逻辑分析和深入研究,使问卷调查结果更加清晰明了。

## 四、结果分析

**(一)信托税制总体执行情况尚可,不确定成分多**

根据我国现行的税收制度,信托当事人在信托设立环节、存续环节和终止环节都可能会涉及税务问题,主要可能涉及企业所得税、个人所得税、营业税、增值税、契税、印花税、房产税等税种。在问卷中,笔者对信托业务不同环节纳税的实际情况进行了调查,结果发现,总体执行情况尚可,但在个别环节的个别税目中也存在漏洞。另外,有相当一部分的人对信托税收制度不是很了解。

1. 信托设立环节

根据问卷调查,人们对信托业务设立环节纳税意见的实际情况如表 11-10 所示。

表 11-10 根据信托业务设立环节纳税的实际情况的问卷调查选择结果

| 题项 | 非常不同意 | 不同意 | 不确定 | 同意 | 非常同意 |
| --- | --- | --- | --- | --- | --- |
| 在信托设立环节,委托人将信托财产委托给受托人管理时,必须参照转让财产的税法规定申报、缴纳增值税/营业税 | 0 (0%) | 36 (39.13%) | 20 (21.74%) | 32 (34.78%) | 4 (4.35%) |
| 当委托人是法人时,如果信托财产是非货币型资产,那么委托人需要在将信托财产委托给受托人时作视同销售处理,将获得的应税收入并入企业应税所得,按规定缴纳企业所得税 | 8 (8.33%) | 28 (30.43%) | 16 (17.39%) | 36 (39.13%) | 4 (4.35%) |
| 在信托设立过程中,委托人与受托人签订信托合同,将信托财产转移,这种信托合同可视为产权转移书据,委托人应缴纳印花税 | 4 (4.35%) | 4 (4.35%) | 36 (39.13%) | 44 (47.83%) | 4 (4.35%) |
| 当信托财产是应税不动产时,委托人将应税不动产委托给受托人,作为信托财产名义承受人的受托人需要按其市场价格缴纳契税 | 4 (4.35%) | 24 (26.09%) | 32 (34.78%) | 24 (26.09%) | 8 (8.70%) |
| 平均 | 4.35% | 25.00% | 28.26% | 36.96% | 5.43% |

由表 11-10 可见,在信托设立环节,除了印花税外,对于流转税的规定

"不同意"比例和"非常不同意"的比例接近40%；对于契税的规定这两项比例合计也超过了30%，并且有相当比例（平均28.26%）的受访对象选择了"不确定"。可见，相当一部分人对信托设立环节的具体税收制度不是十分了解，了解的则大部分反对在这一环节征收流转税和契税。

2. 信托存续环节

根据问卷调查，人们对信托业务存续环节纳税意见的实际情况如表11-11所示。

表11-11 根据信托业务存续环节纳税的实际情况的问卷调查选择结果

| 题项 | 非常不同意 | 不同意 | 不确定 | 同意 | 非常同意 |
| --- | --- | --- | --- | --- | --- |
| 在信托存续环节，受托人运用、管理信托财产所发生的销售商品、提供劳务、转让无形资产或者销售不动产等行为，需要按照规定申报、缴纳增值税/营业税 | 4 (4.35%) | 0 (0%) | 28 (30.43%) | 56 (60.87%) | 4 (4.35%) |
| 在信托业务中，受托人一般应就其自身从事信托经营活动而取得的信托业务报酬收入缴纳企业所得税 | 0 (0%) | 4 (4.35%) | 24 (26.09%) | 56 (60.87%) | 8 (8.33%) |
| 受托人在其从事信托经营活动中书立、领受各种应税凭证，按规定承担印花税的纳税义务 | 0 (0%) | 0 (0%) | 28 (30.43%) | 60 (65.22%) | 4 (4.35%) |
| 在信托存续环节，受托人在运作信托项目过程中购入其他应税不动产时，需要按照规定计算缴纳契税 | 4 (4.35%) | 8 (8.33%) | 16 (17.39%) | 60 (65.22%) | 4 (4.35%) |
| 平均 | 2.17% | 3.26% | 26.09% | 63.04% | 5.43% |

相对于信托设立环节和信托终止环节，受访对象对信托存续环节所涉及的税种认可度较高，接近70%的受访对象"同意"或"非常同意"对在信托存续环节的行为或所得应该缴纳相应的流转税、所得税、契税和印花税，使得其与其他

的市场经营行为在相同税负下公平竞争。但仍有平均 26.09% 的受访对象对信托存续环节的各项税收情况持"不确定"态度,即不了解或者持中立态度。

### 3. 信托终止环节

根据问卷调查,人们对信托业务终止环节纳税意见的实际情况如表 11 - 12 所示。

表 11 - 12　根据信托业务终止环节纳税的实际情况的问卷调查选择结果

| 题项 | 非常不同意 | 不同意 | 不确定 | 同意 | 非常同意 |
| --- | --- | --- | --- | --- | --- |
| 在信托终止环节,受托人将信托财产归还给委托人或受益人,受托人需参照视同销售的相关税法规定,申报、缴纳增值税/营业税 | 0<br>(0%) | 24<br>(26.09%) | 24<br>(26.09%) | 36<br>(39.13%) | 8<br>(8.70%) |
| 在信托终止环节,如果信托财产是非货币型资产,那么受托人在向受益人归还信托财产时按视同销售处理,视同销售产生的所得需要缴纳所得税 | 0<br>(0%) | 16<br>(17.39%) | 40<br>(43.48%) | 32<br>(34.78%) | 4<br>(4.35%) |
| 受托人将信托财产交还给受益人,双方分别作为产权转移书据的立据人,依率缴纳印花税 | 4<br>(4.35%) | 8<br>(8.70%) | 16<br>(17.39%) | 60<br>(65.22%) | 4<br>(4.35%) |
| 在信托终止环节,受托人将信托财产(如不动产)归还给受益人,视同不动产赠与行为,受益人需要就所取得的信托财产缴纳契税 | 4<br>(4.35%) | 16<br>(17.39%) | 36<br>(39.13%) | 28<br>(30.43%) | 8<br>(8.70%) |
| 平均 | 2.17% | 17.39% | 31.52% | 42.39% | 6.52% |

受访人对信托终止环节所涉及的税种认可度介于信托设立环节和信托存续环节之间。48% 的受访对象"同意"或"非常同意"对在信托终止环节归还信托财产应该缴纳相应的流转税,但各有 26.09% 的受访对象表示"不同意"或者"不确定";如果信托财产是非货币型资产,那么受托人在向受益人归还信托财

产时按视同销售处理，只有39%的受访对象"同意"或"非常同意"对视同销售的所得要缴纳所得税，分别有43%和17%的受访对象表示"不确定"和"不同意"；受托人将信托财产交还给受益人，70%的受访对象"同意"或"非常同意"对双方分别作为产权转移书据的立据人，依率缴纳印花税，另有17%的受访对象表示不确定；受托人将信托不动产归还给受益人，只有39%的受访对象"同意"或"非常同意"受益人需要就所取得的信托财产缴纳契税，另有39%的受访对象表示"不确定"，共有22%的受访对象表示"不同意"或"非常不同意"。

### （二）信托税收制度不甚合理，信托税收负担总体较重

针对信托3个环节税负问题的调研结果（如表11-13所示），有56名（60.87%）受访对象认为信托税制中存在严重的重复征税问题，而认为不确定的有32名（34.78%），只有4名（4.35%）调查对象选择了"非常不同意"。

表11-13　关于"信托税制中存在严重的重复征税问题"问题的选择结果

| 选项 | 频数 | 百分比（%） | 有效百分比（%） |
| --- | --- | --- | --- |
| 非常不同意 | 4 | 4.17 | 4.35 |
| 不同意 | 0 | 0 | 0 |
| 不确定 | 32 | 33.33 | 34.78 |
| 同意 | 56 | 58.33 | 60.87 |
| 非常同意 | 0 | 0 | 0 |

关于"信托税收征管存在漏洞，导致税收流失"的问题，约45.84%的受访对象选择了"同意"或"非常同意"，25%的受访对象选择"不确定"，只有约25%的受访对象选择了"不同意"或"非常不同意"。可见在信托税收实务中，近一半受访对象认为征管存在漏洞，导致税收流失。如表11-14所示。

表11-14　关于"信托税收征管存在漏洞，导致税收流失"问题的选择结果

| 选项 | 频数 | 百分比（%） | 有效百分比（%） |
| --- | --- | --- | --- |
| 非常不同意 | 4 | 4.17 | 4.35 |
| 不同意 | 20 | 20.83 | 21.74 |

续表 11-14

| 选项 | 频数 | 百分比（%） | 有效百分比（%） |
|---|---|---|---|
| 不确定 | 24 | 25 | 26.09 |
| 同意 | 40 | 41.67 | 43.48 |
| 非常同意 | 4 | 4.17 | 4.35 |

如表 11-15 所示，人们普遍认为信托业务税负过重。有 52 个受访对象"同意"、4 个受访对象"非常同意"（共计约 58% 的受访对象）"相比其他业务，信托业务税负过重"。

表 11-15　关于"相比其他业务，信托业务税负过重"问题的选择结果

| 选项 | 频数 | 百分比（%） | 有效百分比（%） |
|---|---|---|---|
| 非常不同意 | 4 | 4.17 | 4.35 |
| 不同意 | 12 | 12.5 | 13.04 |
| 不确定 | 20 | 20.83 | 21.74 |
| 同意 | 52 | 54.17 | 56.52 |
| 非常同意 | 4 | 4.17 | 4.35 |

就企业而言，如表 11-16 所示，关于"企业信托业务中存在的突出问题（最严重的一个）"，78% 的企业选择了"税收负担较重"这一项。

表 11-16　关于"企业信托业务中存在的突出问题（选择最严重的一个）"问题的选择结果

| 选项 | 频数 | 百分比（%） | 有效百分比（%） |
|---|---|---|---|
| 税收负担较重 | 72 | 78 | 78 |
| 融资困难 | 1 | 1 | 1 |
| 员工和管理人员素质不高 | 1 | 1 | 0 |
| 市场开拓比较困难 | 2 | 2 | 0 |
| 各种行政收费较重 | 16 | 18 | 33.33 |

从调查表统计的结果来看（如表 11-17、表 11-18 所示），企业信托业务

税收负担率（纳税额/总收入）约为20%～50%，处于较高的水平。个人信托业务税收负担率则相对要轻一些，总体在20%左右。具体到税种而言，在企业信托业务中，企业所得税税负最重，其次是增值税。在个人信托业务中，则是个人所得税和增值税税负最重。

表11-17 关于"企业信托业务税负最重的税目"问题的选择结果

| 选项 | 频数 | 百分比（%） | 有效百分比（%） |
| --- | --- | --- | --- |
| 企业所得税 | 36 | 39 | 39 |
| 个人所得税 | 0 | 0 | 0 |
| 增值税 | 16 | 17 | 18 |
| 营业税 | 8 | 9 | 9 |
| 契税 | 8 | 9 | 9 |
| 印花税 | 8 | 9 | 9 |
| 城镇土地使用税 | 8 | 9 | 9 |
| 关税 | 8 | 9 | 9 |

表11-18 关于"个人信托业务税负最重的税目"问题的选择结果

| 选项 | 频数 | 百分比（%） | 有效百分比（%） |
| --- | --- | --- | --- |
| 企业所得税 | 0 | 0 | 0 |
| 个人所得税 | 60 | 65 | 65 |
| 增值税 | 28 | 30 | 30 |
| 营业税 | 0 | 0 | 0 |
| 契税 | 0 | 0 | 0 |
| 印花税 | 4 | 5 | 5 |
| 城镇土地使用税 | 0 | 0 | 0 |
| 关税 | 0 | 0 | 0 |

## (三) 慈善信托,税收优惠较少且不到位

### 1. 慈善信托市场初步发展,人们了解较少

由表 11-19 可见,67% 的受访对象认为,企业对慈善信托的了解很少,相关方面的业务很少。而对于企业对慈善信托的兴趣以及信托市场上对慈善信托的需求,分别有 41.67% 和 33.33% 的受访对象持"不确定"态度。另外,46% 的受访对象认为,企业对于慈善信托兴趣不大,这方面的业务很少;42% 的受访对象认为,在信托市场上,慈善信托并不普遍,需求量很小。

表 11-19 关于企业与慈善信托关系问题的选择结果

| 题项 | 非常不同意 | 不同意 | 不确定 | 同意 | 非常同意 |
| --- | --- | --- | --- | --- | --- |
| 企业很少涉及慈善信托的业务,对此了解很少 | 0 (0%) | 16 (16.67%) | 12 (13.04%) | 48 (50%) | 16 (16.67%) |
| 企业对于慈善信托兴趣不大,这方面的业务很少 | 0 (0%) | 5 (4.35%) | 41 (41.67%) | 41 (41.67) | 5 (4.35%) |
| 信托市场上,慈善信托并不普遍,需求量很小 | 0 (0%) | 20 (21.74%) | 32 (33.33%) | 36 (37.5%) | 4 (4.35%) |

### 2. 慈善信托税收优惠较少,政策不完善

由表 11-20 可见,83% 的受访对象认为,慈善信托税收优惠的相关政策过少且不完善;70% 的受访对象认为,慈善信托税收优惠无法起到较好的激励作用;57% 的受访对象认为,慈善信托很少在流转税方面减免税收,39% 受访对象对此不了解;74% 的受访对象认为,应当完善慈善信托税法对于印花税、契税、房产税和城镇土地使用税等的税收优惠;而对于 2016 年 3 月颁布的《慈善法》中关于慈善信托条目的出台是否能给慈善信托市场带来激励作用,约 50% 的受访对象持悲观态度,认为《慈善法》的出台没有提高慈善信托市场的需求量,有约 36% 的受访对象持"不确定"态度,只有约 14% 的受访对象认为确实起到了激励作用。

表 11-20　关于慈善信托税收优惠政策制定问题的选择结果

| 题项 | 非常不同意 | 不同意 | 不确定 | 同意 | 非常同意 |
|---|---|---|---|---|---|
| 慈善信托的优惠政策过少并且不完善 | 0 (0%) | 4 (4.35%) | 12 (13.04%) | 56 (60.87%) | 20 (21.74%) |
| 慈善信托税收优惠的激励作用过小 | 0 (0%) | 8 (8.70%) | 20 (21.74%) | 48 (52.17%) | 16 (18.18%) |
| 慈善信托很少在流转税方面减免税收 | 0 (0%) | 4 (4.35%) | 36 (39.13%) | 48 (52.17%) | 4 (4.35%) |
| 应当完善慈善信托税法对于印花税、契税、房产税和城镇土地使用税等税收的优惠 | 4 (4.35%) | 8 (8.70%) | 12 (13.04%) | 60 (65.22%) | 8 (8.70%) |
| 《慈善法》中关于慈善信托条目的出台，并未给慈善信托市场带来更多的需求量，或起到激励作用 | 0 (0%) | 13 (14%) | 33 (36%) | 29 (31.5%) | 17 (18.5%) |

### 3. 慈善信托税收优惠政策落实不到位

当前我国税法体系中没有关于公益事业的专门税收法律制度，我国慈善信托业务的税收优惠基本上套用公益事业的税收优惠规定，散见于各税种的法律法规、部门规章和规范性文件中。对于各项税收优惠政策的落实情况，不甚乐观。由表 11-21 可见，一方面是优惠资格难申请，需要经过许多复杂的手续，优惠政策难以实现，导致企业不得不放弃优惠；另一方面是具体的优惠政策落实不到位，比如，关于企业公益性捐赠支出税前扣除的优惠政策，约 43% 的调查对象认为在慈善信托中没有落实，关于个人公益性捐赠支出税前扣除的优惠政策，约 56% 的调查对象认为在慈善信托中没有落实。

表 11-21　关于慈善信托税收优惠政策落实问题的选择结果

| 题项 | 非常不同意 | 不同意 | 不确定 | 同意 | 非常同意 |
|---|---|---|---|---|---|
| 慈善信托的税收优惠资格很难申请 | 0 (0%) | 4 (4.35%) | 28 (30.43%) | 44 (47.83%) | 16 (17.39%) |

续表 11-21

| 题项 | 非常不同意 | 不同意 | 不确定 | 同意 | 非常同意 |
|---|---|---|---|---|---|
| "企业发生的公益性捐赠支出，在年度利润总额12%以内的部分，准予在计算应纳税所得额时扣除"在慈善信托中不能落实 | 0 (0%) | 24 (26.09%) | 28 (30.43%) | 32 (34.78%) | 8 (8.70%) |
| "个人捐赠额未超过纳税义务人申报的应纳税所得额30%的部分，可以从其应纳税所得额中扣除"税法规定的减免需要更多条件才能实现 | 0 (0%) | 4 (4.35%) | 36 (37.5%) | 44 (47.83%) | 8 (8.70%) |
| 税收优惠政策的申请需要通过许多复杂的手续 | 4 (4.35%) | 13 (14%) | 21 (23%) | 45 (49%) | 9 (9.75%) |
| 许多企业由于优惠政策难以实现，不得不放弃优惠 | 0 (0%) | 4 (4.35%) | 24 (26.09%) | 44 (47.83%) | 20 (21.74%) |

根据问卷调查的结果可以看出，对于信托各环节涉及的多项税收，一方面，人们对各税目存在许多不确定性；另一方面，人们认为税收制度相对不合理，整体税收负担过高。对于慈善信托，缺乏一套相关的专门税收法律制度，税收优惠较少且落实不到位。

基于存在的问题，笔者认为：首先，应完善信托税制，降低税收负担；其次，明确信托过程中不同环节各个主体的税收责任，合理调整税收规定，避免重复征税，减轻信托税收负担；最后，建立专门的关于慈善信托税收优惠的法律制度，为慈善信托提供切实有效的税收优惠，起到激励作用。

## 第四节 DG 信托有限公司案例分析

一、公司概况

DG 信托有限公司于 20 世纪 80 年代由"DG 市财务发展公司"更名后成立。2000 年后，公司进行了增资改制工作，由原来由市财政局独资经营的国有独资公司改组为有限责任公司,并在工商行政管理局办理了公司变更登记,更名为"DG 信托投资有限公司"。后获得所在省银监局换发的"中华人民共和国金融许可证",在市工商行政管理局办理公司名称、业务范围的变更登记,正式更名为"DG 信托有限公司"(简称为"DG 信托")。

企业信托业务的主要客户群体以个人户为主,主要是 DG 市的中小企业主与公务员。DG 信托自有资产接近 40 亿元,主要投资于证券市场与其他产业。信托资产超过 450 亿元,主要投资于实业、基础产业以及其他产业。其中,交易性金融资产余额 120 亿元,发放贷款约 160 亿元,其他资产约 110 亿元。研究年度营业收入超过 8 亿元,其中主要来源于证券交易手续费及佣金收入,超过 6 亿元。研究年度净利润接近 5 亿元,公司运营状况良好。研究年度信托项目营业收入约 50 亿元,其中投资收益超过 30 亿元,净收益超过 40 亿元。

## 二、公司信托业务纳税情况

公司对信托资金与自有资金进行分离管理,不并账,因此对于自有资金的纳税,DG 信托按照公司正常税务规范进行纳税。由于国家税务机关对于契约型信托,包括信托计划、银行理财产品、基金证券的集合资产管理计划(简称为"资管计划")等,都没有相应的税务制度规范与明确的指引,因此,DG 信托对于契约型信托纳税管理仍存在困惑。

### 1. 公司信托业务各环节纳税情况

从信托业务纳税不同环节来看,在设计环节,DG 信托在设计产品时会分析其涉税问题,科学考虑财产信托的可行性,基本不会设计涉及营业税或增值税的财产信托。DG 信托没有信托财产是非货币性资产的信托产品,因此不涉及非货币性资产转移视同销售的企业所得税问题。DG 信托本身财产信托只有 5 亿元左右,占信托业务比例较小,主要是污水收费权,没有涉及产权转让,因此不涉及印花税或契税。

在存续环节,DG 信托的信托业务只涉及借贷信托资金时产生一定的印花税,其他税种不涉及。当涉及借贷时,用款方或融资方需要支付一定费用,包括信托佣金、利息,可能还需要支付银行托管费等。对于佣金收入,DG 信托按照规定缴纳营业税等。

在终止环节,DG 信托通常将信托资产收益返还给委托人,由于信托公司、银行、基金公司都没有代扣代缴的义务,因此不涉及相关税种。其信托业务所得则依法缴纳企业所得税。

### 2. 公司信托业务各税种纳税情况及"营改增"变化

具体到各个税种，在"营改增"之前，DG 信托主要缴纳营业税，具体向其主管税务机关缴纳。而"营改增"之后，DG 信托改缴增值税，税务处理方式发生变化。具体而言，根据《销售服务、无形资产、不动产注释》（财税〔2016〕36 号）第一条第五款第一项规定，金融商品持有期间（含到期）利息（保本收益、报酬、资金占用费、补偿金等）收入按照贷款服务缴纳增值税。依此规定，单位和个人投资固定收益类理财产品取得的收益和持有理财产品期间（含到期）收益应缴纳增值税。该文第一条第五款第四项规定，其他金融商品转让包括基金、信托、理财产品等各类资产管理产品和各种金融衍生品的转让。将信托和理财产品纳入其他金融商品的征税范围。

关于理财产品的相关票据处理如下所述。举例来说，某银行向某信托购买一项理财产品 500 万元，3 个月后，到期收回 20 万元的利息及 500 万元本金。如果认定是贷款服务，则在购买时，信托只需开具一张 500 万元的收据；到期回收时，银行需开具一张 20 万元的增值税普通发票和一张 500 万元的收据给信托公司。如果认定是金融商品转让，则在购买时，信托需开具一张 500 万元的增值税普通发票给银行；到期回收时，银行需开具一张 520 万元的增值税普通发票给信托。

关于购买理财产品涉及的会计处理如下所述。举例来说，某银行购买某信托发行的 3 个月期理财产品 500 万元（保底 6%、不可转让），到期收到本金和理财收益共 512 万元。银行将做出以下会计处理。购买理财产品时：

借：拆出资金　　　　　　　　　　　　500 万元
　贷：存放同业　　　　　　　　　　　　500 万元

收回本金和利息收入时：

借：存放同业　　　　　　　　　　　　512 万元
　贷：拆出资金　　　　　　　　　　　　500 万元
　　利息收入　　　　　　　　　　　　11.32 万元
　　应交税费——增值税（销项税）　　0.68 万元

其中，所有保底利润与利息方式都作为贷款服务征收 6% 的增值税。由于利息收入总共是 12 万元，因此，实际上收到的利息收入是：12 万元/1.06 = 11.32 万元。

如果是信托公司购买银行发行的 3 个月期理财产品 1000 万元（不保本、不保息），2 个月后在银行提供的平台转让，收到本金和理财收益共 1092 万元，涉及会计处理如下。购买理财产品时：

借：以公允价值量的金融资产　　　　　　　1000 万元
　　贷：存放同业　　　　　　　　　　　　　1000 万元
收回本金和收益时：
借：存放同业　　　　　　　　　　　　　　1092 万元
　　贷：以公允价值量的金融资产　　　　　　1000 万元
　　　　投资收益——金融商品转让　　　　　86.79 万元
　　　　应交税费——增值税（销项税）　　　5.21 万元

其中，金融商品转让收入减去成本差额征收增值税，应纳税款为：92 万元/1.06×6% = 5.21 万元。

"营改增"后，税法要求收益部分都要开增值税专用发票，计算销项。但由于个人高净值投资者又不能去税务局申请代开增值税专用发票，造成了无进项可抵扣，使得信托公司加重了增值税负担。在实际管理中，公益信托往往归为事务类信托，增值部分的收益是否可以减免，在税收管理的实践中并未明确，"营改增"后将造成慈善信托的税负加重。

除营业税与增值税外，借贷信托业务需要缴纳印花税，税额通常是借款的5‰。对于委托人的收益，最终由委托人自主申报个人所得税或企业所得税，机构可能报税比较到位，个税则容易造成流失。总体而言，DG 信托公司信托业务税收负担率在 20%～50% 区间内变动，DG 信托反映企业信托业务税负较重的税目为印花税。

## 三、公司支持慈善事业发展

DG 信托长期以来关注社会慈善事业发展，支持对口帮扶的镇区发展经济，提高资金运作效益，为村优质项目、基础设施建设项目提供补助，对旧厂房项目升级改造资金筹措等方面给予支持。同时，与 DG 市慈善会设立"DG 市慈善会DG 信托慈善基金"，帮助贫困儿童解决读书与生活实际困难，近两年来共捐款80 万元。

除此之外，DG 信托有类似于慈善信托的业务运作，即为某些慈善机构提供非常低的佣金收费。比如，慈善机构将资金放入 DG 信托做资产管理，保值增值，DG 信托对此的收费会适当优惠。为该市民政局所设立的医疗基金、见义勇为基金等做信托，佣金收费只有千分之几，远低于市场水平。

由于在《慈善法》出台之前，慈善信托领域政策不清，存在较多障碍，因此 DG 信托并未涉及慈善信托的业务。一直以来，DG 信托采用捐款方式支持慈善事业发展，并享受一定的税收优惠，即公司捐款到指定慈善机构，获得相应凭证，可以在公司当年利润总额的12%以内享受企业所得税税前抵扣。但是，"营改增"后，税法要求收益部分都要开增值税专用发票，计算销项，而慈善受益方也无法给信托公司开具专用发票。虽然在目前实际税务管理中，税务机关对这一政策是暂缓执行的，且收益部分可以自行申报，一旦依法管税，税负将大幅上升，存在很大的税收风险。

### 四、对信托业务税收与慈善信托税收优惠的建议

对于信托业务的纳税问题，DG信托负责人强调该公司有很强的依法纳税意识，对于应纳税款一定会依法缴纳。然而，该公司税务管理的现状不是不愿意缴税，而是不知道如何进行缴税。因此，DG信托负责人提出几点看法：首先，相比其他业务，信托业务税负过重，尤其是"营改增"后，公司运营的主要成本——人力成本无法税前抵扣；其次，当前信托税收政策并不完善，《信托法》缺乏具体的规范和细则，虽然《慈善法》出台了，但对于慈善信托的税收优惠仍没有明确的规定；最后，信托税制征管存在漏洞，希望国家如果确定要对信托产品征税，应该也要对同类型的其他产品如银行理财产品、基金证券的资管计划等同时征税，营造公平竞争的环境。

对于慈善信托，DG信托负责人也提出了困惑与意见。首先，如果委托人将慈善款物委托给信托公司，信托公司是否也可以开具类似于慈善捐赠的凭据，使委托人可以享有税收抵扣的优惠？如果可以的话，信托公司应该具备怎样的条件或经过怎样的程序，才可以获得这样的慈善信托凭证开具权？对于这一"慈善信托"条件的认证，税务机关与民政机关需要同步，即在民政机关备案后，税务机关也要认可。如果这一政策实施，对于慈善信托委托人而言，也可以有12%的税收抵扣，这将会大大鼓励慈善信托的设立。其次，"营改增"后，慈善信托的税收没有明确优惠，加上慈善受益方无法给信托公司开具专用发票，信托公司税收负担加重，将阻碍慈善信托的发展。为促进慈善信托发展，建议尽快出台有关增值税优惠政策。最后，由于股权、债券可能作为慈善信托的标的，在股权、债券转让过程中，本身的产权应该如何认定？税收如何管理？这一点希望税务机关可以出台相关细则，对慈善信托的运营进行指导。

## 第五节　我国信托税收存在的问题及国外借鉴

### 一、我国信托税收中存在的问题

综合问卷调查的结果和对 DG 信托有限公司案例的分析，由于我国没有单独的信托税收制度，没有对信托课税问题做出明确规定，在每个税种的实体法规中也基本都未涉及信托业务的税务处理，因此，我国税务机关只能用现行的一般性税收法律政策对信托业务活动进行税务监管，并未考虑信托本身在法律关系上的特殊性和在实践中具体应用的合理性。我国现行信托课税中存在的一系列问题，主要可以概括为立法与征税两个方面。

#### （一）立法方面

立法方面的主要问题归纳为以下 3 类：

第一是慈善信托税收制度混乱。由于我国尚未出台专门针对慈善信托行业的税收法规，征税过程中的法律依据多散见于各行政部门的规范性文件中，立法层级低。由于缺乏完整的纳税体系，有些行为很难找到适用的规定；有些规定彼此之间存在交错甚至矛盾，这就给征税造成了极大的困难，使得纳税人往往无所适从。

第二是慈善信托税收的激励程度低。目前，慈善信托征税过程中的优惠多是依据其他公益行业的税收优惠来执行，尚未形成独属于自己的一套优惠体系。税收优惠制度也往往散见于不同类别的税法和行政部门的规范性文件中，不仅优惠条款少、力度小，纳税人也往往难以找到适用于自己的条款，从而错失享受税收优惠的机会。另外，申请税收优惠资格需要经过一系列复杂的步骤，也存在许多申请不成功的例子，这使得一些慈善信托不得不放弃申请。总之，慈善信托税收的激励程度低将会导致许多有心于慈善信托的纳税人选择放弃，不利于整个慈善信托行业的发展。

第三是信托财产制度与税收制度有内在冲突。其根源在于双重所有权原则与"一物一权"原则的冲突。中国现行税制沿用传统的民商法、物权法理论，以"一物一权"为规范基础，但在信托业务中存在所有权二元化的问题，信托财产的"名义所有权"一般由受托人享有，"实质所有权"由受益人享有。到目前为止，中国信托税收政策实行与其他经济业务相同的税收政策，尚未明确信托财产"形式转让"是否享有免税资格，从而导致了重复征税的问题。

## (二) 征税方面

征税方面存在以下 3 个问题：

第一是重复征税。重复征税是当前信托课税面临的最突出问题，具体表现在两个方面：一是在信托设立阶段信托财产所有权名义转让产生的纳税义务（营业税、印花税和契税等），与在信托终止时信托财产真实转移所产生的纳税义务相重复；二是在信托存续期间，信托受益产生的纳税义务（所得税和流转税等）与信托终止时受益人收到信托利益后产生的税负相重复。这种现象必将阻碍信托业和专业分工的发展，也是对受益人的一种不公平对待。而且，以信托财产作为税收法律主体本身就不符合法理要求和现行税法的规定。

第二是征管漏洞。从我国的实践来看，税收流失主要发生在信托存续环节。在信托存续环节，受托人需要对信托财产进行管理和交易以取得收益，这就可能发生所得税、流转税、土地增值税、房产税、印花税等应税事项。但由于信托制度的特殊设计，一些税种在适用于信托业务时可能出现不同程度的实体障碍或程序问题，最终可能会导致国家税收流失。同时，信托税收体系的不完全也会导致税收征管不力、监管力度低，从而发生偷税漏税。

第三是税收征管水平不高，票据使用比较混乱。《中华人民共和国税收征收管理法》并未规定慈善事业主管部门对其许可慈善信托设立的情况与税务机关共享信息，慈善信托的受托人在经营活动中没有统一使用税务部门的票据，多使用的是财政部门的票据，使得税务部门无法掌握其经营状况，加大了税务机关全面监管慈善信托经营活动的难度。

## 二、国外慈善信托税收制度的借鉴

### (一) 美国的慈善信托税收制度

"从美利坚开国伊始，公益就是这个伟大国家的核心价值观。"[①] 现在的美国更是如此。在美国，投身于慈善信托事业的主要是各类非营利性组织，为了激励它们，美国政府往往给予它们免税的资格。非营利性组织在美国常常被称作"免税组织"，这充分说明了美国对于慈善事业的重视程度。

然而，过于优惠的税收激励必然会带来大量伪慈善的萌生，为了有效解决这个问题，美国同样相当重视慈善组织的认定。根据美国《国内税收法典》，慈善

---

① 资中筠：《财富的归宿：美国现代公益基金会评述》，上海人民出版社 2006 年版，扉页。

组织在设立时，除了必须以慈善为目的以外，国内税务局还必须对组织的性质进行检验。组织创设时提交的文件主要有两种：当组织选择以法人形式设立时，此时该文件就是法人章程或证书；当该组织选择以慈善信托的形式来开展慈善活动时，该文件则是信托协议。① 这样严苛的认定过程，很大程度上保证了慈善组织的真实性。

美国对于慈善信托税收优惠的政策常见于联邦税法，高层面的税法保障了税收优惠的执行。而且，税收优惠不仅仅针对投身于慈善事业的委托人、收到捐赠和帮助的受益人，甚至还有针对慈善信托财产本身的。根据美国《国内税收法典》§170（a）及（b）项，若是自然人捐赠，最高可达经过调整后总收入的50%的个人所得税应税额扣除；若是企业捐赠，则可在企业应税所得额5%的范围内准予扣除，超过最高减免额的部分可向以后的纳税年度结转。在营运阶段，信托财产所生孳息，无论是利息收入、租金收入或投资所得，只要所得都用于慈善，就都全额免税。②

### （二）英国的慈善信托税收制度

在英国，为了鼓励慈善信托的发展，英国税法给予慈善信托一定的税收优惠，从而达到提升社会整体慈善水平的目的。英国对于慈善信托税收的优惠主要分为两个部分：一是对于从事慈善信托的信托企业的税收优惠，二是对于主动将财产捐赠作为慈善信托财产的委托人的税收优惠。

通常情况下，慈善信托企业作为慈善机构可豁免所得税（除股息收入）、资本利得税、公司税、遗产税和印花税。其中收益和资本税的豁免，仅仅在收益或资本被用于慈善目的的时候才适用。对于捐赠者的税收激励体现在超过3年的个人慈善契约能得到基本和较高税率所得税的豁免（通过源头扣除和各自的税收返还）。③

同时，英国法律对于信托机构的优惠资格也有相应规定。英国税收法律规定，并非所有的信托机构都可以享有上述的优惠，根据慈善组织的减税原则，只有通过了税收管理部门慈善身份核准的信托机构，才能够享有上述优惠。与此同时，慈善身份的核定也非一劳永逸，一旦税收管理部门发现某企业已经不符合慈善身份的规定，发生假借慈善之名为自身牟利的行为，该企业将会失去合法登记的身份，同时也失去免税资格。

---

① 参见 Internet Revenue Code（1954）第501（c）（3）条和 Code of Federal Regulations 第501（c）(3)－1条。
② 欧阳白果等：《公益信托税收优惠制度的立法探讨》，载《产业与科技论坛》2006年第12期。
③ ［英］D.J.海顿：《信托法》，周翼、王昊译，法律出版社2004年版，第114页。

### (三) 日本的慈善信托税收制度

日本税法中对于公益法人的规定较为明确。在规定的范围之内，公益法人自非营利活动取得的所得免税，自营利活动取得的所得按照较低的企业税率课征。具体来说，税收优惠政策将会随委托人是法人还是自然人发生相应的变动。同样的，受益人是自然人还是法人，也会影响到针对自然人的税收优惠政策。

以所得税为例，《日本所得税法》第11条规定："信托法第66条规定的公益信托的信托财产所产生的所得，不征所得税。"在日本，个人向慈善信托受托人捐赠，有最低额限制，其捐赠额必须超过1万日元，最高扣除额为综合课税所得总额的25%；法人捐赠时，根据捐赠对象的不同，享受不同程度的税收减免优惠；对慈善性很强、由政府特殊认定的慈善信托的捐赠可以全额在税前扣除；对普通捐赠和特定公益捐赠，最高免税额度为法人全部资本的0.25%加上盈利金额的2.5%。在信托存续期间，原则上，慈善信托只对营利性收入缴纳税款，而无须就其他收入（例如捐款、应付款、补贴或资助等）交税。即使慈善信托的营利性收入要交税，慈善信托也享有27%的低税率，远低于37.5%的一般税率。[①]

美国、英国和日本根据本国国情，制定了各有特色的慈善信托税收政策，值得我国借鉴，以进一步改革和完善中国慈善信托税收政策。一方面，为了促进我国慈善事业的发展，应进一步提高慈善信托的税收优惠力度，激励更多的慈善信托项目；另一方面，要加大慈善信托监管力度，使优惠制度不被偷税漏税者所利用。

## 第六节 改革和完善我国慈善信托税收制度的政策建议

### 一、实体税制的政策建议

### (一) 减轻慈善信托税收负担

减轻慈善信托税收负担最重要的就是解决重复征税的问题。国家相关部门应当尽快出台专门针对信托行业的税收政策，在这个特殊的行业里，改变传统的民商法、物权法理论，采用针对"实质所有权"的税收政策。在具体的征收环节中，应当取消慈善信托财产在"形式转让"上的税收，以往征收两次的税收改

---

① 李正旺：《公益信托税收制度研究》，中南大学硕士学位论文，2007年。

为征收一次，如表 11-22 所示。

表 11-22 减轻慈善信托税收负担的建议

| 税种 | 信托环节 | 纳税人 | 具体情况 | 征税建议 |
| --- | --- | --- | --- | --- |
| 增值税 | 慈善信托设立环节 | 委托人 | 委托人委托给受托人的信托财产属于增值税应税货物 | 取消 |
| | 慈善信托存续环节 | 受托人 | 受托人为运用信托财产发生的提供增值税应税商品和服务 | 保留 |
| | 慈善信托终止环节 | 受托人 | 受托人将信托财产归还委托人或受益人 | 取消 |
| 所得税 | 慈善信托设立环节 | 委托人 | 委托人是法人时，如果信托财产是非货币型资产，视同销售 | 取消 |
| | 慈善信托存续环节 | 尚未确定 | 受托人一般应就其自身从事信托经营活动而取得的信托业务报酬收入缴纳企业所得税 | 减征 |
| | 慈善信托终止环节 | 尚未确定 | 如果信托财产是非货币型资产，那么受托人在向受益人归还信托财产时按视同销售处理，视同销售产生的所得需要缴纳所得税 | 保留（受益人缴纳） |
| 印花税 | 慈善信托设立环节 | 委托人 | 委托人与受托人签订信托合同，将信托财产转移，这种信托合同可视为产权转移书据 | 取消 |
| | 慈善信托存续环节 | 受托人 | 受托人在其从事信托经营活动中书立、领受各种应税凭证 | 保留 |
| | 慈善信托终止环节 | 受益人 | 受托人将信托财产交还给受益人，双方分别作为产权转移书据的立据人 | 保留 |
| 契税 | 慈善信托设立环节 | 委托人 | 当信托财产是应税不动产时，委托人将应税不动产委托给受托人 | 取消 |
| | 慈善信托存续环节 | 受托人 | 受托人在运作信托项目过程中购入其他应税不动产时 | 保留 |
| | 慈善信托终止环节 | 受益人 | 受托人将信托财产（如不动产）归还给受益人，视同不动产赠予行为 | 取消 |

## (二) 优化慈善信托税种结构

### 1. 纵向构建

纵向构建指的是在慈善信托设立、存续、终止3个环节设计明确的税收激励制度。

(1) 信托设立环节。

慈善信托设立环节,是指委托人将信托财产交给受托人的环节。

《信托法》采用了"委托"一词来描述这个环节,这说明此环节属于财产所有权的"形式转让",财产所有权的实质拥有人仍为委托人,并未发生真正的财产转让。根据我国税法实质课税的原则,该环节应当免征委托人的相应税款。另外,由于慈善信托本质上是用于慈善用途,应将委托人将财产委托于受托人的行为,视作进行了一次慈善捐赠。出于激励慈善行为的考虑,我国税法中存在不少适用于慈善行为的税收优惠政策。因此,具有"慈善"性质的慈善信托应当共享税收优惠政策,允许委托人交付信托财产享受慈善捐赠的税前扣除,从而达到呼吁更多人加入慈善信托事业的目的。

(2) 信托存续环节。

慈善信托存续环节,是指受托人经营管理信托财产,使得信托财产保值增值的环节。

本环节中,当信托财产产生收益带来盈利之时,受托人应当代扣代缴各类税费。但是,在整个信托环节中,受托人仅仅只是扮演了一个信托财产输送渠道的角色。而且,在终止环节,受托人将信托财产交予受益人时,受益人同样要为信托财产的增值部分缴纳所得税等税金。因此,出于减轻慈善税收负担的考虑,应适当减少这部分受托人代扣代缴的税金。

慈善信托具有独特的慈善性质,信托财产最终将被用于慈善目的。而国家征税的目的之一就是实现收入的再分配,减缓收入不平等的现状,给一部分收入较低的人群提供帮助,这与慈善信托的目的是基本一致的。慈善信托存续环节征税,不仅会导致慈善信托税负过重,还会增加征税成本,背离最初的目的。因此,应该尽量减少慈善信托征税环节,给予受益人和委托人税收优惠,使慈善信托财产更加直接地运用于慈善事业,也使更多的委托人加入到慈善信托事业中来,实现受益人利益的最大化。

(3) 信托终止环节。

慈善信托终止环节,是指委托人将信托财产交付给受益人的环节。此过程中,纳税人主要是受托人和受益人。

同样地，受托人在此过程中也只是起到了信托财产输送渠道的作用，并未发生实质上的财产转移，因此，应当免除受托人的相应纳税义务。

而受益人收到信托财产，则是实实在在地发生了从委托人到受益人的实质财产转移，应当向受益人征收相应的各类税费。但是，由于慈善事业的目的就是救助社会弱势群体、救济灾害，而受益人正是这样需要帮助的群体，因此，出于受益人利益最大化的考虑，可以适当减征受益人的各类税费，使得他们能够得到更多的帮助，以符合慈善信托的初衷。

**2. 横向构建**

横向构建指的是根据增值税、所得税、契税、印花税、房产税和城镇土地使用税等税种设计税收优惠政策。总的原则是构建一个无遗漏、不交叉的税收体系，征应征的税收的同时，适当激励慈善信托行业的发展。

（1）营业税和增值税。

2016年5月1日前，根据《中华人民共和国营业税暂行条例》，对社会公益机构提供的有关应税劳务，给予减、免税。慈善信托也具有慈善性质，如委托人将无形资产的信托财产委托给受托人管理，也应当享有同样的减、免税待遇。2016年5月1日之后，根据《营业税改征增值税试点实施办法》，在全国范围内全面推开"营改增"试点，建筑业、房地产业、金融业、生活服务业等全部营业税纳税人，均纳入试点范围，由缴纳营业税改为缴纳增值税。

信托行业同样被纳入"营改增"之中。因此，委托人将信托财产委托给受托人管理，若为无形资产的，也应对委托人减征或免征增值税。信托存续期间，所有与慈善信托相关的，包括受托人对慈善信托财产进行经营管理，以及他人为该慈善信托财产提供应税劳务的，都应视作慈善捐赠，减、免其中涉及的增值税。

（2）所得税。

《个人所得税法》和《企业所得税法》中与慈善活动有关的税收优惠政策出台较早。

其中，《个人所得税法》第六条规定："个人将其所得对教育事业和其他公益事业捐赠的部分，按照国务院有关规定从应纳税所得中扣除。"《个人所得税法实施条例》第二十四条进一步规定："个人将其所得通过中国境内的社会团体、国家机关向教育和其他社会公益事业以及遭受严重自然灾害地区、贫困地区的捐赠，捐赠额未超过纳税义务人申报的应纳税所得额30%的部分，可以从其应纳税所得额中扣除。"相较于美国50%的公益捐赠自然人扣除比例，30%还是偏低，对于自然人捐赠的激励作用较为有限。

《企业所得税法》规定："企业发生的公益性捐赠支出，在年度利润总额12%以内的部分，准予在计算应纳税所得额时扣除。"《慈善法》颁布实施后，进一步加大了税收优惠的力度，企业慈善捐赠支出超过法律规定的准予在计算企业所得税应纳税所得额时当年扣除的部分，允许结转以后3年内在计算应纳税所得额时扣除。

笔者认为，应当免征提供信托财产委托人慈善信托部分的所得税，并将慈善信托额视同慈善捐赠，允许在其汇算清缴所得税时进行税前扣除，从而激励委托人的积极性，设立更多的慈善信托项目。同时，在信托存续期间，减征受托人经营管理信托财产产生收益时的所得税，激励受托人的工作，为信托财产创造出更大的价值。另外，还要减免受益人的所得税，因为受益人本就是社会中的弱势群体、需要帮助的个体，应当最大化他们的利益。

另外，在"非典"和"汶川地震"期间，我国曾暂时性地取消了慈善捐赠税前扣除的比例限制，极大地促进了慈善捐赠。因此，可以依据我国国情，逐步提高个人和企业的扣除比例限制，在特殊情况下取消比例限制，促进慈善信托的发展。

（3）印花税。

在慈善信托的各类环节中，都难免涉及印花税。然而，国家并没有专门针对慈善信托行业规定印花税的减免，在《中华人民共和国印花税暂行条例》中仅仅规定了："财产所有人将财产赠送给政府、社会福利单位、学校所立的书据免征印花税。"因此，明确规定慈善信托行业免征印花税的税法亟待出台。

基于国家减轻慈善税收负担的考虑，笔者认为，慈善信托的委托人和受托人双方就信托财产签订合同时，应考虑免征双方的印花税；在信托存续环节，信托财产的经营活动中涉及签订合同，需要缴纳印花税的，应对交易双方都免征印花税；另外，受益人收到信托财产时，受益人和受托人双方都应免征印花税。

（4）契税。

《中华人民共和国契税暂行条例》第六条规定："国家机关、事业单位、社会团体、军事单位承受土地、房屋用于办公、教学、医疗、科研和军事设施的，免征契税。"然而，这条规定仅仅是慈善性质的规定，体现激励慈善的政策目标，而并未针对慈善信托进行具体规定，尚不能直接应用在慈善信托行业。因此，国家应尽快出台契税方面的慈善信托优惠政策。

具体而言，以不动产设立慈善信托和用慈善信托资金从事不动产经营活动的，涉及契税的，应考虑予以免征。委托人将不动产交予受托人时，应免征契税；受托人在经营管理过程中，涉及不动产交易的，可征收契税；受益人接受不动产作为慈善信托资产的，则应免征契税。

(5) 房产税。

《中华人民共和国房产税暂行条例》规定："国家机关、人民团体、军队自用的房产，宗教寺庙、公园、名胜古迹自用的房产免征房产税。"由此可见，我国房产税法同样对慈善事业实行了一定的税收优惠。所以，慈善信托的过程中涉及房产税的，应当减免房产税，包括委托人提供自用房产或者租金收入作为慈善信托资产中涉及的房产税部分。

(6) 城镇土地使用税。

《中华人民共和国城镇土地使用税暂行条例》规定："国家机关、人民团体、军队自用的土地，宗教寺庙、公园、名胜古迹自用的土地，免缴城镇土地使用税。"这项规定基本和房产税法相一致，体现出了税法对于慈善事业给予一定优惠的意图。当慈善信托财产为城镇土地使用权的时候，也应当免征城镇土地使用税。

以上列举了慈善信托中较常涉及的7类税种，其他在慈善信托过程中涉及的税种可参照上述做法，给予慈善信托优惠政策。国家应尽快在不同税种的法律法规中，将慈善信托涉及的空白弥补，完善政策，以推动慈善信托事业的发展。

## 二、慈善信托税收征管

### (一) 慈善信托易于避税的特质

#### 1. 慈善信托是信托业的重要组成部分

由于信托能够满足市场灵活及多元化的需求，近年来发展迅速。信托灵活性集中体现在其特有的风险隔离功能和权利义务重构功能。信托的风险隔离功能，源自信托财产与各当事人相独立的法律地位，也就是说从信托的设立、存续到终止环节，委托人、受托人、受益人和信托财产的纳税义务相独立。信托财产的纳税义务只依托于财产本身，而不属于其中的任何一方，任何人都无权就信托财产而向其中一方提出财产方面的请求，这就意味着谁来为信托财产纳税存在极大的操作空间。信托的权利义务重构功能，则意味着信托通过灵活的契约结构，可以对受益权利进行重构。即在信托整个过程中，纳税人身份、纳税人数量、纳税地点和纳税义务时间均可以进行调整。一旦这些纳税要素发生了变化，相应的税款征收就会发生改变，这其中就存在大量的漏洞可以让纳税人规避纳税。

#### 2. 慈善信托具有慈善性质

从慈善的角度来看，我国税法为激励慈善事业的发展，制定了许多税收优惠政策。然而，由于税收征管制度的不完整、税法执行过程中的不到位，难免会出现大量伪慈善利用优惠政策避税。伪慈善通常通过不正当的手段将自己的营利行为申请为慈善行为，事实上却并没有为社会上的弱势群体带来利益，反而通过这种手段，使国家的税收大量流失，从而间接减少了社会福利。放任伪慈善，将会带来极大的社会和经济负面效应。一方面，会减少税收收入，影响宏观税收调控，使引导经济发展的税收制度与政策无法落到实处，进而影响到整个国家经济的良性循环；另一方面，慈善信托的避税将会阻碍其良性运作，打击真正立志慈善的群众热情，同时助长不良的社会风气，最终严重阻碍慈善事业的健康发展。

## （二）加强慈善信托税收征管的政策建议

### 1. 建构完整法律体系

在新出台的《慈善法》和《信托法》中，均已将慈善（公益）信托列为单独的一项，但我国尚未在税法体系中对信托进行专门规定，更未明确列出慈善信托的税收优惠。为了发挥慈善信托作为慈善事业发展引擎的作用，国家需要加强对慈善信托税收立法的重视，对其进行专门规定，而不是散见于各种税法和行政规章之中，或是参考其他慈善行为的优惠政策执行。我国需要在完善信托税制的基础上，为慈善信托构建一个独立完整的法律体系。通过整合各项政策，调整其中需要改进的部分，检视尚存在漏洞和无法可依的部分，将其补充完整。如在"营改增"的背景下，尽快出台有关慈善信托增值税优惠政策。此外，对比各个规章文件中的相关内容，如存在出入，需要立刻修订。

### 2. 完善税收优惠的资格认证和审核制度

在资格认证和审核制度中，有两点需要改进。其一是提高办公效率，避免申请难的现象发生。许多真正一心为善的企业，往往因为申请步骤烦琐，流程时间过长，难以申请到优惠资格。不少企业因此放弃了申请优惠资格，不得不为慈善事业承担更多的税收负担，这大大地减少了乐于从事慈善信托的企业数量，不利于整个慈善信托事业的发展。其二是提高审核力度，加强审核制度建设，避免审核中存在可以利用的漏洞，防止伪慈善逃税。例如，在信托存续期间，税务部门应进行定期的优惠资格审核，而不是审核过了就不管不问；对于不再符合优惠资格的企业，要及时撤销其资格，避免其利用时间差逃税，并及时清算，查收其漏交的税款。

### 3. 区分慈善信托收益和非慈善信托收益

在对慈善信托进行税收管理时，切不可因为该企业通过了优惠资格认定而放松监管。首先,信托公司既有一般信托项目,也可能有慈善信托项目,因此可能会将慈善信托收益所得和非慈善信托收益所得混在一起,从而达到利用慈善信托优惠政策逃税的目的。因此,对慈善信托所得的税收优惠要有严格监管制度,对其所得进行审核和区分,避免伪慈善而导致的税款流失。其次,慈善信托同样可以参与一些营利性的、非公益性的营业活动,这部分收益虽然由慈善信托带来,但其同样属于非慈善信托收益,对其税收优惠的审核更加要严格谨慎。最后,慈善信托的收益所得必须用于慈善受益人,而不能分配给委托人、受托人等,例如分红,这样的收益都违背了其非营利性和公益性。

**4. 全面实行慈善信托信息公开透明制度**

公开透明制度是指将慈善信托的所有信息公之于众,包括委托人、信托财产、受托人以及最终的受益人,同时对慈善信托存续期间的经营活动收益以及最后交予受益人的整个流程实时跟进。所有的民众都可以协助政府监管部门,对其进行监督,这样就可以极大地减少伪慈善存在的可能性。权利与义务从来都是相伴而行的,慈善信托享有税收优惠权利,也必然有公开信息的义务。公开透明制度,将会使更多的人了解到慈善信托,促进慈善受益人利益最大化,推动慈善信托业的蓬勃发展。

# 附录　信托业务的税收负担调查问卷

尊敬的先生/女士:
　　您好!
　　"慈善信托的税收优惠研究"课题组正开展一项"信托业务税收负担研究"。我们拟就我国信托业务税收负担进行深入调研,对调研数据进行科学分析,根据研究结论提出我国慈善信托税制优化的政策建议。我们进行的是匿名调查,您所提供的信息将与其他人士的信息一并做分析而得出客观而普适的科研结论。我们郑重承诺:保证您所填写的信息绝对不会以任何形式提供给他人,今后在研究论文中也不会出现任何参与个人或单位的名字。此项研究需要您的支持和及时客观的反馈,如蒙应允,我们将十分感激。
　　谢谢您花时间填写此问卷,并祝愿您工作顺利、阖家幸福!

"慈善信托的税收优惠研究"课题组

1. 您的性别是［单选题］
○男
○女

2. 您在信托业务中的身份是［单选题］
○个人（请跳至第 11 题）
○企业（请跳至第 3 题）

3. 您进入该企业年数约［单选题］
○1 年以下
○1～5 年
○5～10 年
○10 年以上

4. 企业类型［单选题］
○有限责任公司
○股份有限公司
○个人独资企业
○合伙企业
○其他有限责任公司
○个体工商户

5. 企业规模［单选题］
○50 人以下
○50～100 人
○100～500 人
○500 人以上

6. 企业信托业务类型［多选题］
□金钱信托
□动产信托
□不动产信托
□有价证券信托
□金融债权信托

7. 企业信托业务的营业总额约为［单选题］
○100 万元以下
○100 万元～200 万元
○200 万元～1000 万元
○1000 万元以上

8. 企业信托业务中存在的突出问题（选择最严重的一个）［单选题］
○税收负担较重
○融资困难
○员工和管理人员素质不高
○市场开拓比较困难
○各种行政收费较重

9. 企业信托业务税收负担率约为（纳税额/总收入，%）［单选题］
○20% 以下
○20%～50%
○50% 以上

10. 企业信托业务税负最重的税目［多选题］
□企业所得税
□个人所得税
□增值税
□营业税
□契税
□印花税
□城镇土地使用税
□关税

＊填写完该题，请跳至第 16 题。

11. 您接触信托行业的时长约［单选题］
○1 年以下
○1～5 年
○5～10 年
○10 年以上

12. 个人信托主要项目［单选题］
○金钱信托
○动产信托
○不动产信托
○有价证券信托
○金融债权信托

13. 个人信托规模约为（元）［单选题］
○50 万元以下
○50 万元～200 万元

○200 万元～500 万元
○500 万元以上

14. 个人信托业务税收负担率约为（纳税额/总收入,%）［单选题］
○20% 以下
○20%～50%
○50% 以上

15. 个人信托业务税负最重的税目 ［多选题］
□企业所得税
□个人所得税
□增值税
□营业税
□契税
□印花税
□城镇土地使用税
□关税

16. 请根据信托业务纳税不同环节的实际情况选择最符合的选项 ［矩阵量表题］

|  | 非常不同意 | 不同意 | 不确定 | 同意 | 非常同意 |
| --- | --- | --- | --- | --- | --- |
| 在信托设立环节，委托人将信托财产委托给受托人管理时，必须参照转让财产的税法规定申报、缴纳增值税/营业税 |  |  |  |  |  |
| 在信托存续环节，受托人运用、管理信托财产所发生的销售商品、提供劳务、转让无形资产或者销售不动产等行为，需要按照规定申报、缴纳增值税/营业税 |  |  |  |  |  |
| 在信托终止环节，受托人将信托财产归还给委托人或受益人，受托人需参照视同销售的相关税法规定，申报、缴纳增值税/营业税 |  |  |  |  |  |
| 当委托人是法人时，如果信托财产是非货币型资产，那么委托人需要在将信托财产委托给受托人时作视同销售处理，将获得的应税收入并入企业应税所得，按规定缴纳企业所得税 |  |  |  |  |  |

续上表

| | 非常不同意 | 不同意 | 不确定 | 同意 | 非常同意 |
|---|---|---|---|---|---|
| 在信托业务中，受托人一般应就其自身从事信托经营活动而取得的信托业务报酬收入缴纳企业所得税 | | | | | |
| 在信托终止环节，如果信托财产是非货币型资产，那么受托人在向受益人归还信托财产时按视同销售处理，视同销售产生的所得需要缴纳所得税 | | | | | |
| 在信托设立过程中，委托人与受托人签订信托合同，将信托财产转移，这种信托合同可视为产权转移书据，委托人应缴纳印花税 | | | | | |
| 受托人在其从事信托经营活动中书立、领受各种应税凭证，按规定承担印花税的纳税义务 | | | | | |
| 受托人将信托财产交还给受益人，双方分别作为产权转移书据的立据人，依率缴纳印花税 | | | | | |
| 当信托财产是应税不动产时，委托人将应税不动产委托给受托人，作为信托财产名义承受人的受托人需要按其市场价格缴纳契税 | | | | | |
| 在信托存续环节，受托人在运作信托项目过程中购入其他应税不动产时，需要按照规定计算缴纳契税 | | | | | |
| 在信托终止环节，受托人将信托财产（如不动产）归还给受益人，视同不动产赠予行为，受益人需要就所取得的信托财产缴纳契税 | | | | | |

17. 请根据您对慈善信托的了解选择最符合的选项 ［矩阵量表题］

| | 非常不同意 | 不同意 | 不确定 | 同意 | 非常同意 |
|---|---|---|---|---|---|
| 企业很少涉及慈善信托的业务，对此了解很少 | | | | | |
| 慈善信托的优惠政策过少并且不完善 | | | | | |
| 慈善信托的税收优惠资格很难申请 | | | | | |

续上表

| | 非常不同意 | 不同意 | 不确定 | 同意 | 非常同意 |
|---|---|---|---|---|---|
| 慈善信托税收优惠的激励作用过小 | | | | | |
| "企业发生的公益性捐赠支出，在年度利润总额12%以内的部分，准予在计算应纳税所得额时扣除"在慈善信托中不能落实 | | | | | |
| 流转税方面，慈善信托很少存在减免税收的情况 | | | | | |
| 应当完善慈善信托税法对于印花税、契税、房产税和城镇土地使用税等税收的优惠 | | | | | |
| "捐赠额未超过纳税义务人申报的应纳税所得额30%的部分，可以从其应纳税所得额中扣除"税法规定的减免需要更多条件才能实现 | | | | | |
| 税收优惠政策的申请需要通过许多复杂的手续 | | | | | |
| 许多企业由于优惠政策难以实现，不得不放弃优惠 | | | | | |
| 《慈善法》中关于慈善信托条目的出台，并未给慈善信托市场带来更多的需求量，起到激励作用 | | | | | |
| 企业对于慈善信托兴趣不大，这方面的业务很少 | | | | | |
| 信托市场上，慈善信托并不普遍，需求量很小 | | | | | |

18. 请根据您对信托业务税负的总体感受选择最符合的选项［矩阵量表题］

| | 非常不同意 | 不同意 | 不确定 | 同意 | 非常同意 |
|---|---|---|---|---|---|
| 相比其他业务，信托业务税负过重 | | | | | |
| 当前的信托税收政策很不合理 | | | | | |
| 信托税制中存在严重的重复征税问题 | | | | | |
| 信托税收征管存在漏洞，导致税收流失 | | | | | |

19. 对信托业务税收方面的一些建议［填空题］

# 第十二章 我国慈善组织的治理与税务监管研究

2011年6月20日,新浪微博上一个账号为"郭美美Baby"的网友的炫富行为和她的"中国红十字会商业总经理"的头衔,引起网友的广泛评论、搜索和探究,更引起了社会公众对中国红十字会的广泛质疑,这一事件不仅影响了中国红十字会的募捐和公信力,也对其他慈善组织的慈善活动带来很大的负面影响。"郭美美事件"产生的问责风暴促使加强对慈善组织的监管成为社会关注的热点问题。

## 第一节 我国慈善组织注册管理情况

从法律上的定义来看,在我国只有在民政部门注册登记的慈善组织,才算是合法的慈善组织。目前,已经在民政部门注册的慈善组织约有40万个。据估计,我国的慈善机构总数至少有300万个,但也有人估算为800万个。按300万个来估算,在民政部门注册的慈善组织占我国慈善组织总数不到13%。也就是说,我国现阶段超过85%的民间慈善组织未能得到合理的登记注册。[①] 其中,这些未能在民政部门登记注册的民间慈善组织,只能以在工商部门注册为企业、采取挂靠机构的形式和"草根"慈善组织3种形式存在。

### 一、在工商部门注册为企业

为数众多的民间慈善组织选择在工商部门注册。根据中国社会科学院发布的蓝皮书,到2008年12月,我国以工商注册等方式存在的公益组织大约有75.90万个,因为工商注册的难度较低,不需要业务主管单位,只要满足资金、场地等基本的要求即可申请成功。此外,工商注册受政府的管制和干预较小,这也是民

---

① 王世强:《中国非营利组织登记注册攻略》,载《中国发展简报》2012年第3期。

间慈善组织选择工商注册的原因之一。

## 二、采取挂靠机构的形式

这种方式是指慈善组织以基金会、事业单位和社会团体的分支机构和内部团体形式存在。这种存在方式比在民政部门登记注册较容易,并且因其和挂靠机构的关系而具有一定的合法性,但要找到挂靠机构本身也有难度。首先,申请挂靠的民间慈善组织要有一定的社会关系和人脉,才能找到挂靠机构,有的慈善组织还要向一级挂靠单位缴纳一定比例的财务管理费。还有一种情况,就是慈善机构临时性挂靠在一级单位。有的在工商注册或未注册NPO(非营利组织)的慈善组织在申请政府购买服务或基金会项目资助时,为回避申请资质问题,作为一个子项目挂靠在有申请资质的NPO下,以它的名义去申请项目。这类似于市场招投标活动中的"挂靠""分包"和"转包",如对此管理不善,会被一些机构利用,将招投标市场中存在的腐败问题带到慈善领域中来,影响慈善项目竞争的公平性。

## 三、"草根"慈善组织

第三种是完全没有依法注册,以团队的形式存在,俗称"草根"慈善组织。根据中国社会科学院发布的蓝皮书估计,到2008年12月,中国"草根"NGO(非政府组织)的数量应在100万~150万个之间。虽然这种方式最不受法律保障,但却是目前绝大多数民间慈善组织选择的存在方式。由于没有依法注册,也就不需要任何注册资金、办公场地和专职人员,这无疑增强了慈善组织的灵活性。此外,无注册的民间慈善组织在决策、人员管理等方面比较自由,无须层层审批,因此效率比较高,运作成本比较低。

但是,这种民间慈善组织常常受到合法性的困扰。我国《取缔非法民间组织暂行办法》规定,未经登记擅自以社会团体或者"民非"(民办非企业单位)名义进行活动的,应予以取缔。因此,在没有法人资格的情况下,民间慈善组织不能独立承担民事责任和签订合同。风险发生后,负责人可能承担无限连带责任。

**案例 北京慧灵智障人士社区服务机构遇到注册与税收难题**[①]

北京慧灵智障人士社区服务机构(简称为"慧灵")连续12年为"民办非

---

① 蓝之馨、刘嘉琪:《民办非企业单位转正路坎坷:跑七八十次未成功》,载《第一财经日报》,2013-03-26。

企业"的身份努力58次未果。一直都在工商局注册为企业的"慧灵",在税收、筹款等方面一直得不到政府扶持。多年来,"慧灵"坚持向民政部门提出申请,均以失败告终。民政部门给出的原因很多,包括注册资金不够、没有专业社工、场地小等。北京市残疾人联合会(简称为"残联")工作人员曾建议,北京"慧灵"要有拿得出手的好项目,同时与区残联搞好关系,让业务主管单位充分认识"慧灵"。但因为"慧灵"在北京有7个点,分布在好几个区,导致他们在与业务主管单位沟通时,被各区残联和市残联互相之间"踢皮球"。

北京"慧灵"的经历是我国大多数民间慈善组织的写照。这种困境,起源于我国实行双重的社团管理体制。我国1998年修订的《社会团体登记管理条例》中的第九条规定:"申请成立社会团体,应当经其业务主管单位审查同意,由发起人向登记管理机关申请筹备。"这就意味着,任何一个民间组织注册,必须先找一个政府部门作业务主管单位,业界戏称之为"找婆婆",然后才能到民政部门登记注册。

"找婆婆"的方式多种多样。有的慈善组织与政府有关部门关系较好,政府也长期从这些慈善组织中购买服务,这些组织就有机会获得挂靠的资格。然而,即使能够挂靠在业务主管部门之下,在民政部门登记也会遇到各种问题。有的民政部门在处理民间组织注册的业务时态度消极,能推则推,如对民间慈善组织的名字实行"有罪"推定,甚至连无专业工作人员或工作人员不会说地方方言都可以成为理由。

像北京"慧灵"这样无法找到挂靠业务主管部门的民间慈善组织,为了使组织获得合法的地位,不得不选择在工商部门注册为企业。但企业注册的目的是营利,作为非营利机构的民间慈善组织,如果注册成为企业,就必须有对内和对外两套不同的章程,并且不能享受到相关的税收优惠。因此,更多的民间慈善组织选择直接不登记,成了名副其实的"草根"慈善组织,游离于税收管理之外,带来一系列税收监管问题。

## 第二节 我国慈善组织税务管理情况

始建于1904年的中国红十字会是专门从事人道主义工作的社会救助团体,是历史悠久的慈善组织。然而,在"郭美美事件"中,人们最先提出疑问:"我们捐给红十字会的钱到哪里去了","我们热心捐助的对象是否真正得到了救助"。随着事件的发展,人们进一步质疑:"郭美美"的背后,还有哪些获利者?那些打着"慈善"招牌的公益活动,是否成为某些组织和个人获利的渠道和工具?慈善组织享受了多少税收优惠?税务机关是否对它们进行了有效的监管?在慈善组织市场化改革和信息透明度不够的情况下,在民政部门注册的慈善组织同样也面临信任危机,对其进行有效税务监管的呼声越来越高。而对于未能在民政部门登记注册的民间慈善组织来说,其税务管理的难度更大。

## 一、工商注册的慈善组织处于税收困境

政府通过税收政策,引导和鼓励慈善组织发展。然而,慈善组织如果以企业的身份在工商部门注册,则无法享受优惠税收待遇,它们必须按企业的标准申报缴纳增值税、所得税、房产税、车船税、教育费附加和城建税等。慈善组织不以营利为目的,民间慈善组织得到的捐助更是微薄,但所得收入仍需缴税,这就使慈善组织陷入尴尬的局面:捐助人为数不多的捐款被用来缴纳增值税、企业所得税等税费,使慈善项目受影响,也导致捐助人不愿继续捐助,且慈善组织一旦操作不当,还容易造成税收违法。

另外,税收具有监督职能,通过税收管理,政府可以掌握各行业的发展情况,制定相应政策。而慈善组织注册为企业,政府在统计行业发展情况时,错误反映企业和民间慈善组织发展情况,不能准确地把握它们的发展状况,影响政府决策。

## 二、挂靠机构的慈善组织税收管理缺位

慈善组织采取挂靠机构的形式,使得它们在免税资格、捐赠税前扣除资格和政府购买服务等方面,也可能享受与挂靠机构相同的优惠待遇。但往往也因为受到挂靠机构的影响,税收监督作用不到位,监管效果不好。

挂靠机构的慈善组织以其分支机构形式存在,税务部门的监管往往只能落实到上级单位,而不对其分支直接管理。而挂靠机构也因为该慈善组织只是挂靠,没有动力对其进行有效监管。这可能导致部分挂靠的慈善组织违规操作,享受税法规定的免税优惠,但没有履行相应的义务;还可能在实际运营中造假,骗取免税资格,加大税收违法风险。

### 三、对无注册的慈善组织无法进行税务监管

由于完全没有登记注册,无注册的慈善组织自然也不需要纳税。从结果上来说,这些慈善组织直接"享受"了免税优惠,但却存在着很严重的消极影响。因为完全没有注册,税务部门无法监管,监督力度最小。但"草根"组织在我国的慈善组织中数量最多、范围最广,因此又是最需要有效监管的。另外,"草根"慈善组织不具有捐赠税前扣除资格,无法给予捐赠的单位和个人扣税的合法凭证。一旦加强税收管理,"草根"慈善组织也不具有免税资格,其所取得的各种收入有可能作为个人所得而被税务机关调查处理。

综上所述,我国慈善组织的注册类型与税收待遇如表 12 – 1 所示。

表 12 – 1 我国慈善组织的注册类型与税收待遇

| 类型 | 注册登记/主管部门 | 法律地位 | 税收优惠 |
| --- | --- | --- | --- |
| 民政部门注册 | 民政部门登记 | 独立法人 | 有 |
| 工商部门注册 | 工商部门登记 | 独立法人 | 无 |
| 挂靠机构 | 上级单位 | 非独立法人 | 有 |
| 无注册 | 无 | 非独立法人 | 无 |

## 第三节 我国应该加强对慈善组织的税务监管

### 一、慈善组织治理结构的特点

相对于公司和公共部门而言,慈善组织的问责制比较模糊。公司的问责制是向股东负责,政府的问责制是向选民负责,两种问责制都规定明确,且有法律清晰界定的职权。慈善组织本身不以赢利为目的,其成立和运行是出于社会公共利益的考虑,美国学者 Kearns 将包括慈善组织在内的非营利组织的问责制界定为对其关系人承诺的社会性,包括一般大众、新闻媒体、捐助者、董事、员工及其他利害关系人。因此,慈善组织的监督机制与公司的监督机制不同,公司本身有

完善的利益驱动机制、市场机制，因此，公司更多地依赖监事会来实现监督。而慈善组织缺乏相关的利益驱动机制，无法通过内设的监事会来对其慈善过程进行整体监督，更需要借助外部监督来实现。

在大陆法系国家，监事会不是慈善组织的必设机构；英美法系国家则没有监事会的设置。我国慈善组织没有照搬西方监督机制，许多组织设有监事会，且在组织外部，政府相关部门、社会公众、利益相关者等各类主体对慈善组织的监督构成一个循环系统：行政机关监督慈善组织，社会公众和利益相关者监督行政机关，行政机关有义务向社会公众提供相关资料并听取异议。

## 二、我国慈善组织管理改革方向应该是加强党建和税务监管

与公司治理不同，世界各国大多都规定了慈善组织的主管机关，但却有两种不同体制：一种是如我国以业务主管的民政部门作为主管机关；另一种则是如美国联邦政府的税务署专设一个"免税组织局"，作为主要订立和执行与非营利法人有关法律的部门。

长期以来，我国慈善组织主管机关的监督主要指慈善组织的事前监督，即设立监督。我国对于慈善组织的设立监督采用的是许可批准制，即对慈善组织的设立监督采用登记管理和注册管理，实行"登记管理机关"和"业务主管单位"双重审核、双重负责、双重监管的原则，形成宏观登记管理和微观业务管理双管齐下的严格体制。但这种监管模式的缺陷也十分明显：一是越来越多的慈善组织不能通过合法渠道登记注册而游离于政府监管之外；二是将很多精力耗费在限制慈善组织的成立上，却难以对慈善组织进行有效的过程监督和管理；三是行政监督主体多元化使监督效率低下，登记机关和业务机关职能重叠却没有明确的职能分工，两者间缺乏有机联系，使监督脱节；四是业务主管机关由行业主管变成了内部直接管理机关，以行政手段参与慈善组织内部管理，使慈善组织成为其"下属单位"，并成为利益共同体。

近年来，我国政府还建设慈善组织事中事后监管体系，包括年检、评估、执法与综合执法等监管举措。年检作为一种日常监管措施，每年都会进行，内容侧重于慈善组织的财务情况和活动频率等。但是，由于民政部门的经费、人员等资源有限，在有的地方年检逐步演变成为一种形式。慈善组织的评估没有固定周期，不同地区每1～5年进行一次，主要采用第三方评估的方式，评估内容比年检更细致，涵盖慈善组织的绩效考核、审计等各方面的内容。执法主要是针对民政部门在日常监管中发现的违法违纪问题进行专项检查。综合执法则是民政部门联合公检法等部门对慈善组织涉嫌违法犯罪的行为依法进行查处和打击。

党的十九大报告指出，要坚持党对一切工作的领导。我国加强了慈善组织的党建工作，通过"单独建、联合建、挂靠建"等方式在具备条件的慈善机构中建立党组织，扩大党组织在慈善组织中的覆盖面，并在慈善机构的党组织中广泛开展使命担当教育，以投身伟大斗争、服务伟大工程、实现伟大事业、追求伟大梦想为己任，开展公益慈善活动，服务国家和社会。慈善组织的党建涵盖建设和监管双重功能，既能促进慈善组织的发展，又能监督慈善组织的日常活动和政治方向。党建实现了党对慈善组织日常活动和政治方向的引导，降低了慈善组织的政治风险。"三名以上正式党员设立党支部"的制度，大大增强了党和政府对慈善组织的政治性约束能力。

笔者认为，为解决我国慈善组织"出生难、门槛高"的问题，改革我国重点在事前监督的制度十分必要。通过落实"十九大"精神，完善慈善组织的党建工作，进一步加强慈善组织的事中事后监管。在此基础上，借鉴美国、加拿大等国的做法，重点加强慈善组织运营过程中的税务监管。具体而言，设立慈善组织可采取两步走的程序：第一步是在登记机关注册为具有独立法人资格的非营利性组织，第二步是向税务机关申请成为具有免税资格的慈善组织。同时，建立严格的慈善组织税务监管制度。

## 第四节　美国和加拿大慈善组织税务监管的经验与启示

### 一、美国慈善组织的税务监管

美国是最发达的资本主义国家，也是西方慈善事业最发达的国家之一。美国慈善事业的迅速发展是与其完善的税务监管体系分不开的，研究其税务监管的经验，对于加强我国慈善组织的管理工作有着重要的参考意义。作为慈善组织的主管机关，美国联邦税务局对慈善组织的监管有3种途径：从慈善组织提交的年底税务申报单中获得信息；审计其财务报表及查看其运行情况；对违法情况进行处罚甚至取消其免税资格。

根据美国《国内税收法典》第6104款，慈善组织在不同情况下需要提供不同的年度税务报单。如公共慈善机构（教会除外）的年收入超过25000美元的，需要每年都向联邦税务局提交"组织所得税减免申请单"（又称"990表"）。如果是私立基金会，则需要填报一个类似的更为详细的表格，即"私立基金会税收申报单"（又称"990 - PF表"）。若是慈善组织从事了与其章程目的不符的且需要纳税的商业行为,并从中获得了利益,则必须填写"免税组织商业所得税申报单"(又称"990-T表"),同时缴纳相应税款。如果一个慈善组织连续3年没有向联邦税务局提供年度税务报单或是其他信息申明,则该组织将会从第3年信息提交截止日起自动丧失免税资格。

美国联邦法律还赋予了联邦税务局审计慈善组织账簿和记录的权利。当联邦税务局发现慈善组织提供的"990表"存在疑问,或是慈善组织的雇员举报,又或是新闻媒体报道慈善组织有明显不当行为的时候,联邦税务局可以对慈善组织进行审计。如果审计结果发现慈善组织存在应纳税而没有纳税的情况,则慈善组织必须补交税款及相应利息,同时还有可能被判处罚款或是缴纳罚金。而且,慈善组织所受到的处罚会以信息公开的形式出现在它的"990表"上,公众查阅该表便会知道慈善组织受到处罚的事实,慈善组织的公信力将会受到影响。

联邦税务局监管最严厉的方式莫过于取消该组织的免税资格,美国慈善组织的税负较重,取消慈善组织的免税资格无异于宣判了它的"死刑"。美国《国内税收法典》第4958款为联邦税务局处罚违法慈善组织提供了法律依据。

与税务监管相配合,美国大多数州都设立了首席检察官制度,州法律赋予首席检察官监督和管理慈善组织的权利,慈善组织必须经常性地向首席检察官报告其业务活动和财务状况。1987年,美国将各个州有关非营利法人的相关法律进行了整理和完善,颁布实施了《美国非营利法人示范法》。该法设立了专门的一节来规范州首席检察官监管,使首席检察官制度更加完善。根据该法第1.70条,首席检察官有起诉或是参与慈善组织诉讼的权力,这一权力为社会公众的监督提供了一定的保障。此外,首席检察官还可以根据具体情况要求慈善组织的管理层对慈善组织遭受的损失进行赔偿。慈善组织反映的是一种信托责任,组织的管理层负有妥善管理和理性投资的义务。如果该组织由于轻率做出投资决定而导致慈善组织遭受严重的经济损失,那么首席检察官就可以追究管理层的法律责任。

## 二、加拿大慈善组织的税务监管

加拿大慈善组织的监管主要由加拿大国税局(Canada Revenue Agency,CRA)负责,CRA数十年来一直按照加拿大《所得税法典》的规定为慈善组织提供一系列的注册服务、注销和监管工作。由于人力和时间资源的限制,CRA要对加拿大所有的慈善组织时刻进行全面的监控是不可能的,于是他们充分借用了公众的力量参与监督。CRA为公众提供了一些工具,使得公众可以随时调查他们想要资助的慈善组织。CRA提供的主要工具是T3010汇报表,这是所有注册慈善组织必须向CRA递交的年度信息汇报表。通过填报T3010表,加拿大慈善组织就明确了它至少有多少开支是直接用在了由其自己执行的慈善项目上,有多少是捐赠给了合格的执行者。从 2002 年 12 月起,T3010 表的所有信息均可以在加拿大"国家慈善董事会"的网站上在线获取、下载打印。通过年度信息汇报表上填列的信息和数据,公众可以获取任何一个已注册慈善组织在国内外开展慈善活动的信息,或对任何一个慈善组织当年的财务信息进行详细分析。加拿大公众对一个慈善组织不满意时可以向 CRA 投诉,CRA 负责审查,一旦查实,将视情况予以不同程度的惩罚,罚款或取消税收优惠资格。

## 第五节 企业、慈善组织和政府的三方税收博弈分析

### 一、理论分析

根据《中华人民共和国企业所得税法实施条例》规定,企业通过具有税前扣除资格的公益性团体或县级以上人民政府及其部门的公益性捐赠支出,在年度利润总额 12% 以内的部分,准予在计算应纳税所得额时扣除。税务局通过具有税前扣除资格的慈善组织开具的公益性捐赠支出发票合理地征收企业所得税。但是,在税收管理中也会发现假借慈善捐赠偷税的现象。纳税人(企业或个人)为了达到减少税负的目的,要求基金会等慈善组织开假发票,并额外支付一笔费用。少数慈善组织为了自身的利益最大化,与纳税人合谋作假,为纳税人的偷税提供方便,加大税收征管难度。由于纳税人与慈善组织合谋偷税情况屡有发生,纳税人、慈善组织和政府三方在税收征管中存在利益博弈。

同样道理,由于慈善信托享有视同慈善捐赠的税收优惠待遇,因而也有可能出现假借慈善信托逃税的现象。如企业作为委托人设立慈善信托,以额外支付一笔费用为对价,要求信托机构(即受托人①)将信托财产受益用于委托人一方。少数信托机构为了自身的利益最大化,与企业合谋作假,为企业的偷税提供方便,加大税收征管难度。

由于企业与慈善组织(或信托机构)合谋偷税情况屡有发生,企业、慈善组织和政府三方在税收征管中存在利益博弈。本节主要分析以企业为代表的纳税人、以基金会(或信托公司)为代表的慈善组织和政府三方主体在税收征管中的博弈模型。

---

① 在我国的慈善信托实践中,慈善组织担当受托人仍存在诸多阻碍,故受托人多为信托机构。

信托公司（或信托机构）与纳税人、政府三方的博弈模型与此类似，不再赘述。

## 二、模型假设

（1）企业与基金会合谋作假，企业要求基金会开具假发票，偷税数额为 $T$，同时企业支付 $wT$ 给基金会作为回报，则企业在合谋作假中的收益为 $(1-w)T$，基金会的收益为 $wT$。

（2）根据《中华人民共和国税收征收管理法》（新征管法）第六十三条规定："对纳税人偷税的，由税务机关追缴其不缴或者少缴的税款、滞纳金，并处不缴或者少缴的税款百分之五十以上五倍以下的罚款；构成犯罪的，依法追究刑事责任。"假设政府进行税务稽查的成本为 $C$，政府通过稽查查实作假，则对作假企业追缴偷税款（暂不考虑滞纳金），并处以偷税数额 $n$ 倍的罚款，同时假定对作假基金会处以偷税数额 $s$ 倍的罚款（当前没有相关法律规定）。

（3）企业和基金会合谋作假的概率为 $P_1$。

（4）政府进行稽查的概率为 $P_2$。

（5）政府进行稽查并发现其作假的概率为 $P_3$。

则企业、基金会和政府的博弈得益矩阵如表 12-2 所示。

表 12-2　企业、基金会和政府的税收博弈得益矩阵

| 政府<br>企业和基金会 | 稽查（$P_2$） | | 不稽查（$1-P_2$） |
|---|---|---|---|
| | 查实作假（$P_3$） | 未能查实作假（$1-P_3$） | |
| 合谋（$P_1$） | $-(n+w)T, (w-s)T,$<br>$(n+s)T-C$ | $(1-w)T, wT,$<br>$-T-C$ | $(1-w)T, wT, -T$ |
| 不合谋（$1-P_1$） | 0, 0, $-C$ | | 0, 0, 0 |

## 三、模型求解

（1）假定企业和基金会合谋作假的概率为 $P_1$，政府进行稽查的收益 $\pi_1$ 和不进行稽查的收益 $\pi_2$ 分别为：

$$\pi_1 = P_1[((n+s)T-C)P_3 - (C+T)(1-P_3)] + (1-P_1)(-C)$$

$$\pi_2 = P1 \times (-T) + (1 - P_1) \times 0$$

当政府的稽查和不稽查的预期收益相同时,也就是政府在博弈均衡时,企业和基金会进行合谋作假的最优概率如下。

令 $\pi_1 = \pi_2$ 得:

$$P_1^* = \frac{C}{[(1+n+s)T]P_3} \qquad (12-1)$$

(2) 假定政府稽查的概率为 $P_2$,则企业进行合谋作假的收益 $\pi_3$ 和不作假的收益 $\pi_4$ 分别为:

$$\pi_3 = P_2[-(n+w)T^*P_3 + (1-w)T(1-P_3)] + (1-P_2)(1-w)T$$
$$\pi_4 = 0$$

当企业进行合谋作假和不作假的预期收益相同时,也就是企业在博弈均衡时,政府进行稽查的最优概率如下。

令 $\pi_3 = \pi_4$ 得:

$$P_2^* = \frac{(1-w)}{(n+1)P_3} \qquad (12-2)$$

(3) 假定政府稽查的概率为 $P_2$,则基金会进行合谋作假的收益 $\pi_5$ 和不进行合谋作假的收益 $\pi_6$ 分别为:

$$\pi_5 = P_2[P_3(w-s)T + wT(1-P_3)] + wT(1-P_2)$$
$$\pi_6 = 0$$

当基金会进行合谋作假和不进行合谋作假的预期收益相同时,也就是基金会博弈均衡时,政府进行稽查的最优概率如下。

令 $\pi_5 = \pi_6$ 得:

$$P_2^* = \frac{w}{sP_3} \qquad (12-3)$$

(4) 依据公式 (12-1)、公式 (12-2)、公式 (12-3),可以得到企业、基金会和政府三者的混合博弈模型,其纳什均衡结果为:

$$P_1^* = \frac{C}{[(1+n+s)T]P_3}, P_2^* = \frac{(1-w)}{(n+1)P_3}$$

或者

$$P_1^* = \frac{C}{[(1+n+s)T]P_3}, P_2^* = \frac{w}{sP_3}$$

## 四、均衡结果分析

(1) 由公式 (12-1) 可知,企业和基金会合谋的概率 $P_1$ 与政府的稽查成本 $C$ 成正比,与政府进行稽查并查实作假的概率 $P_3$、偷税数额 $T$ 及政府对偷税企业的惩罚倍数 $n$、$s$ 成反比。政府的税收稽查查实作假能力越高,查实企业与基金会合谋作假的可能性就越大,企业和基金会合谋作假的概率就会降低。政府的稽查成本越高,税务稽查就越困难,在一定程度上政府会减少税务稽查的次数或质量,使得企业与基金会的合谋作假行为更难被发现,从而在一定程度上促使企业与基金会合谋作假,增加合谋作假的概率。偷税数额 $T$ 越大,企业被检举或查实的可能性就越大,企业作假的概率就会降低。同时,政府对作假企业和基金会的惩罚倍数 $n$ 越大,企业和基金会合谋行为被查实后的损失就越大,对企业产生越大的震慑作用,较大的利益损失会减少企业与基金会合谋的可能性。

(2) 由公式 (12-2) 可以看出,当 $P_2 < P_2^* = \frac{(1-w)}{(n+1)P_3}$,政府稽查的概率小于纳什均衡的概率,企业选择合谋作假,反之则不作假。

假定政府对偷税企业的惩罚倍数 $n$ 增大时,企业因作假被发现要承受更大的损失;企业因作假行为要向基金会支付的收益倍数 $w$ 增大时,企业作假的收益会减小,同时,政府的稽查概率 $P_3$ 也增大,则 $P_2^* = \frac{(1-w)}{(n+1)P_3}$ 会变小,使得 $P_2 > P_2^*$,企业选择合谋作假的概率降低。加大对企业作假的惩罚力度和提高政府的稽查能力,能够有效降低企业与基金会进行合谋作假的概率。企业通过合谋作假获得的收益较少,其合谋作假的动机减弱,概率越小。

(3) 同理,由公式 (10-3) 可知,只有当 $P_2 < P_2^* = \frac{w}{sP_3}$ 时,基金会才会选择合谋作假,反之则选择不作假。

当基金会因作假得到的收益系数 $w$ 减小或者基金会合谋作假被查实后的惩罚倍数 $s$ 增大时，使得 $P_2^*$ 变小，基金会选择合谋作假的概率降低。因此，政府加大对基金会作假的惩罚力度和基金会收益的规范和监管，能有效地减小企业和基金会合谋作假的概率。

（4）综合上述分析可知，一方面，从政府自身出发，提高税务稽查水平和查实作假的能力是减少企业和基金会合谋偷税行为的关键，同时加大对作假企业和基金会的惩罚力度是一个有效的补充措施；另一方面，政府还要加强对基金会的监管，规范其运营及收益，减少合谋偷税行为。

## 第六节　加强我国慈善组织税务监管的政策建议

### 一、税务部门应成为慈善组织的主要监管部门

长期以来，我国政府对慈善组织的管理"重注册，轻审查"。但随着我国慈善事业的迅速发展，这一管理模式应该改变，要降低慈善组织注册门槛，但对其运营过程加强监管。英国的做法是成立专门的慈善组织委员会管理慈善组织事务，美国则依靠联邦税务局加强对慈善机构的监管。目前，我国政府机构庞大，美国的做法对我国的现实情况更有参考意义。

（1）媒体披露的慈善组织违规行为大多与财务有关，而税务部门的监管正是通过监督企业和组织的财物活动来实现的。对于一些隐蔽性较强的违规行为，也只能依靠税务部门的专业技术才能有效监察。

（2）税务部门担任慈善组织的监管主体，比登记部门监管的成本更低。在税收征管和免税优惠审查的过程中，税务部门可以对慈善组织的运营进行监管。而登记部门只能在慈善组织申请注册时对其考核，后续监管难度大，成本高。

### 二、发挥慈善组织免税机制的激励作用

税收对慈善组织监管的重要手段是通过对其税收优惠的管理来实现的。慈善组织要获得免税和税前扣除的资格，就要接受税务部门的监管，达到政策要求。这一点可以借鉴美国的经验：美国慈善组织填报的"990 表"要求提供的信息十分详细，包括慈善机构前 5 名收入最高的成员名单，前 5 名报酬最高的合同商名单，以及筹款所需花费。更重要的是，该表还要求提供与董事会成员有关的金融

交易记录。如果这些交易有问题，相关董事可能会被课以高税，慈善机构可能失去免税资格。

借鉴美国的做法，我国税务机关也应该要求慈善组织填报详细财务信息并严格审查，达到要求的才能给予免税的资格。审查内容不仅应包括慈善组织的年度财务报告，还应细化到相关的票据和抽检日常的账目。

### 三、建立慈善组织专门税务监管体制

目前，我国对慈善组织的税收监管体系仍未建立，相关的法律规定只有《企业所得税法》《个人所得税法》及其实施条例的几个条文的原则性规定，严重影响税务机关发挥监管功能。笔者建议，从以下5个方面建立针对包括慈善组织在内的非营利机构的专门税务监管体系。

#### 1. 建立慈善组织税收制度

我国目前的税收制度主要针对营利性企业，其征税目的和征税原理都不适用于慈善组织，而慈善组织却要按《企业所得税法》接受税收管理。对于慈善组织的税收制度，应该更加着重于如何吸引资金流入慈善组织，以及对慈善组织如何使用捐赠资金进行有效监管。对于慈善组织税收制度，税法应在征税规则和程序等方面做出区别于营利性企业的特殊规定，并建立相配套的慈善组织会计和审计制度。

#### 2. 制订针对慈善组织的监管标准

税务部门通过监管慈善组织的收入、支出和是否存在关联交易等方面可以有效掌握其运作情况。但是，因为现有制度没有设立针对慈善组织的细分的监管标准，所以不能有效鉴别慈善组织财务信息反映出来的信号，起不到税收监管分类引导的作用。

#### 3. 加强对慈善组织的后续监督

目前，我国无论是民政部门还是税务部门对慈善组织的监督，都只是停留在登记注册阶段。一旦能够在民政局注册为慈善组织，再经过审批，该组织就能获得免税资格。而对慈善组织的税务监管不仅仅在于通过税收优惠引导其正式注册，更要落实到日常的运营中，保证慈善组织的行为规范符合法规要求。后续监督的具体办法，可参考美国的做法，如要求慈善组织提供年度财务报表，并对其日常账单和票据进行抽查。

### 4. 完善税务机关对慈善机构的监管

一方面，要在免税申请环节严格审查，只有真正的慈善组织和其他公益组织才能享受免税资格，而不论其是官办背景还是民办背景；另一方面，取消免税资格的终身制，对于已经获得免税资格的慈善组织实行严格的税收监督。税务监督的具体做法有：其一，审查慈善组织的年度报告信息，包括财务报表在内的文件、票证的真实性、有效性，一经发现违法即给予处罚甚至取消免税资格；其二，审计慈善组织日常的财务和运营状况，通过立法授予税务机关对其账目和记录进行审计的权力，并结合我国新一轮税收征管改革来进行。同时，应给予慈善组织相应的司法救济权。

### 5. 税务机关应该提高自身的监管能力和稽查水平

通过有效税务管理，加强对企业与基金会的监管，提高税务稽查和查实企业、慈善组织作假的能力，有效降低企业与慈善组织合谋作假的概率。税务机关要加强对税务干部的专业技能培训，加强干部对税收优惠政策的理解与操作，并结合实际引进新的稽查方法，降低税收管理成本，提高稽查效率。

政府及有关部门应该加大对企业和基金会作假的惩罚力度，打消企业与基金会靠偷税获利的侥幸心理，抑制企业与基金会合谋偷税的动机。一方面，政府及有关部门要加大对查实作假的基金会和企业的罚款倍数，取消其免税资格和税前扣除资格。另一方面，对查实作假的企业和基金会进行媒体曝光，降低偷税企业和基金会的信用和社会公信力，有效降低企业和基金会合谋作假的概率。

# 参考文献

## 一、中文部分

[1] 周秋光. 近代中国慈善论稿 [M]. 北京：人民出版社，2010.

[2] [美] 菲利普·科特勒，南希·李. 企业的社会责任 [M]. 北京：机械工业出版社，2006.

[3] [美] 迈克尔·波特，马克·克雷默. 企业慈善事业的竞争优势 [J]. 商业评论，2003（5）.

[4] 山立威，甘犁，郑涛. 公司捐款与经济动机——汶川地震后中国上市公司捐款的实证研究 [J]. 经济研究，2008（11）.

[5] 郭健. 社会捐赠及其税收激励研究 [M]. 北京：经济科学出版社，2009.

[6] 靳东升. 非营利组织所得税政策的国际比较 [J]. 财政与税务，2005（4）.

[7] 朱迎春. 我国企业慈善捐赠税收政策激励效应——基于2007年度我国A股上市公司数据的实证研究 [J]. 当代财经，2010（1）.

[8] 朱为群. 捐赠行为的税收政策分析 [J]. 财政研究，2002（11）.

[9] 杨团，葛道顺. 公司与社会公益Ⅱ [M]. 北京：社会科学文献出版社，2003.

[10] 田利华，陈晓东. 企业策略性捐赠行为研究：慈善投入的视角 [J]. 中央财经大学学报，2007（2）.

[11] 邓国胜. 非营利组织"APC"评估理论 [J]. 中国行政管理，2004（10）.

[12] 葛道顺. 我国企业捐赠的现状和政策选择 [J]. 学习与实践，2007（3）.

[13] 樊丽明. 中国公共品市场与自愿供给分析 [M]. 上海：上海人民出版社，2005.

[14] 黎友焕. SA8000与中国企业社会责任建设 [M]. 北京：中国经济出版社，2004.

[15] 谭深，刘开明. 跨国公司的社会责任与中国社会 [M]. 北京：社会科学文献出版社，2003.

[16] 冼国明，李诚邦. 跨国公司自愿责任行为的产生与促进：一种博弈论分析 [J]. 国际贸易问题，2004（5）.

[17] 赵曙明. 和谐社会构建中的企业慈善责任研究 [J]. 江海学刊, 2007 (1).

[18] 俞文钊. 合资企业的跨文化管理 [M]. 北京：人民教育出版社, 2002.

[19] 王凭慧, 张浩. 现代项目管理的知识体系 [J]. 科学学研究, 1999 (3).

[20] 周超. 企业慈善捐赠方式研究——领域、资源、途径 [D]. 上海：同济大学, 2008.

[21] [美] 格里·法利克劳斯. 美国慈善事业中公司的作用 [M]. 北京：华夏出版社, 2002.

[22] 李慧. 善因营销国内外最新理论研究综述 [J]. 兰州学刊, 2008 (7).

[23] 李伍荣, 卢泰宏. 营销新策略：事业关联营销 [J]. 经济管理, 2002 (9).

[24] 陈宏辉, 王鹏飞. 企业慈善捐赠行为影响因素的实证分析——以广东省民营企业为例 [J]. 当代经济管理, 2010 (8).

[25] 刘继同. 慈善、公益、保障、福利事业与国家职能角色的战略定位 [J]. 南京社会科学, 2010 (1).

[26] 朝黎明, 贾宝林. 公共物品理论视角下观察公益性捐赠税收政策 [J]. 财会研究, 2009 (6).

[27] 钟宏武, 魏紫川, 张蒽, 等. 中国企业社会责任报告白皮书 [M]. 北京：经济管理出版社, 2012.

[28] 陆庆平. 以企业价值最大化为导向的企业绩效评价体系——基于利益相关者理论 [J]. 会计研究, 2006 (3).

[29] 乔华, 张双全. 公司价值与经济附加值的相关性：中国上市公司的经验研究 [J]. 世界经济, 2001 (1).

[30] 钟宏武. 企业捐赠作用的综合解析 [J]. 中国工业经济, 2007 (2).

[31] 朱金凤, 赵红建. 慈善捐赠会提升企业财务绩效吗——来自沪市 A 股上市公司的实证检验 [J]. 会计之友, 2010 (10).

[32] 汪凤桂, 欧晓明, 胡亚飞. 慈善捐赠与企业财务绩效关系研究——对345家上市公司的实证分析 [J]. 华南农业大学学报：社会科学版, 2011 (10).

[33] 丁美东. 个人慈善捐赠的税收激励分析与政策思考 [J]. 当代财经, 2008 (7).

[34] 张进美, 刘武, 刘天翠. 城乡居民个人慈善捐赠行为差异实证研究——以辽宁省为例 [J]. 社会保障研究, 2013 (4).

[35] 张网成. 我国公民个人慈善捐赠流向问题研究 [J]. 中国软科学, 2013 (8).

[36] 曲顺兰, 张莉. 税收调节收入分配：对个人慈善捐赠的激励 [J]. 税务研

究，2011（3）.

[37] 刘怡，聂海峰. 中国工薪所得税有效税率研究［J］. 中国社会科学，2005（6）.

[38] 黄威. 关于中国个人所得税改革的研究综述［J］. 上海财经大学学报，2008，10（4）.

[39] 杨斌. 西方模式个人所得税的不可行性和中国式个人所得税的制度设计［J］. 管理世界，2002（7）.

[40] 王亚芬，肖晓飞，高铁梅. 我国收入分配差距及个人所得税调节作用的实证分析［J］. 财贸经济，2007（4）.

[41] 樊丽明，郭健. 国外社会捐赠税收政策效应研究述评［J］. 经济理论与经济管理，2008（7）.

[42] 陆宛苹. 台湾非营利组织治理原则之探讨——以社会福利基金会为例［D］. 台北：台湾政治大学，2006.

[43] 王名，徐宇珊. 基金会论纲［J］. 中国非营利评论，2008（1）.

[44] 王名，贾西津. 中国NGO的发展分析［J］. 管理世界，2002（8）.

[45] 李文良. 关于我国第三部门的再认识［J］. 山东师范大学学报：人文社会科学版，2003，48（6）.

[46] 中国基金会发展报告（2011）编委会. 中国基金会发展报告（2011）［M］. 北京：社会科学文献出版社，2012.

[47] 朱世达. 美国市民社会研究［M］. 北京：中国社会科学出版，2005.

[48] 余晓敏，刘忠祥，张强. 我国基金会的税收制度［J］. 税务研究，2010（5）.

[49] 汪鑫，郑莹. 基金会的税法规制初探［J］. 武汉大学学报：哲学社会科学版，2004（4）.

[50] ［美］莱斯特·M. 萨拉蒙. 公共服务中的伙伴：现代福利国家中政府与非营利组织的关系［M］. 北京：商务印书馆，2008.

[51] 刘蓉，游振宇. 非营利组织税法规制的法理分析与完善［J］. 税务研究，2010（5）.

[52] 夏炜，叶金福，蔡建峰. 非营利组织绩效评估理论综述［J］. 软科学，2010（4）.

[53] 王锐兰，谭振亚，刘思峰. 我国非营利组织绩效评价与发展走向研究［J］. 江海学刊，2005（6）.

[54] 颜克高. 公益基金会的理事会特征与组织财务绩效研究［J］. 中国经济问题，2012（1）.

[55] 安体富, 李青云. 英、日信托税制的特点及对我们的启示 [J]. 涉外税务, 2004 (1).

[56] 李青云. 我国公益信托税收政策研究 [J]. 税务与经济, 2006 (5).

[57] 杨道波. 新中国慈善立法的回顾、评估与展望 [J]. 河北法学, 2013 (5).

[58] 郝琳琳. 论公益信托的税收激励 [J]. 北京工商大学学报: 社会科学版, 2010 (2).

[59] 李生昭. 中国信托税收机理研究——基于信托本质分析基础 [J]. 中央财经大学学报, 2014 (6).

[60] 资中筠. 财富的归宿: 美国现代公益基金会评述 [M]. 上海: 上海人民出版社, 2006.

[61] [英] D. J. 海顿. 信托法 [M]. 周翼, 王昊, 译. 北京: 法律出版社, 2004.

## 二、英文部分

[1] Boatsman J R, Gupta S. Taxes and corporate charity: empirical evidence from micro-level panel data [J]. National Tax Journal, 1996, 49 (2): 193.

[2] Williams R J, Barrett J D. Corporate philanthropy, criminal activity, and firm reputation: Is there a link? [J]. Journal of Business Ethics, 2000, 26 (4): 341 – 350.

[3] Carroll R, Joulfaian D. Taxes and corporate giving to charity [J]. Public Finance Review, 2014, 33 (3): 300 – 317.

[4] Bolton G E, Katok E, Ockenfels A. Cooperation among strangers with limited information about reputation [J]. Journal of Public Economics, 2005, 89 (8): 1457 – 1468.

[5] Campbell D, Slack R. Public visibility as a determinant of the rate of corporate charitable donations [J]. Business Ethics: A European Review, 2010, 15 (1): 19 – 28.

[6] Carroll A B. Corporate social responsibility: Evolution of a definitional construct [J]. Business and Society, 1999, 38 (3): 268 – 295

[7] Smith C. The new partum of corporate philanthropy. Harvard Business Review. 1994 (5 – 6).

[8] Porter M E, Kramer M R. The competitive advantage of corporate philanthropy [J]. Harvard Business Review, 2002, 80 (12): 56.

[9] Porter M E, Kramer M R. Philanthropy's new agenda: creating value [J]. Har-

vard Business Review, 1999, 77 (6): 121.

[10] Martin R L. The virtue matrix: Calculating the return on corporate responsibility [J]. Harvard Business Review, 2002, 80 (3): 68.

[11] He W. Charity begins at host: Multinational corporations' philanthropy in a host country and its impact on market entry [D]. Boston College: Caroll Graduate School of Management, 2004.

[12] Andreasen A R. Profits for Nonprofits: Find A Corporate Partner [J]. Harvard Business Review, 1996, 74 (6): 47 - 50, 55 - 9.

[13] Arora N, Henderson T. Embedded premium promotion: Why it works and how to make it more effective [J]. Marketing Science, 2007, 26 (4): 514 - 531.

[14] Lafferty B A, Goldsmith R E. Cause - brand alliances: Does the cause help the brand or does the brand help the cause? [J]. Journal of Business Research, 2005, 58 (4): 423 - 429.

[15] Barone M J, Miyazaki A D, Taylor K A. The influence of cause-related marketing on consumer choice: Does one good turn deserve another? [J]. Journal of the Academy of Marketing Science, 2000, 28 (2): 248 - 262.

[16] Berger I E, Cunningham P H, Drumwright M E. Identity, identification, and relationship through social alliances [J]. Journal of the Academy of Marketing Science, 2006, 34 (2): 128 - 137.

[17] Berger I E, Cunningham P H, Kozinets R V. Consumer persuasion through cause-related advertising [J]. Advances in Consumer Research, 1999, 26: 491 - 497.

[18] Hoeffler S, Bloom P N, Keller K L, et al. How social-cause marketing affects consumer perceptions [J]. Social Science Electronic Publishing, 2006, 47 (2): 49 - 55.

[19] Bronn P S, Vrioni A B. Corporate social responsibility and cause-related marketing: an overview [J]. International Journal of Advertising, 2001, 20 (2): 207 - 222.

[20] Guerreiro J, Rita P, Trigueiros D. A text mining-based review of cause-related marketing literature [J]. Journal of Business Ethics, 2016, 139 (1): 111 - 128.

[21] Krishna A, Rajan U. Cause marketing: Spillover effects of cause-related products in a product portfolio [J]. Management Science, 2009, 55 (9): 1469 - 1485.

[22] Pracejus J W, Olsen G D. The role of brand/cause fit in the effectiveness of

cause-related marketing campaigns [J]. Journal of Business Research, 2004, 57 (6): 635 – 640.

[23] Sen S, Bhattacharya C B. Does doing good always lead to doing better? Consumer reactions to corporate social responsibility [J]. Journal of Marketing Research, 2001, 38 (2): 225 – 243.

[24] Strahilevitz M, Myers J G. Donations to charity as purchase incentives: How well they work may depend on what you are trying to sell [J]. Journal of Consumer Research, 1998, 24 (4): 434 – 446.

[25] Trimble C S, Rifon N J. Consumer perceptions of compatibility in cause-related marketing messages [J]. International Journal of Nonprofit and Voluntary Sector Marketing, 2006: 29 – 47.

[26] Endacott R W J. Consumers and CRM: a national and global perspective [J]. Journal of Consumer Marketing, 2004, 21 (3): 183 – 189.

[27] Adams M, Hardwick P. An analysis of corporate donations: United Kingdom evidence [J]. Journal of Management Studies, 1998, 35 (5): 641 – 654.

[28] Brown W O, Helland E, Smith J K. Corporate philanthropic practices [J]. Journal of Corporate Finance, 2006, 12 (5): 855 – 877

[29] Godfrey P C. The relationship between corporate philanthropy and shareholder wealth: A risk management perspective. [J]. Academy of Management Review, 2005, 30 (4): 777 – 798.

[30] Andersen M L, Dakota N. Corporate social and financial performance: A meta-analysis [J]. Organization studies, 2003, 24 (3): 403 – 441.

[31] Barnett M L. Stakeholder influence capacity and the variability of financial returns to corporate social responsibility [J]. Academy of Management Review, 2007, 32 (3): 794 – 816.

[32] Marquis C, Glynn M A, Davis G F. Community isomorphism and corporate social action [J]. Academy of Management Review, 2007, 32 (3): 925 – 945.

[33] Berman S L, Wicks A C, Kotha S, et al. Does stakeholder orientation matter? The relationship between stakeholder management models and firm financial performance [J]. Academy of Management journal, 1999, 42 (5): 488 – 506.

[34] Seifert B, Morris S A, Bartkus B R. Having, giving, and getting: Slack resources, corporate philanthropy, and firm financial performance [J]. Business & Society, 2004, 43 (2): 135 – 161.

[35] Wang H, Choi J, Li J. Too little or too much? Untangling the relationship be-

tween corporate philanthropy and firm financial performance [J]. Organization Science, 2008, 19 (1): 143-159.

[36] Patten D M. Does the market value corporate philanthropy? Evidence from the response to the 2004 tsunami relief effort [J]. Journal of Business Ethics, 2008, 81 (3): 599-607.

[37] Chua V C H, Wong C M. Tax incentives, individual characteristics and charitable giving in Singapore [J]. International Journal of Social Economics, 1999, 26 (12): 1492-1505.

[38] Auten G E, Sieg H, Clotfelter C T. Charitable giving, income, and taxes: An analysis of panel data [J]. American Economic Review, 2002, 92 (1): 371-382.

[39] Harbaugh W T. The prestige motive for making charitable transfers [J]. American Economic Review, 1998, 88 (2): 277-282.

[40] Tinkelman D. Factors affecting the relation between donations to not-for-profit organizations and an efficiency ratio [J]. Research in Government and Nonprofit Accounting, 1999, 10: 135-161.

[41] Brooks A C. Public subsidies and charitable giving: Crowding out, crowding in, or both? [J]. Journal of Policy Analysis & Management, 2010, 19 (3): 451-464.

[42] Thomas M. Smith. The effect of NEA grants on the contributions to nonprofit dance companies [J]. Journal of Arts Management Law & Society, 2003, 33 (2): 98-113.

[43] Bakija J M, Gale W G, Slemrod J B. Charitable bequests and taxes on inheritances and estates: Aggregate evidence from across states and time [J]. NBER Working Papers, 2003, 93 (2): 366-370.

[44] Kingma B R. Do profit crowd out donations, or vice versa. The impact of revenue from sales on donations at the American Red Cross [J]. Nonprofit Management and Leadership, 1995, 6: 21-38.

[45] Jennifer M, Brinkerhoff D W. Brinkerhoff. Government - nonprofit relations in comparative perspective: evolution, themes and new directions [J]. Public Administration & Development, 2010, 22 (1): 3-18.